Little Boxes Teil 2

May the Flow be with You.

Für Hobbe.

TEIL 2

little boxes

Webseiten gestalten mit CSS.

Navigation, Inhalte, YAML & mehr.

PETER MÜLLER

Markt+Technik

Bibliografische Information Der Deutschen Bibliothek
Die Deutsche Bibliothek verzeichnet diese Publikation in der Deutschen Nationalbibliografie; detaillierte bibliografische Daten sind im Internet über <http://dnb.ddb.de> abrufbar.

Die Informationen in diesem Produkt werden ohne Rücksicht auf einen eventuellen Patentschutz veröffentlicht.
Warennamen werden ohne Gewährleistung der freien Verwendbarkeit benutzt.
Bei der Zusammenstellung von Texten und Abbildungen wurde mit größter Sorgfalt vorgegangen.
Trotzdem können Fehler nicht vollständig ausgeschlossen werden.
Verlag, Herausgeber und Autoren können für fehlerhafte Angaben und deren Folgen weder eine juristische Verantwortung noch irgendeine Haftung übernehmen.
Für Verbesserungsvorschläge und Hinweise auf Fehler sind Verlag und Herausgeber dankbar.

Fast alle Hardware- und Softwarebezeichnungen und weitere Stichworte und sonstige Angaben, die in diesem Buch verwendet werden, sind als eingetragene Marken geschützt. Da es nicht möglich ist, in allen Fällen zeitnah zu ermitteln, ob ein Markenschutz besteht, wird das ® Symbol in diesem Buch nicht verwendet.

Umwelthinweis:
Dieses Buch wurde auf chlorfrei gebleichtem Papier gedruckt.
Um Rohstoffe zu sparen, haben wir auf Folienverpackung verzichtet.

10 9 8 7 6 5 4 3 2
10 09 08

ISBN 978-3-8272-4307-2

Lektorat: Boris Karnikowski, bkarnikowski@pearson.de
Herstellung: Claudia Bäurle, cbaeurle@pearson.de
Korrektorat: Marita Böhm, München
Covergestaltung: Marco Lindenbeck, webwo GmbH, mlindenbeck@webwo.de
Satz: text&form GbR, Fürstenfeldbruck
Druck und Verarbeitung: Bosch Druck, Ergolding
Printed in Germany

Inhaltsübersicht

Inhaltsverzeichnis

readme.txt

Der erste Band von »Little Boxes«[1] hat vielen Lesern geholfen, die Grundlagen von HTML und CSS zu verstehen. Da man bei der Erstellung von Webseiten aber oft ein bisschen mehr benötigt, lag es nahe, diese Grundlagen in einem zweiten Band zu vertiefen.

Die Idee zu Band 2

»Little Boxes 2« schließt inhaltlich an den ersten Band an, setzt dessen Lektüre aber nicht zwingend voraus. Das Buch beginnt mit der Vorstellung einer kleinen Site, die mit dem im ersten Band erlernten Know-how erstellt wurde.

Diese Beispielsite bildet die Grundlage für die weiteren Kapitel, wobei der Schwerpunkt wie im ersten Band auf dem Verstehen der Techniken liegt:

- In Teil 1 werden das HTML und CSS der Beispielsite erläutert und optimiert. Das Themenspektrum reicht von FavIcons über die Aufteilung des Stylesheets in Module bis zu Details des Box-Modells und fortgeschrittenen Selektoren.
- Im zweiten Teil werden diverse Navigationstechniken vorgestellt: horizontal mit einer Ebene (per `float` und mit runden Ecken), horizontal mit zwei Ebenen, horizontal als Dropdown und zum Abschluss eine vertikale Navigation mit zwei Ebenen.

1. Erschienen bei Markt+Technik, ISBN 978-3-8272-4224-2

- Teil 3 widmet sich der Gestaltung der Inhalte. Beginnend beim Fließtext (Zitate, Callouts, Initialen, Bildbeschriftungen) geht es über die Erstellung von Boxen mit abgerundeten Ecken und Anwendungsmöglichkeiten von Listen zur Gestaltung von Tabellen und Formularen.
- In Teil 4 sehen Sie, wie man mit dem CSS-Framework YAML flexible mehrspaltige Layouts erstellt.

Komplettiert werden diese vier Teile mit einem Tutorial zur Analyse von Webseiten mit dem Firefox-Add-On *Firebug* und dem Testen von Webseiten in mehreren Versionen des Internet Explorer.

Die Beispieldateien auf der CD

Auf der beiliegenden CD sind die Beispieldateien nach Kapiteln geordnet. Dabei haben fast alle Kapitel denselben Aufbau:

- Der Ordner `basis` enthält die Übungsdateien, wie sie am Anfang des Kapitels benötigt werden.
- Im Ordner `fertig` liegen die fertigen Übungsdateien, so, wie sie am Ende des Kapitels sein sollten.

Einige Kapitel sind in mehrere Abschnitte unterteilt, die dann wiederum die Ordner `basis` und `fertig` enthalten.

Außerdem finden Sie auf der CD einige nützliche Programme, Referenzen und Links.

Die Website zum Buch

Auf der Website zum Buch finden Sie aktuelle Informationen, Errata und vieles mehr:

- *http://little-boxes.de/*

Und nun wünsche ich Ihnen viel Spaß mit dem zweiten Band der »Little Boxes«.

Peter Müller

Teil I

Einführung

Kapitel 1

HTML: Die Beispieldateien optimieren

Worin die Beispielseiten vorgestellt werden und deren HTML ein bisschen aufpoliert und erweitert wird.

In diesem Kapitel lernen Sie das HTML der Beispielseiten kennen, wobei Sie zunächst die Anweisungen im `head` und danach die Layoutbereiche im `body` optimieren. Dabei geht es unter anderem um folgende Themen:

- Zeichensätze: UTF-8 und was Sie beim Umstieg beachten müssen
- Infos für Suchmaschinen und warum `keywords` sich nicht lohnen
- FavIcon – das Minilogo für Ihre Site
- Optimierung der Skiplinks im HTML
- strukturelle Überschriften für alle Bereiche einfügen

Den Abschluss des Kapitels bilden eine Erweiterung der Beispielsite und ein paar Beobachtungen zu den manchmal überraschenden Auswirkungen von Leerstellen im Quelltext.

1.1 Die kleine Beispielsite: zwei Seiten

Als Grundlage für die Erklärungen im ersten Teil des Buches dient folgende einfache Site, die auf den Beispielen aus dem ersten Band beruht:

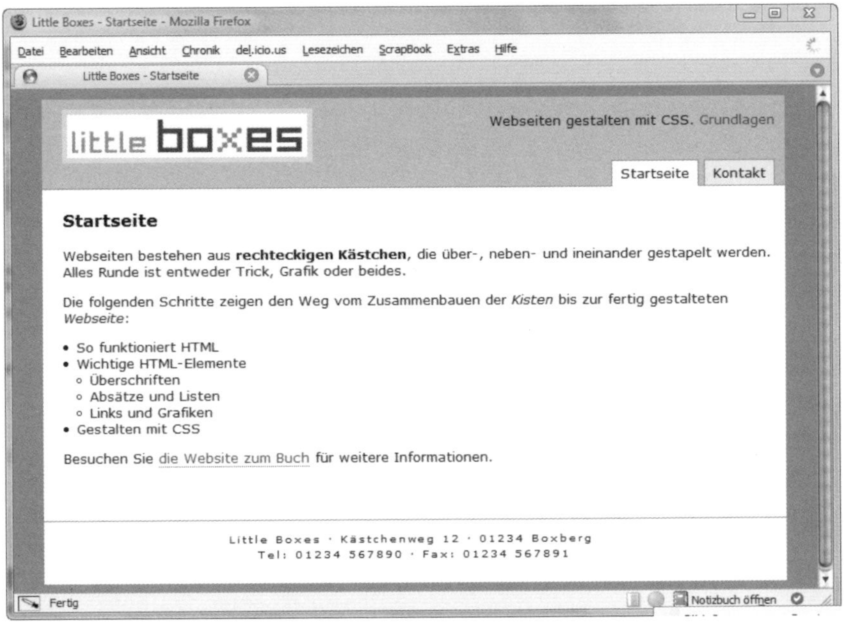

Abbildung 1.1: Ausgangspunkt für die Beispiele in diesem Buch

Es handelt sich dabei um zwei einfache Webseiten, die jeweils aus Kopfbereich, Navibereich, Textbereich und Fußbereich bestehen. Sie finden sie inklusive der Logografik auf der CD im Basisordner zu diesem Kapitel.

Diese Beispielseiten werden im ersten Teil des Buches Schritt für Schritt optimiert und erweitert.

Die Beispieldateien auf der CD zum Buch

Tipp

Die Beispieldateien auf der CD sind nach Kapiteln geordnet. Zu jedem Kapitel gibt es zwei Ordner mit den Namen `basis` und `fertig`, die den Stand der Beispieldateien am Anfang und am Ende des Kapitels enthalten.

- Um ein bestimmtes Kapitel aus dem Buch durchzuarbeiten, kopieren Sie einfach die Dateien aus dem Ordner `basis` in einen Übungsordner auf Ihrer Festplatte und können dann anfangen.
- Der Ordner `fertig` enthält die Beispieldateien so, wie sie am Ende des Kapitels sein sollten. Falls etwas in Ihrem Quelltext nicht geklappt hat, können Sie ihn einfach mit den fertigen Dateien vergleichen.

1.2 »Ihr CSS ist in Ordnung, aber ...«

Kennen Sie die Reklame, in der eine sonore Männerstimme aus dem Off vermeldet: »Ihre Zähne sind in Ordnung.«, nur um nach einer kurzen, aber dramatischen Pause hinzuzufügen: »Aber Ihr Zahnfleisch ...«?

Kernaussage des Spots ist, dass strahlend weiße Zähne ohne gesundes Zahnfleisch nicht viel wert sind, und mit HTML und CSS ist das ähnlich. CSS wäre ohne HTML genauso wenig möglich wie Zähne ohne Zahnfleisch, und doch wird HTML oft unterschätzt.

HTML ist eine streng hierarchische Verschachtelung von Elementen, deren Aufgabe es ist, den Inhalt einer Webseite zu strukturieren. Dieser Satz ist zwar korrekt, aber trocken wie Wüstensand und nicht gerade eine Einladung, sich eingehender mit HTML zu beschäftigen. Zudem winkt CSS am Horizont. Bunt. Attraktiv. Sexy.

Aber HTML ist wichtig, denn eine fehlerhafte HTML-Struktur können Sie später auch durch ein noch so aufwändiges CSS nicht wieder auffangen. Das ist wie mit den Zähnen und dem Zahnfleisch.

Gutes HTML zeichnet sich unter anderem durch drei Eigenschaften aus:

1. Es entspricht den gültigen Grammatikregeln, ist also *valide*.
2. Die HTML-Elemente sollten unabhängig von der Darstellung auf dem Bildschirm im Quelltext eine *logische Reihenfolge* haben.
3. Die HTML-Elemente sollten so weit wie möglich *semantisch* sein, das heißt der Bedeutung des Inhalts entsprechen, der in ihnen aufbewahrt wird.

Außerdem ist mediengerechtes HTML im Idealfall auch ohne Zutaten wie CSS, JavaScript oder Mausbedienung sinnvoll nutzbar.

Das HTML der Beispielseiten ist bereits valide und mediengerecht, wird aber im weiteren Verlauf des Kapitels noch optimiert.

Tipp

Das Web ist nicht aus Papier

Kapitel 1 aus dem ersten Teil von »Little Boxes« schildert die Unterschiede zwischen Papier- und Webdesign und beschreibt, was ich mit »mediengerechten Webseiten« meine. Falls Sie den Text noch nicht kennen, können Sie ihn auch online lesen oder als Podcast vorlesen lassen:

- *http://infotekten.de/index.php?itemid=417*
- *http://technikwuerze.de/podcast/technikwuerze34*

1.3 Kluges Köpfchen: Optimierung im *head*

Momentan sieht der HTML-Header der Beispielseiten so aus:

Listing 1.1: Der aktuelle Head der Beispielseiten

```
<head>
<meta http-equiv="Content-Type" content="text/html;charset=iso-8859-1" />
   <title>Little Boxes - Startseite</title>
   <link href="bildschirm.css" rel="stylesheet" type="text/css"
      media="screen" />
   <link href="druckversion.css" rel="stylesheet" type="text/css"
      media="print" />
   <!--[if lt IE 6]>
      <style type="text/css"> @import url(ie5x.css); </style>
   <![endif]-->
</head>
```

In der zweiten Zeile wird der Zeichensatz festgelegt und danach folgen der Seitentitel sowie drei Verweise auf Sylesheets. Dieser einfache `head` wird jetzt genauer untersucht und um einige Elemente erweitert.

Zeichensatz: ISO-8859 oder UTF-8

Auf den meisten Webseiten steht ziemlich am Anfang des Quelltextes ein `meta`-Element, das den Zeichensatz definiert, mit dem der Browser die Webseite darstellen soll. Was es damit auf sich hat und welche Zeichensätze zur Wahl stehen, erläutert der folgende Abschnitt.

Zeichensätze sind Schablonen für Buchstaben

Im Arbeitsspeicher eines Computers stehen keine Buchstaben, sondern Zahlen. Diese Zahlen werden anhand einer Schablone am Bildschirm als Zeichen dargestellt. Eine solche Schablone wird im Allgemeinen »Zeichensatz« genannt und war lange Zeit auf maximal 256 Zeichen begrenzt.

Da in den auf diesem Planeten benutzten Sprachen weit mehr als 256 Zeichen vorkommen, gibt es verschiedene Zeichensätze mit jeweils unterschiedlichen Zeichen. Deshalb muss der Computer beim Speichern und bei der Darstellung am Bildschirm wissen, welche dieser Schablonen er benutzen soll.

Die der UNO unterstellte »International Standards Organization« (ISO) hat in der Norm mit der Nummer 8859 fünfzehn verschiedene Zeichensätze definiert, in denen je nach Sprache unterschiedliche Zeichen bereitgestellt werden. Die Beispielseiten sind mit dem Zeichensatz ISO-8859-1 erstellt und im HTML mit dem Element `meta` auch entsprechend deklariert worden. Dieser Zeichensatz ist für westeuropäische Sprachen gedacht und völlig in Ordnung.

Um die Grenze von 256 Zeichen pro Schablone zu sprengen, wurde *Unicode* erfunden. Das »Uni« im Namen steht für *universell,* ein Zeichensatz für alle Zeichen. Das Unicode-Format *UTF-8* hat im Internet eine zentrale Bedeutung als globale Zeichenkodierung und kann bis zu 1.114.112 Zeichen abbilden.

UTF-8 wird sich in den nächsten Jahren zum Zeichensatzstandard entwickeln, sodass Sie eventuell irgendwann von ISO 8859 auf UTF-8 umsteigen möchten. Moderne Betriebssysteme wie Windows XP,

Vista, Linux oder Mac OS X haben damit keine Probleme, aber bei Webseiten spielen der Editor und der Webserver noch eine besondere Rolle:

- Ihr Editor muss Dateien als UTF-8 speichern können.
- Der Webserver muss sie dementsprechend ausliefern.

Tipp

Details zu Zeichensätzen bei SelfHTML

Eine gelungene Darstellung der Zusammenhänge zwischen Byte, Zeichensatz und Schriftart finden Sie bei SelfHTML in der Rubrik »Internationalisierung«:

- *http://de.selfhtml.org/inter/*

UTF-8 und der Editor

Zunächst zum Editor: Er muss die Speicherung von Dateien mit dem Zeichensatz UTF-8 unterstützen, und viele Editoren können das (noch) nicht. *TopStyle Pro* zum Beispiel ist ein hervorragendes Programm zum Bearbeiten von HTML und CSS, kann aber momentan noch kein UTF-8.

Idealerweise sollte der Editor UTF-8 in der Variante ohne *BOM* anbieten. Das *BOM* (kurz für »Byte Order Mark«) besteht aus drei Byte, die ganz am Anfang des Dokuments stehen. Da das *BOM* unter UTF-8 optional ist und es bei der Ausgabe im Browser unter ungünstigen Umständen als wirre Zeichenfolge (ï»¿) am Anfang der Webseite erscheint, sollten die Dateien möglichst ohne BOM gespeichert werden.

Um herauszufinden, ob Ihr Editor »UTF-8 ohne BOM« kann, schauen Sie sich dessen Feature-Liste genauer an. In folgender Abbildung 1.2 wird der gewünschte Zeichensatz einfach im Dialogfeld SPEICHERN UNTER ... ausgewählt:

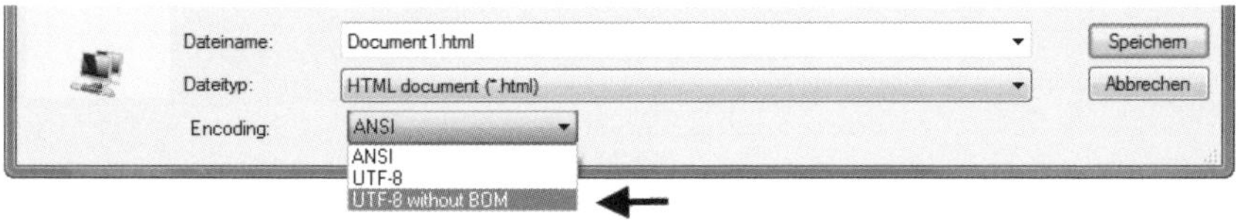

Abbildung 1.2: Ein Editor mit der Option »UTF-8 ohne BOM«

Tipp

Die Kodierung der Sonderzeichen: &kuerzel;

Wenn Sie oder Ihr Editor sich die Mühe gemacht und alle Sonderzeichen nach dem Schema `&kuerzel;` kodiert haben, kommen sie auf jeden Fall richtig beim Besucher an, unabhängig vom verwendeten Zeichensatz.

UTF-8 und der Webserver

Neben dem Editor spielt auch der Webserver noch eine gewichtige Rolle, denn er muss die Webseite entweder ohne oder mit der Angabe des korrekten Zeichensatzes ausliefern:

- Wenn Sie die Seite im Editor als `UTF-8` speichern, der Webserver sie aber mit einem Hinweis auf `ISO8859-1` ausliefert, kommen die Browser durcheinander und stellen nicht kodierte Sonderzeichen unter Umständen falsch dar.

Um herauszufinden, wie Ihr Webserver sich verhält, surfen Sie zu Ihren Webseiten und rufen dann in der *Web Developer Toolbar* von Chris Pederick (siehe »Little Boxes« Band 1, Seite 315) im Menü INFORMATIONEN ganz unten den Befehl ANTWORT-HEADER ANZEIGEN auf.

Dadurch wird der *HTTP-Header* sichtbar – die Antwort des Webservers auf die Anfrage des Browsers. Im angezeigten HTTP-Header ist die Zeile `Content-Type` wichtig. Wenn dort keine Zeichensatzangabe vorhanden ist, mischt der Webserver sich nicht ein. Ist dort aber ein Zeichensatz angegeben, sollte der mit dem von Ihnen beim Speichern verwendeten übereinstimmen.

In folgender Abbildung 1.3 gibt der Webserver die Webseite mit der Angabe des Zeichensatzes `ISO-8859-1` aus:

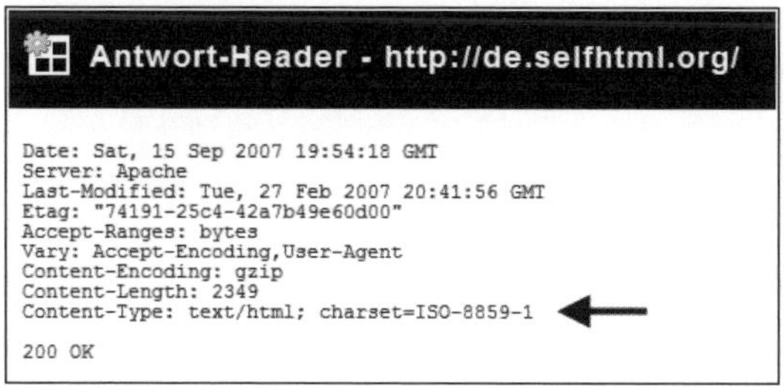

Abbildung 1.3: Der Webserver sagt »ISO-8859-1«

Wenn Sie auf UTF-8 wechseln möchten ...

Die Beispielseiten für dieses Buch sind wie gesagt mit `ISO-8859-1` gespeichert und im HTML auch entsprechend deklariert. Sollte es konkrete Gründe für den Umstieg auf UTF-8 geben, checken Sie vorher Editor und Webserver und ändern dann auf den Beispielseiten die Deklaration des Zeichensatzes. Und das geht so:

1. Öffnen Sie die Beispielseiten `index.html` und `kontakt.html` im Editor.
2. Ändern Sie die Deklaration des Zeichensatzes:

```
<meta http-equiv="Content-Type" content="text/html; charset=utf-8" />
```

3. Speichern Sie im Editor die beiden Dateien als UTF-8 oder noch besser als UTF-8 OHNE BOM.

Tipp

Details zur Wahl des Zeichensatzes

Details zur Wahl des Zeichensatzes finden Sie in dem hervorragenden Artikel »The Definitive Guide to Web Character Encoding« von Tommy Olson:

- *http://sitepoint.com/article/guide-web-character-encoding*

Infos für Suchmaschinen: *meta*

Im `head` des Quelltextes können Sie neben einem aussagekräftigen `title` noch einige nützliche `meta`-Angaben für Suchmaschinen und deren Robots machen:

- `<meta name="robots" content="index, follow" />`

  Mit dieser Anweisung erlauben Sie Suchmaschinenrobots explizit, diese Seite zu indizieren und alle Links zu verfolgen. Andere mögliche Werte sind `noindex` und `nofollow`. So bedeutet `index, nofollow` zum Beispiel »Indiziere diese Seite, aber folge keinen Links«.

- `<meta name="description" content=" ... " />`

  Dieses Element enthält eine kurze Beschreibung des Inhalts der Webseite, und zwar in ganzen Sätzen und höchstens ca. 500 Zeichen. Die `description` wird von vielen Suchmaschinen in der Trefferliste für den kurzen beschreibenden Text verwendet.

Und was ist mit `<meta name="keywords" content="…" />`?

Irgendwie hat sich die Gewohnheit, gewünschte Suchbegriffe als `keywords` zu speichern, aus den späten 90er-Jahren in dieses Jahrtausend gerettet. Es schadet zwar nicht, die wichtigsten Stichwörter zum Inhalt der Webseite aufzulisten, aber für die Suchmaschinen können Sie sich die Mühe sparen. Die sind dazu übergegangen, die Keywords schlicht und einfach zu ignorieren. Wichtiger ist, dass die Suchbegriffe an den richtigen Stellen auf der Seite auftauchen. Im `title` der Seite zum Beispiel, und im Text der Überschriften und Hyperlinks.

Falls Sie im Quelltext eine Angabe über den Autor der Webseite machen möchten, gibt es auch dafür einen speziellen `meta`-Befehl. Allerdings hat das keinerlei Auswirkungen auf das Ranking bei den Suchmaschinen:

- `<meta name="author" content="Ihr Name" />`

Solange Sie die Syntax einhalten, ist es durchaus erlaubt, sich eigene `meta`-Angaben auszudenken. Um zum Beispiel einen Link zur Homepage des Autors zu hinterlassen, wäre folgende Konstruktion denkbar:

```
<meta name="author-site" content="http://ihre-homepage.de" />
```

Im folgenden ToDo fügen Sie in den HTML-Header einige *meta*-Elemente hinzu.

ToDo: *meta*-Elemente zu Ihren Seiten hinzufügen

1. Kopieren Sie die Dateien aus dem Basisordner für dieses Kapitel in einen Übungsordner auf Ihrer Festplatte.
2. Öffnen Sie `index.html` und `kontakt.html` im Editor und ergänzen Sie den Quelltext um die fett gedruckten Passagen:

```
<title>Little Boxes - Startseite</title>
<meta name="robots" content="index, follow" />
<meta name="description" content="Hier Ihre Beschreibung ..." />
<meta name="author" content="Ihr Name" />
```

3. Speichern Sie die beiden Dateien.

Tipp

meta gilt immer nur für eine Seite

Denken Sie daran, dass die `meta`-Elemente nur für eine Seite gelten, nicht für die ganze Site. Bei SelfHTML erhalten Sie bei Bedarf weitere Informationen:

- *http://de.selfhtml.org/html/kopfdaten/meta.htm*

FavIcon: das Minilogo für Ihre Seiten

Das »Favorites Icon« ist ein Phänomen. Ursprünglich im IE5 als Symbol für die dort Favoriten genannten Lesezeichen eingeführt, stellen inzwischen fast alle Browser diese 16 x 16 Pixel kleinen Kunstwerke dar, die einer Site ein Stück Identität geben.

Im Browserfenster sieht man sie an den verschiedensten Stellen und selbst außerhalb davon tauchen sie in der Taskleiste und bei Verknüpfungen zu den Webseiten wieder auf.

Zum Erstellen eines FavIcons gibt es bequeme Onlinemöglichkeiten:

- Wenn Sie eine vorhandene Grafik zum FavIcon konvertieren möchten, surfen Sie zu *http://www.favicongenerator.com/*.
- Falls Sie sich schnell ein einfaches FavIcon basteln möchten, geht das zum Beispiel bei: *http://www.antifavicon.com/*.
- Wenn Sie Pixel für Pixel selbst ein FavIcon entwerfen möchten, können Sie das bei *http://www.favicon.cc/*.

Sobald Sie ein FavIcon haben, zeigt Ihnen das folgende ToDo, wie Sie es einbauen.

ToDo: FavIcon auf Ihren Seiten einbauen

1. Speichern Sie Ihr FavIcon im Übungsordner als `favicon.ico`.
2. Ergänzen Sie die fett gedruckte Zeile im Quelltext der Webseiten:

```
<title>Little Boxes - Startseite</title>

<meta name="robots" content="index, follow" />
<meta name="description" content="Hier Ihre Beschreibung ..." />
<meta name="author" content="Ihr Name" />

<link href="favicon.ico" rel="shortcut icon" />
```

3. Speichern Sie die Webseiten.

So sehen die Beispielseiten mit einem FavIcon aus:

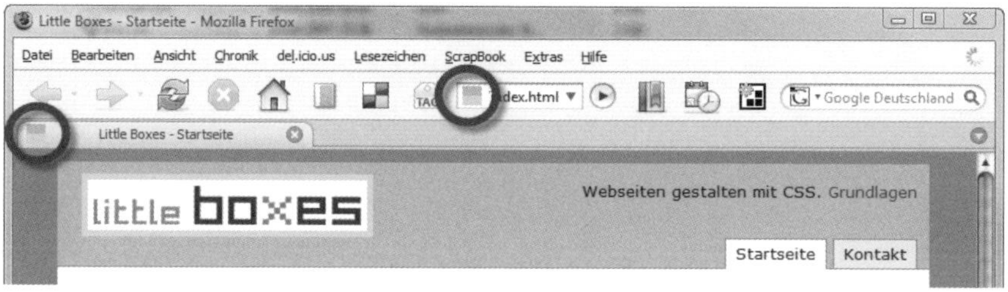

Abbildung 1.4: Ein Minilogo im Adressfeld und im Tab

Tipp

Mehr zu FavIcons

Im Web gibt es viele Quellen mit weiteren Infos zu FavIcons. Eine Fav-Icon-Galerie und viele interessante Infos bietet folgende Site:

- *http://www.favicons.de/*

Die Links zu den Stylesheets anpassen

Im folgenden Kapitel erstellen Sie ab Seite 47 ein zentrales Stylesheet, das alle anderen Stylesheets aufruft und den passenden Namen `zentrale.css` bekommt.

Im folgenden ToDo bereiten Sie den HTML-Header bereits auf diese Änderung vor. Danach sehen Sie vorerst kein CSS mehr und können die Auswirkungen der HTML-Optimierung in den folgenden Abschnitten gut verfolgen.

ToDo: Link zum (noch nicht vorhandenen) zentralen Stylesheet erstellen

1. Öffnen Sie ggfs. die beiden Webseiten `index.html` und `kontakt.html` im Editor.
2. Löschen Sie auf beiden Webseiten die Links zu den Stylesheets `bildschirm.css` und `druckversion.css`.
3. Fügen Sie vor dem Aufruf von `ie5x.css` den folgenden Link zu `zentrale.css` ein:

```
<link href="zentrale.css" rel="stylesheet" type="text/css" />
```

4. Speichern Sie beide Dateien und betrachten Sie sie im Browser.

Die Webseite erscheint im Browser nach diesen Änderungen im HTML-Header vorübergehend ohne CSS:

Abbildung 1.5: Die Startseite ohne CSS, aber mit FavIcon am Anfang des Registers

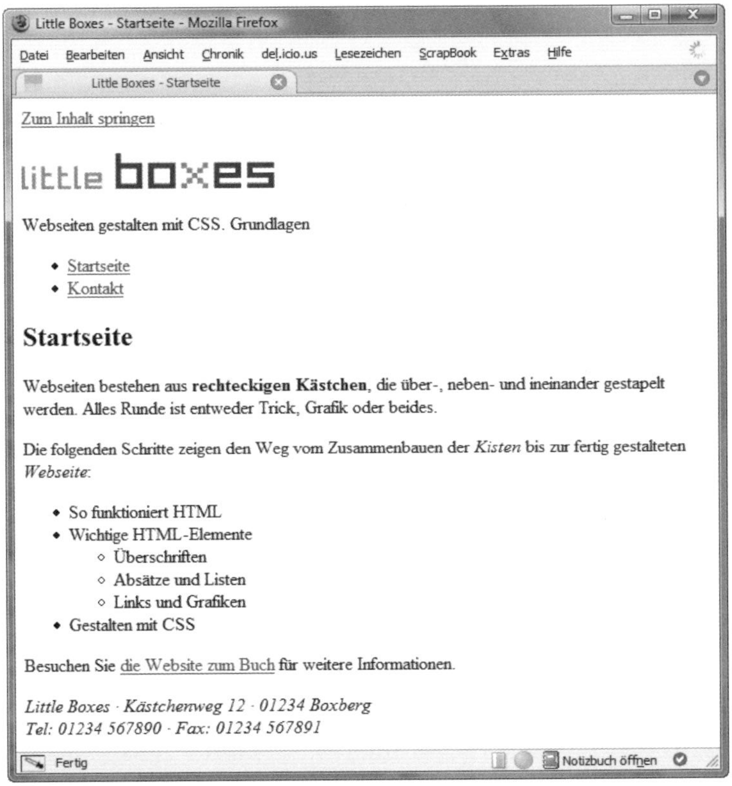

Tipp

Stylesheet für IE-Patches geht auch mit <link>

Der Conditional Comment mit der `@import`-Regel für `ie5x.css` unterhalb von `link` bleibt im Beispiel unverändert, aber statt mit `@import` könnten Sie das Stylesheet auch mit einem normalen `link`-Element einbinden.

Der optimierte *head* im Überblick

Der HTML-Header der Beispielseiten sieht nach diesen Änderungen so aus:

```
<head>
<meta http-equiv="Content-Type" content="text/html;charset=iso-8859-1" />

   <title>Little Boxes - Startseite</title>

   <meta name="robots" content="index, follow" />
   <meta name="description" content="Beschreibung dieser Seite ... " />
   <meta name="author" content="Ihr Name" />

   <link rel="shortcut icon" href="favicon.ico" />

   <link href="zentrale.css" rel="stylesheet" type="text/css" />
   <!--[if lt IE 6]>
      <style type="text/css"> @import url(ie5x.css); </style>
   <![endif]-->
</head>
```

Listing 1.2: Der erweiterte HTML-Header der Beispielseiten

1.4 Körperpflege: Optimierung im *body*

Nach dem HTML-Header geht es jetzt mit der Optimierung der eigentlichen Webseite zwischen <body> und </body> weiter. Hier ist zwar nichts richtig kaputt, aber im Rahmen einer allgemeinen Prophylaxe kann die Substanz des Quelltextes ohne großen Aufwand verbessert werden.

Bessere Skiplinks: nützlich für Nicht-Mäuse-Schubser

Auf der Beispielseite ist am Anfang des Kopfbereichs ein Skiplink zum Inhaltsbereich:

```
<div class="skiplink"><a href="#textbereich">Zum Inhalt springen</a></div>
```

Listing 1.3: Der momentan vorhandene Skiplink im Kopfbereich der Seite

Diese Sprungmarke hilft Besuchern, die der Webseite ohne den fast selbstverständlichen Luxus einer Maus begegnen, beim Bewegen innerhalb der Seite.

Der auf der Seite vorhandene Skiplink soll etwas verbessert werden:

- Erstens bekommt der vorhandene Skiplink zum Inhalt einen Kollegen »Zur Navigation«.
- Zweitens ziehen beide zusammen um in eine ungeordnete Liste.

- Und drittens werden die Skiplinks später im CSS zwar für das visuelle Layout ausgeblendet, aber vorübergehend wieder sichtbar gemacht, wenn der Besucher die Seite per Tastatur navigiert (mit ⇥).

Dazu muss das HTML um zwei Klassen ergänzt werden, die sprechende Namen erhalten und bei der CSS-Optimierung zum Einsatz kommen: Die Klasse `versteckmich` blendet das umgebende `div`-Element dann aus, die Klasse `tabmich` (*tab* wie in *Tab*ulatortaste) macht die Hyperlinks bei Navigation per ⇥ vorübergehend wieder sichtbar.

ToDo: Quelltext für die Skiplinks ändern

1. Öffnen Sie ggfs. die beiden Webseiten `index.html` und `kontakt.html` im Editor.
2. Entfernen Sie auf beiden Seiten das `div`-Element mit dem Skiplink aus dem Kopfbereich.
3. Fügen Sie stattdessen den folgenden fett gedruckten Quelltext ein:

```
<div id="kopfbereich">
<div class="versteckmich">
<ul>
   <li><a class="tabmich" href="#navibereich">Zur Navigation
       springen</a></li>
   <li><a class="tabmich" href="#textbereich">Zum Inhalt springen
       </a></li>
</ul>
</div> <!-- Ende .versteckmich -->
<h1><img src="logo.gif" id="logo" alt="Little Boxes" width="222"
height="32" /></h1>
```

4. Speichern Sie die Datei und betrachten Sie sie im Browser.

Und so sehen die beiden neuen Skiplinks auf der Webseite aus:

Abbildung 1.6: Die Startseite mit Skiplinks

Tipp

Das CSS für die Skiplinks

Falls Sie schon mal kurz vorbeischauen möchten: Die Definition der CSS-Klassen `versteckmich` und `tabmich` finden Sie ab Seite 73.

Der Kopfbereich: Überschrift und Absatz

Der Kopfbereich gibt Ihren Webseiten eine unverwechselbare Identität und sollte einen gewissen Wiedererkennungswert haben:

Abbildung 1.7: Der Kopfbereich der Beispielseiten (mit CSS)

Auf englischen Webseiten wird der Kopfbereich oft als »masthead« oder »branding« bezeichnet:

- *Masthead* ist der obere Bereich der Titelseite einer Zeitung, ein Zeitungskopf, in dem der Name, grafische Elemente und eventuell eine kurze Charakterisierung stehen.
- *Branding* leitet sich von »brand« (dt.: »Marke«) ab und könnte als »Markenbildung« übersetzt werden.

Um Identität und Wiedererkennung zu gewährleisten, enthält der Kopfbereich in der Regel mindestens zwei Dinge:

- ein *Logo* zur Identifizierung der Site, das dem Besucher auf einen Blick sagt, wo er bei seiner Surftour gelandet ist
- einen *Slogan*, der dem Besucher kurz und knapp mitteilt, was ihn auf diesen Seiten erwartet

Die Beispielseiten enthalten beides, und auch die Wahl der HTML-Elemente ist okay: Das Logo ist die Hauptüberschrift der Seite, der Slogan ein ganz normaler Textabsatz. Simpel, effektiv und kann so bleiben.

Der Navigationsbereich: Überschrift und Liste

Momentan ist in der Navigation der Beispielseiten jedes Register (= »Tab«) anklickbar, auch der aktuelle »Sie sind hier«-Tab, der dem Benutzer anzeigt, auf welcher Seite er sich befindet.

Da es selten sinnvoll ist, einen Link auf die aktuelle Seite zu setzen, wird das Element `a` entfernt und durch `strong` ersetzt, um den aktuellen Tab hervorzuheben.

Um den Beginn der Navigation im Quelltext zu kennzeichnen, fügen Sie *vor* der Navigationsliste noch eine `h2`-Überschrift ein. Bei der CSS-Gestaltung wird diese Überschrift mit der Klasse `.versteckmich` ausgeblendet, da der Navigationsbereich im Layout deutlich als solcher erkennbar und die zusätzliche Überschrift nicht nötig ist, aber im HTML signalisiert sie Lesern und Hörern den Beginn der Navigation.

Im folgenden ToDo erledigen Sie diese beiden Dinge und erweitern die Navigation noch um Links zu zwei neuen Webseiten, die ab der Seite 41 erstellt werden.

ToDo: Das HTML für den Navigationsbereich erweitern

1. Öffnen Sie die Startseite `index.html` im Editor und ändern Sie das HTML für den Navigationsbereich wie folgt:

```
<div id="navibereich">
<h2 class="versteckmich">Navigation</h2>
<ul>
   <li id="navi01"><strong>Startseite</strong></li>
   <li id="navi02" title="Infos zu Seite 02">
      <a href="seite02.html">Seite 02</a></li>
   <li id="navi03" title="Infos zu Seite 03">
      <a href="seite03.html">Seite 03</a></li>
   <li id="navi04" title="Schicken Sie uns eine Nachricht">
      <a href="kontakt.html">Kontakt</a></li>
</ul>
</div> <!-- Ende navibereich -->
```

ToDo: Das HTML für den Navigationsbereich erweitern (Forts.)

2. Öffnen Sie die Kontaktseite `kontakt.html` und ändern Sie den Navigationsbereich wie folgt:

```
<div id="navibereich">
<h2 class="versteckmich">Navigation</h2>
<ul>
   <li id="navi01"><a href="index.html">Startseite</a></li>
   <li id="navi02" title="Infos zu Seite 02">
      <a href="seite02.html">Seite 02</a></li>
   <li id="navi03" title="Infos zu Seite 03">
      <a href="seite03.html">Seite 03</a></li>
   <li id="navi04"><strong>Kontakt</strong></li>
</ul>
</div> <!-- Ende navibereich -->
```

3. Speichern Sie die beiden Webseiten und betrachten Sie sie im Browser.

Und so sieht der Navigationsbereich jetzt im Browserfenster aus:

Abbildung 1.8: Kopf- und Navigationsbereich im Browserfenster

Die Links zu *Seite 02* und *Seite 03* führen noch ins Leere, aber die beiden Seiten werden auf Seite 41 erstellt.

Der Textbereich: Überschrift und Inhalt

Der Textbereich wird auf jeder Seite mit anderem Inhalt gefüllt und mit einer `h2`-Überschrift eingeleitet. Diese `h2`-Überschrift bekommt im folgenden ToDo einen mit der Klasse `versteckmich` gekennzeichneten Zusatz, der Besuchern ohne CSS den Beginn des Inhaltsbereichs deutlich macht.

ToDo: Das HTML für den Inhaltsbereich optimieren

1. Öffnen Sie ggfs. beide Webseiten im Editor.
2. Ergänzen Sie auf den Webseiten die Überschrift im Inhaltsbereich um das `span`-Element. Das folgende Listing zeigt als Beispiel die Startseite `index.html`:

```
<h2><span class="versteckmich">Inhaltsbereich:
</span>Startseite</h2>
```

3. Speichern Sie die Dateien.

Nach dieser Änderung sieht die Startseite im Browser so aus:

Abbildung 1.9: Der Textbereich mit erweiterter Überschrift

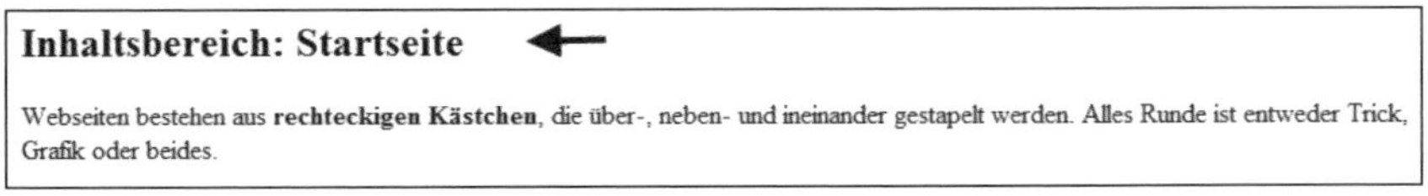

Im Kapitel über die Gestaltung von Fließtext ab Seite 215 lernen Sie diverse Methoden zur Auszeichnung und Gestaltung von Zitaten, Hinweisboxen, Bildbeschriftungen und anderen häufig vorkommenden Strukturen im Inhaltsbereich kennen.

Tipp

Fülltext: Lorem Ipsum und PeeWee

Als Platzhalter für richtigen Inhalt können Sie sogenannte »Blindtexte« verwenden. Bekanntester Vertreter ist wohl das Pseudolatein von *Lorem ipsum*, das Sie auf der folgenden Site in beliebigen Mengen downloaden können, auch als Liste:

- *http://lipsum.com/*

Unterhaltsamer und mit »German Umlauts« ausgestattet ist der Text von *PeeWee*, der davon berichtet, was einem Blindtext in der großen weiten Welt so alles passieren kann:

- *http://peewee.de/Blindtext.html*

Der Fußbereich: Überschrift und Infos

Der Fußbereich einer Webseite eignet sich ideal zur Darstellung von allgemeinen Informationen über die Site wie Kontaktadresse, eventuelle Copyrighthinweise oder einen Link zum Impressum.

Wie die anderen Bereiche wird auch der Fußbereich mit einer per CSS versteckten Überschrift beginnen. Außerdem fügen Sie im folgenden ToDo noch eine ungeordnete Liste mit einem Copyrighthinweis und einem Impressumslink hinzu.

ToDo: Das HTML für den Fußbereich optimieren

1. Ergänzen Sie den vorhandenen Fußbereich auf beiden Webseiten wie folgt:

```
<div id="fussbereich">
<h2 class="versteckmich">Informationen über diese Website</h2>
<address>
Little Boxes &middot; Kästchenweg 12 &middot; 01234 Boxberg
<br />
Tel: 01234 567890 &middot; Fax: 01234 567891
</address>
<ul>
   <li>&copy; Ihr Name, 2007</li>
   <li><a href="impressum.html" title="Gesetzliche
      Angaben">Impressum</a></li>
</ul>
</div><!-- Ende fussbereich -->
```

2. Speichern Sie die Webseiten und betrachten Sie sie im Browser.

Nach diesen Änderungen sieht der Fußbereich im Browser so aus:

Abbildung 1.10: Der erweiterte Fußbereich

Tipp

Was muss ins Impressum?

Wenn Sie ein Impressum erstellen möchten und selbst kein Legalesisch sprechen, probieren Sie den *Impressum-Assistenten* von Digi-Info:

- *http://www.digi-info.de/webimpressum/*

Der Assistent stellt natürlich keine verbindliche Rechtsberatung dar, ist aber trotzdem sehr hilfreich, um keine Pflichtangaben zu vergessen.

Der optimierte *body* im Überblick

Nach diesen Änderungen sieht die Startseite der Beispielseiten im Browser so aus:

Abbildung 1.11: Die Startseite nach der Optimierung des HTML

1.5 Aus 2 mach 5: Beispielsite erweitern

Zur Erweiterung der Site erstellen Sie auf der Basis der Startseite im folgenden ToDo drei neue Webseiten:

ToDo: Drei neue Webseiten als Kopie der Startseite erstellen

1. Öffnen Sie die Startseite `index.html` im Editor.
2. Kopieren Sie die Startseite, indem Sie sie unter den Namen `seite02.html`, `seite03.html` und `impressum.html` speichern.
3. Passen Sie auf den neuen Seiten alle notwendigen Details an:
   - Ändern Sie den `title` im `head`.
   - Ändern Sie die `ID` von `body` in `seite02`, `seite03` bzw. `impressum`.
   - Passen Sie den Navigationsbereich so an, dass der Navigationspunkt der aktuellen Seite kein Hyperlink ist. Nur auf `impressum.html` sind alle Navigationspunkte Hyperlinks.
   - Ändern Sie die Überschriften im Textbereich.
   - Entfernen Sie den Text im Textbereich und ergänzen Sie ein bisschen Fülltext bzw. die benötigten Angaben zum Impressum.
4. Speichern Sie die Webseiten und betrachten Sie sie im Browser.

Und so sieht eine der Beispielseiten ohne CSS im Browser aus. Ungestaltet, nicht besonders hübsch, aber sehr übersichtlich strukturiert:

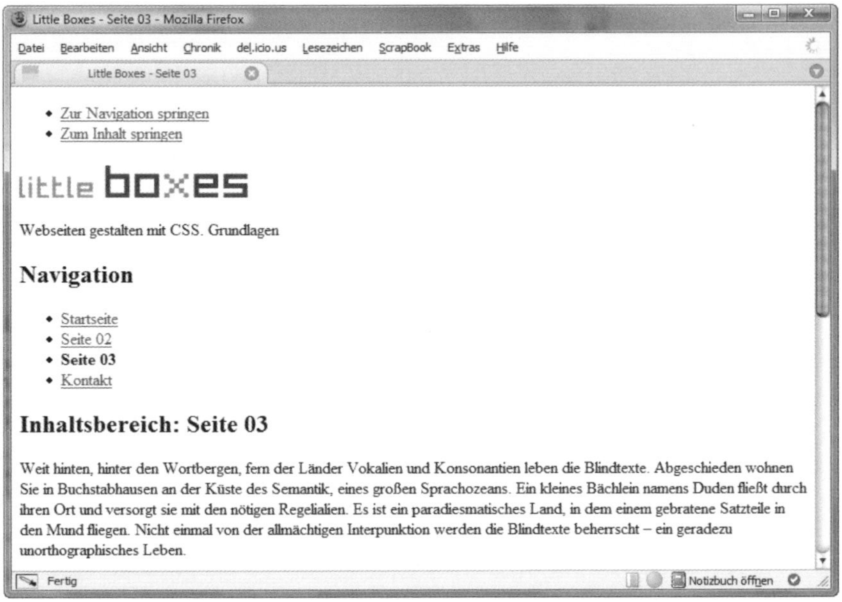

Abbildung 1.12: So sieht Seite 03 mit dem PeeWee-Blindtext momentan aus

Wichtig ist zu diesem Zeitpunkt, dass die Navigation auf allen Seiten funktioniert.

Tipp

Validator als Firefox-Add-On

In Band 1 habe ich auf Seite 78 zur Überprüfung des HTML den Validator des W3C vorgestellt. Einen HTML-Validator gibt es von Marc Gueury auch als Add-On für den Firefox:

- https://addons.mozilla.org/de/firefox/addon/249

1.6 Whitespace – der Leerstellenpakt

Zum Abschluss dieses kurzen HTML-Kapitels noch ein paar Worte zum Thema *Whitespace* (wörtlich: »weißer Raum«).

Whitespace: Leerstellen, [Tab] und [Enter]

Whitespace ist eine Sammelbezeichnung für nicht sichtbare Zeichen, die von Webautoren benutzt werden, um den Quelltext übersichtlich zu strukturieren. Dazu gehören:

- mit der Taste [Leertaste] erzeugte Leerstellen
- mit der Taste [Tab] erzeugte Tabs
- mit [Enter] bzw. [⇧]+[Enter] erzeugte Zeilenumbrüche

Geschützte Leerstellen (` `) gelten nicht als Whitespace.

Whitespace wird vom Browser besonders behandelt:

- Außerhalb von Block-Elementen wird im Quelltext vorhandener Whitespace ignoriert.
- Innerhalb von Block-Elementen hingegen werden Whitespace-Zeichen in Leerzeichen umgewandelt und mehrere aufeinanderfolgende Leerstellen zu einer zusammengefasst.

Bei der Reduzierung von Leerstellen schaut der Browser sich das allererste Leerzeichen an und übernimmt dessen Schriftformatierungen (`font-size`, `font-family`, `letter-spacing` etc.).

Tipp

pre – das Reservat für Whitespace

Innerhalb des Block-Elements `pre` wird der im Quelltext vorhandene Whitespace konserviert. Das ist manchmal sehr praktisch, zum Beispiel bei Programmlistings oder einfachen Übersichten.

Ein Zwischenraum hindurchzuschaun ...

In der mit `display:inline` erstellten Navigation der Beispielseiten ist zwischen den Listenelementen ein Zwischenraum, den man in Abbildung 1.13 gut erkennen kann:

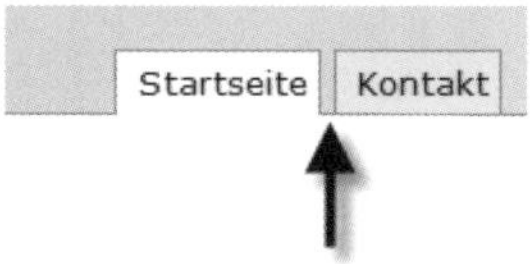

Abbildung 1.13: Ein Zwischenraum hindurchzuschaun

Zwischen den Tabs für Startseite und Kontakt sind exakt 5 px Abstand. Dieser Zwischenraum ist in das Layout integriert und fällt kaum auf, aber trotzdem bleibt die Frage, warum er überhaupt vorhanden ist, denn Innen- und Außenabstände aller beteiligten Elemente stehen definitiv auf 0.

Bevor Sie lange grübeln: Der Grund für den mysteriösen Abstand liegt im HTML-Quelltext und ist das Thema dieses Abschnitts: *Whitespace*. Hier zur Erinnerung der Quelltext der Navigationsliste:

Listing 1.4: Der HTML-Quelltext für die Navigationsliste

```
<ul>
   <li id="navi01"><a href="index.html">Startseite</a></li>
   <li id="navi02"><a href="kontakt.html">Kontakt</a></li>
</ul>
```

Nach `<ul>` und den beiden schließenden `</li>`-Tags folgt jeweils ein Zeilenumbruch mit [↵] und die beiden `<li>`-Tags wurden mit mehreren Leerstellen eingerückt. Jede Menge »white space«:

1. Außerhalb von Block-Elementen wird Whitespace im Quelltext ignoriert, aber die Listenelemente `li` sind im CSS mit `display:inline` nebeneinandergestellt worden und verhalten sich daher wie Inline-Elemente.
2. Rund um Inline-Elemente werden Whitespace-Zeichen in Leerstellen umgewandelt und mehrere Leerstellen zu einer zusammengefasst.
3. Die Zeilenumbrüche nach `<ul>` und `</li>` werden also in Leerzeichen verwandelt und mit denen vor dem Anfangs-Tag `<li>` zu einer einzigen Leerstelle verschmolzen.

Genau diese Leerstelle sehen Sie in Abbildung 1.13 zwischen den Tabs.

Fünf Lösungen zur Entfernung der Lücke

Falls der Zwischenraum entfernt werden soll, bestehen dazu wie fast immer im Webdesign mehrere Möglichkeiten.

Naheliegend wäre es zunächst einmal, im HTML die gesamte Liste ohne Umbrüche und Leerstellen hintereinander zu schreiben. Das würde aber zu einem sehr unübersichtlichen Quelltext führen.

Zweite Möglichkeit wäre ein negativer rechter `margin` für die Listenelemente:

```
#navibereich li { margin-right: -0.4em; }
```

Dadurch wird das benachbarte Listenelement dichter herangezogen und die Lücke überdeckt.

Eine dritte Möglichkeit klingt zunächst seltsam: Durch das Hinzufügen einer weiteren Leerstelle verschwindet die vorhandene Leerstelle. Eine Leerstelle und noch eine Leerstelle gibt keine Leerstelle, oder auf Englisch: *Set a space to fix a space.* Probieren Sie es ruhig aus, ich habe es auch nicht geglaubt. Fügen Sie in beiden Links vor das schließende *</a>* eine ganz normale Leerstelle ein:

```
<ul>
   <li id="navi01"><a href="index.html">Startseite  </a></li>
   <li id="navi02"><a href="kontakt.html">Kontakt  </a></li>
</ul>
```

Listing 1.5: Die Navigationsliste mit einer zusätzlichen Leerstelle vor *</a>*

Speichern Sie die Datei und betrachten Sie sie im Browser:

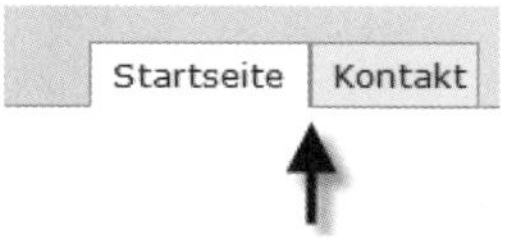

Abbildung 1.14: Leerstelle hinzugefügt, Zwischenraum ist weg

Magic. Aber natürlich ist die Leerstelle nicht wirklich verschwunden. Man sieht sie nur nicht mehr, weil sie Teil des Navigationslinks geworden ist. Wie hieß es etwas weiter oben? – »Wenn mehrere Leerstellen zusammengefasst werden, wird die Formatierung der ersten übernommen«, in diesem Fall also die des Hyperlinks.

Lösung Nr. 4 wäre es, die Listenelemente statt mit `display:inline` mit `float:left` nebeneinanderzustellen. Durch das Floaten werden immer Block-Boxen erzeugt und der Zwischenraum würde verschwinden, weil Whitespace außerhalb von Block-Boxen ignoriert wird.

Last, not least könnte man die Listenelemente statt mit `display:inline` auch mit der Anweisung `display:table-cell` nebeneinanderstellen. Damit würden die Listenelemente Block-Elemente bleiben und trotzdem in einer Zeile stehen, aber leider versteht der Internet Explorer diese Anweisung in keinster Art und Weise.

Tja. Oder Sie lassen den Zwischenraum so, wie er ist. Schließlich stört er ja nicht ...

Tipp

Die Mailingliste CSS-Design

Ein ähnlicher Fall wurde auf der Mailingliste *CSS-Design* intensiv diskutiert. Unter folgender URL finden Sie eine kurze Zusammenfassung:

- *http://infotekten.de/testdrive/list_inline/*

Besonderer Dank gebührt Nils Poker (*http://pookerart.de/*) und Rainer Wagener (*http://rohschnitt.de/*) für ihre Ideen. Im Web finden Sie die Homepage der Mailingliste unter:

- *http://www.css-design.de/listhome.php*

1.7 Auf einen Blick

Hier noch einmal die wichtigsten Punkte dieses Kapitels im Überblick:

- Mediengerechtes HTML ist valide, hat eine logische Reihenfolge und ist möglichst semantisch.
- Ein Zeichensatz ist eine Schablone, anhand derer ein Computer Text darstellt. Weit verbreitet sind die 15 Schablonen von ISO-8859 und UTF-8.
- Die Beispielseiten sind mit dem Zeichensatz ISO-8859-1 gespeichert. Falls Sie auf UTF-8 umsteigen möchten, checken Sie vorher Ihren Editor und den Webserver, der die Seiten servieren wird.
- Die `meta`-Elemente `robots` und `description` helfen Suchmaschinen bei der Indizierung Ihrer Seiten.
- Ein *FavIcon* ist schnell erstellt und gibt Ihren Seiten ein Stück Identität.
- Skiplinks helfen Nichtmausbenutzern bei der Navigation auf Ihren Seiten.
- Strukturelle Überschriften kennzeichnen den Beginn der Bereiche im HTML und können per CSS ausgeblendet werden.
- Whitespace im Quelltext führt manchmal zu überraschenden Effekten.

Kapitel 2

CSS: Zentralisierung, Reset und Restaurierung

Worin Sie die vorhandenen Stylesheets umstrukturieren, mit einem zentralen Stylesheet einbinden und ein Fundament zur Gestaltung Ihrer Webseiten erstellen.

In diesem Kapitel beginnen Sie die Optimierung des CSS für die Beispielseiten. Dazu erstellen Sie in diesem Kapitel zunächst zwei Stylesheets: ein zentrales Stylesheet namens `zentrale.css` und ein weiteres namens `fundament.css`, in dem ein radikales Reset, die Restaurierung der Abstände und eine grundlegende Formatierung für die wichtigsten Elemente gespeichert wird.

2.1 Ein zentrales Stylesheet

Wenn ein Stylesheet mehrere hundert Zeilen lang wird, verliert man leicht den Überblick. Eine mögliche Antwort auf dieses Problem ist, die Styles auf mehrere Stylesheets zu verteilen.

Teile und herrsche: Aufteilung der Styles

Frei nach dem Motto »Teile und herrsche« erstellen viele Webautoren anstelle eines großen Stylesheets mehrere kleine und verwalten diese mit einem zentralen Stylesheet.

Dieses zentrale Stylesheet wird auf den Webseiten ganz normal mit dem `link`-Element eingebunden und ruft alle anderen benötigten Stylesheets auf:

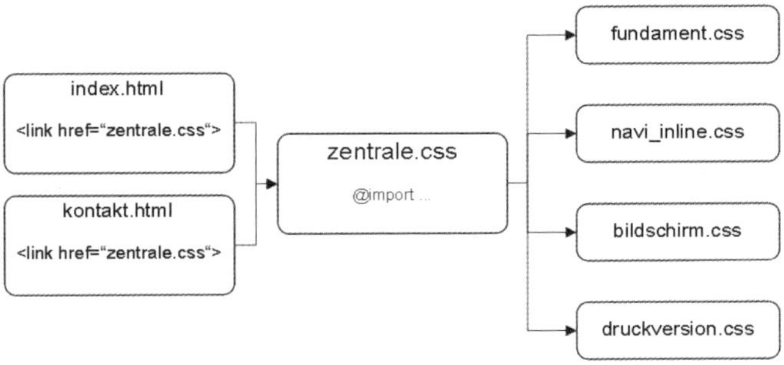

Abbildung 2.1: Ein zentrales Stylesheet lädt alle anderen

Das klingt vielleicht umständlich, ist aber nach kurzer Eingewöhnung sehr praktisch, denn die einzelnen Stylesheets werden entschlackt und übersichtlicher.

Für die Beispielseiten werden die Styles auf folgende Stylesheets verteilt:

- `fundament.css` enthält die Kalibrierung der Abstände und eine grundlegende Formatierung.
- `navi_inline.css` enthält die Styles für die aktuelle Navigation.
- `bildschirm.css` enthält alle Styles für die Ausgabe am Bildschirm.
- `druckversion.css` enthält alle Styles für die Druckversion der Seite.

Eines sie zu binden: *zentrale.css*

Im zentralen Stylesheet werden die anderen Stylesheets mit einer `@import`-Regel importiert, die konkret so aussieht:

```
@import url(fundament.css);
```

Ist Ihnen das Semikolon am Ende der Zeile aufgefallen? Falls nicht: Do not forget the Strichpunkt am Ende einer `@import`-Regel.

Im folgenden ToDo erstellen Sie zunächst das zentrale Stylesheet und schreiben die `@import`-Regel für das Stylesheet `fundament.css`, das im nächsten Abschnitt erstellt wird.

ToDo: Erstellung eines zentralen Stylesheets

1. Erstellen Sie eine neue Datei und speichern Sie diese als `zentrale.css` im selben Ordner.
2. Erstellen Sie am Anfang der Datei einen Kommentar und eine `@import`-Regel:

```
/* ==========================================================
Zentrales Stylesheet - wird im HEAD der Webseiten aufgerufen
Datei: zentrale.css
Datum: ...
Autor: ...
========================================================== */

/* Reset, Restaurierung und grundlegende Formatierung */
@import url(fundament.css);

/* ======================================
   E N D E zentrale.css
   ====================================== */
```

3. Speichern Sie die Datei.

Jetzt ist alles so weit vorbereitet.

@media: Definition der Ausgabemedien

In den Beispielseiten wird das Ausgabemedium im `link`-Element mit dem Attribut `media` definiert (siehe auch »Little Boxes« Band 1, Seite 180). Durch den Einbau des zentralen Stylesheets ist diese Angabe vorübergehend entfallen.

Ideal wäre die Definition eines Ausgabemediums am Ende der `@import`-Regel im zentralen Stylesheet, zum Beispiel so:

```
@import url(navi_inline.css) screen;
@import url(bildschirm.css) screen;
@import url(druckversion.css) print;
```

Listing 2.1: Definition des Ausgabemediums mit *@import*

Einfach, übersichtlich und leicht zu verstehen. Leider findet der Internet Explorer das nicht, denn er ignoriert diesen Zusatz, auch in der 7er-Version.

Aus diesem Grund erfolgt die Definition der Ausgabemedien mithilfe der Anweisung `@media` *innerhalb* der einzelnen Stylesheets. `@media` umschließt alle anderen Styles, sodass die öffnende Zeile *vor* allen Styles steht und die schließende geschweifte Klammer *danach*.

Eine Beschränkung eines Stylesheets auf die Bildschirmausgabe sähe so aus:

Listing 2.2: Definition des Ausgabemediums mit *@media*

```
@media screen {

   /* alle anderen Styles */

} /* Ende @media - nicht löschen! */
```

Weil die schließende geschweifte Klammer unter Umständen hunderte von Zeilen unterhalb der öffnenden steht, bekommt sie einen entsprechenden Kommentar, damit sie nicht versehentlich gelöscht wird.

2.2 Das Fundament: Reset und Restaurierung

Das für die Beispielseiten verwendete Stylesheet `bildschirm.css` beginnt momentan mit einem radikalen Zurücksetzen (»Reset«) der Innen- und Außenabstände für *alle* Elemente. Danach werden die wichtigsten Abstände für die auf den Beispielseiten verwendeten Elemente sinnvolle Werte definiert (»Restaurierung«, siehe auch »Little Boxes«, Band 1, Seite 133f.):

Listing 2.3: So beginnt das CSS der Beispielseiten in *bildschirm.css*

```
*  { padding: 0; margin: 0; }

h2, p, ul, ol { margin-bottom: 1em; }
ul ul { margin-bottom: 0; }
li { margin-left: 1em; }
```

Diese Restaurierung wird im Folgenden etwas grundlegender angesetzt und auch für häufig verwendete Elemente definiert, die auf den Beispielseiten (noch) nicht benutzt werden.

Im Anschluss an die Restaurierung erfolgt eine grundlegende Schriftformatierung für die wichtigsten HTML-Elemente (»Basisformatierung«).

Reset, Restaurierung der Abstände und grundlegende Formatierung werden zusammen in einem Stylesheet namens `fundament.css` gespeichert, das Sie seinem Namen entsprechend auch als Fundament für andere Projekte verwenden können.

Radikaler Reset: alle Abstände auf null

Im ersten Schritt setzen Sie mit dem Universalselektor `*` die Eigenschaften `padding` und `margin` für alle Elemente auf den Wert 0 (Null). Los geht's:

ToDo: Stylesheet zur Kalibrierung erstellen

1. Erstellen Sie eine leere Datei und speichern Sie sie unter dem Namen `fundament.css` im Übungsordner.
2. Erstellen Sie am Anfang der Datei einen Kommentar, wobei Sie gerne zusätzliche oder andere Angaben machen können:

```
/*  ===================================================
Stylesheet mit Reset, Restaurierung und grundlegender
Formatierung
Datei:  fundament.css
Datum:  ...
Autor:  ...
========================================================== */

@media all {

/* ==============================================
   TEIL I - Reset
   ============================================== */
```

3. Definieren Sie nach dem Kommentar die folgende CSS-Regel:

```
* { padding: 0; margin: 0; }
```

4. Beenden Sie das Stylesheet mit der schließenden Klammer für `@media` und dem Endekommentar:

```
} /* Ende @media - nicht löschen! */

/* ======================================
   E N D E fundament.css
   ====================================== */
```

5. Speichern Sie das Stylesheet.

Falls Sie diesen Reset das erste Mal verwenden, betrachten Sie die Datei `index.html` einmal im Browser, aber erschrecken Sie nicht. Es sind tatsächlich *alle* Abstände auf null gesetzt worden, was ziemlich seltsam aussieht:

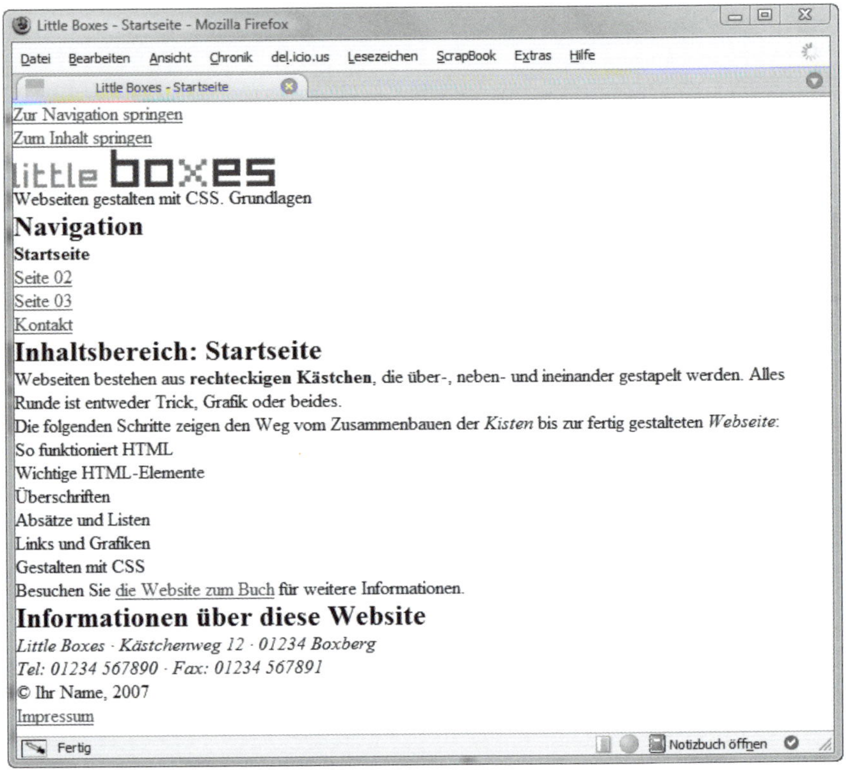

Abbildung 2.2: Radikaler Reset – alle Abstände auf NULL

In den nächsten Abschnitten werden für die wichtigsten HTML-Elemente sinnvolle Abstände restauriert, sodass sie ohne weitere Gestaltung benutzbar sind.

Tipp

Reset: Zu Risiken und Nebenwirkungen ...

Der Universalselektor * setzt die Abstände für *alle* Elemente auf null. Da Formularelemente in jedem Browser anders dargestellt werden, kann es durch die Nullsetzung aller Abstände zu Problemen bei der Darstellung kommen.

Zu Risiken und Nebenwirkungen lesen Sie nicht die Packungsbeilage, sondern den folgenden Artikel von Eric Meyer:

- *http://meyerweb.com/eric/thoughts/2007/05/01/reset-reloaded/*

margin-bottom für wichtige Elemente restaurieren

Nach dem radikalen Reset wird zunächst `margin-bottom` für die wichtigsten Elemente auf `1em` gesetzt.

Die lange Liste der Selektoren geht über mehrere Zeilen:

- Am Anfang stehen alle Überschriftebenen, von `h1` bis `h6`.
- In Zeile 2 folgen Absätze, Zitate und Co. (`p`, `blockquote`, `address`, `pre`).
- In der dritten Zeile stehen Listen und Tabellen (`ul`, `ol`, `dl`, `table`).

Im folgenden ToDo setzen Sie dies um.

ToDo: *margin-bottom* für wichtige Elemente definieren

1. Definieren Sie in `fundament.css` nach dem eben erstellten Reset und vor der schließenden Klammer von `@media` die folgenden CSS-Regeln:

```
/* ==============================================
   TEIL II - Restaurierung
   ============================================== */

/* margin-bottom für Überschriften, Absätze, Listen etc. */
h1, h2, h3, h4, h5, h6,
p, blockquote, address, pre,
ul, ol, dl, table {
   margin-bottom: 1em;
}
```

2. Speichern Sie das Stylesheet.

Zitate und Listen wieder einrücken

Weiter geht es mit der Einrückung von Listen und Zitaten:

- Mit `blockquote` erstellte Zitate werden eingerückt.
- Die Abstände für Listen werden restauriert.

Dabei werden auch Listenverschachtelungen berücksichtigt. Das ist etwas aufwändiger, aber nicht wirklich schwierig. Reine Fleißarbeit.

ToDo: Einrückungen für Zitate und Listen definieren

1. Definieren Sie in Teil II von `fundament.css` die folgenden Styles:

```
/* Zitate einrücken */
blockquote { margin: 1em 2em; }

/* Alle Listen etwas einrücken */
ul, ol, dl { margin-left: 1em; }

/* Listenelemente etwas mehr einrücken */
li { margin-left: 1em; }

/* Definitionen in Definitionslisten noch mehr einrücken */
dd { margin-left: 2em; }

/* Verschachtelte Listen ohne Außenabstand oben/unten */
ul ul, ul ol, ul dl,
ol ul, ol ol, ol dl,
dl ul, dl ol, dl dl {
   margin-top: 0;
   margin-bottom: 0;
}
```

2. Speichern Sie das Stylesheet.

Aufzählungszeichen für Listen

Nach den *Abständen* für Listenkisten sind jetzt die *Aufzählungszeichen* dran, und zwar runter bis zur dritten Ebene. Diese Maßnahme ist freiwillig, aber so regeln Sie die Aufzählungszeichen auf Ihren Seiten bis hinunter zur dritten Ebene.

ToDo: Grundlegende Formatierung für Aufzählungszeichen in Listen

1. Erstellen Sie in Teil II von `fundament.css` die folgenden Regeln:

```
/* Aufzählungszeichen für Listenkisten */

/* Ebene 1 - ul: square (ausgefülltes Rechteck); ol:
Dezimalzahlen  */
ul { list-style-type: square; }
ol { list-style-type: decimal; }

/* Ebene 2 – ul: disc (ausgefüllter Kreis); ol: kleine Buchstaben
*/
ul ul { list-style-type: disc; }
ol ol { list-style-type: lower-alpha; }

ul ol { list-style-type: decimal; }
ol ul { list-style-type: square; }

/* Ebene 3 - ul und ol mit circle (nicht ausgefüllter Kreis) */
ol ol ol, ol ol ul, ol ul ul, ol ul ol,
ul ul ul, ul ul ol, ul ol ol, ul ol ul {
   list-style-type: circle;
}
```

2. Speichern Sie das Stylesheet.

Die oben erstellten Styles ergeben die folgenden Listen:

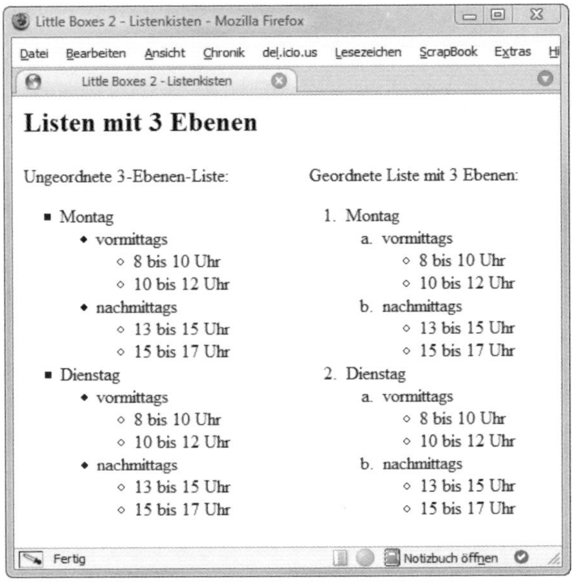

Abbildung 2.3: Listenkisten mit Formatierung bis zur 3. Ebene

Sie können in Ihren Stylesheets natürlich gerne andere Aufzählungszeichen benutzen. CSS kennt bisher leider keine Möglichkeit, für Listen *eigene* Aufzählungszeichen zu verwenden, sodass Sie für `ul` auf die Werte `square`, `disc` und `circle` eingeschränkt sind. Eine simple Aufzählung mit Bindestrichen ist nicht so ohne weiteres möglich. Wie es trotzdem geht, erfahren Sie auf Seite 264.

Kleinkram: *option*, *fieldset* und verlinkte Bilder

Zum Abschluss noch einige Feinheiten:

- Nach dem Reset sind die Optionen einer Select-Liste in Formularen ohne `padding` schlecht lesbar. Sie bekommen deshalb ein leichtes horizontales `padding`.
- Die Rahmenlinien um verlinkte Bilder (`a img`) und das Element `fieldset` werden mit `border: none` entfernt.

Beides erledigt das folgende ToDo.

ToDo: Restaurierung von *option* und einige Rahmenlinien entfernen

1. Ergänzen Sie in Teil II von `fundament.css` die Styles:

```
/* Auswahl in Auswahllisten (select) durch padding:0 schlecht
lesbar */
option { padding-left: 0.2em; padding-right: 0.3em; }

/* Rahmen um fieldset und verlinkte Bilder entfernen */
fieldset, a img { border: none; }
```

2. Speichern Sie die Datei und betrachten Sie die Webseiten im Browser.

Die Startseite der Beispielsite sieht im Browser nach der Restaurierung jetzt etwa so aus:

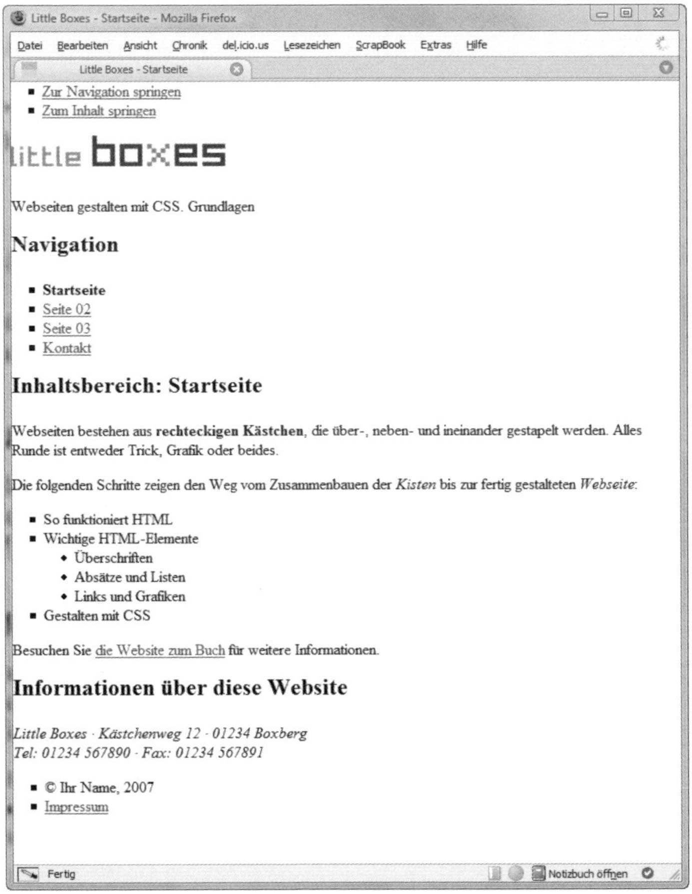

Abbildung 2.4: Die Startseite mit Abständen und Einrückungen

Tipp

Restaurierung anpassen

Die bisher erstellte Restaurierung von Abständen und Aufzählungszeichen können Sie selbstverständlich ändern, ergänzen und an Ihre eigenen Vorstellungen anpassen.

2.3 Die grundlegende Formatierung

Nachdem Sie die Innen- und Außenabstände der wichtigsten Elemente vereinheitlicht haben, geht es in diesem Abschnitt um eine grundlegende Schriftgestaltung.

Schrift formatieren: *html* und *body*

Für die Schriftgestaltung gibt es natürlich keine perfekte Lösung für alle Situationen. Betrachten Sie die im Folgenden gezeigten Styles als Anregungen, die Sie nach Belieben anpassen können.

Im folgenden ToDo geht es los mit der allgemeinen Formatierung.

ToDo: Schrift formatieren für *html* und *body*

1. Erstellen Sie in `fundament.css` zwischen Teil II und der schließenden Klammer von `@media` die folgenden Kommentare und Styles:

```
/* ===========================================
   TEIL III - Grundlegende Formatierung
   ======================================== */

/* ==============================================
   1. html und body */

/* Bildlaufleiste im Firefox immer zeigen */
html { height: 101%; }

body {
   background-color: white;
   color: black;
   font-family: Verdana, Arial, Helvetica, sans-serif;
   font-size: small;
}
```

2. Speichern Sie das Stylesheet.

Der erste Style gibt dem Stammelement eine Höhe von 101%, was dafür sorgt, dass rechts im Browserfenster eine Bildlaufleiste erscheint. Firefox stellt diese Leiste sonst nur bei Bedarf dar, was zu einem »Springen« des Layouts führen kann. Für `body` werden lediglich einige grundlegende Farb- und Schrifteinstellungen vorgenommen.

Zur Schriftgröße: Browser haben meist eine Standardschriftgröße von 16 px. Der Wert `small` macht den Text immer etwas kleiner als diese Standardeinstellung und ergibt ca. 13 px, und das ist auch im Zeitalter immer höher auflösender Bildschirme (besonders bei Notebooks) ein gut lesbarer Wert. Man könnte natürlich auch direkt `font-size:13px` definieren, aber dann können IE-Benutzer den Textzoom nicht mehr benutzen.

Tipp

Details zur Gestaltung von Fließtext

Mehr zu Schriftgestaltung, Zeilenhöhe und anderen nützlichen Dingen erfahren Sie im Kapitel über die Gestaltung des Inhalts ab Seite 215.

Schrift formatieren: Überschriften

Viele Webautoren gestalten Überschriften mit einer Serifenschrift, was im Wesentlichen zwei Gründe hat:

- Schriften ohne Serifen wie Verdana & Co. wirken bei größerem Schriftgrad am Bildschirm oft sehr fett und kräftig.
- Überschriften heben sich durch die Serifenschrift besser vom serifenlosen Fließtext ab.

Auch bei den Überschriften dürfen und sollten Sie Ihre eigenen Vorlieben einsetzen, sowohl bei der Schriftart als auch beim Schriftgrad, aber falls Sie noch keine bestimmten Vorstellungen haben, probieren Sie einmal *Georgia*.

Georgia ist eine von Microsoft speziell für den Bildschirm erfundene Serifenschrift (quasi das Gegenstück zur serifenlosen *Verdana*), unter Windows und Mac verfügbar und gut lesbar.

ToDo: Basisformatierung für Überschriften

1. Erstellen Sie in Teil III von `fundament.css` die folgenden Regeln:

```
/* ==============================================
   2. Schriftformatierung für Überschriften   */

/* Serifenschrift für Überschriften, inkl. h1 (alt-Text) */
h1, h2, h3, h4, h5, h6 {
   font-family: Georgia, "Times New Roman", serif;
   font-weight: bold;
}
/*  Überschriftengrößen auf Basis von small (13px) */
h1 { font-size: 200%; }     /* ca. 26px */
h2 { font-size: 184.62%; }  /* ca. 24px */
h3 { font-size: 153.85%; }  /* ca. 20px */
h4 { font-size: 138.46%; }  /* ca. 18px */
h5 { font-size: 123.08% }   /* ca. 16px */
h6 { font-size: 107.69%; }  /* ca. 14px */
```

2. Speichern Sie das Stylesheet und betrachten Sie die Webseiten im Browser.

Auf den ersten Blick sieht die Startseite fast genauso aus wie am Anfang dieses Kapitels. Der wichtigste Unterschied ist, dass Sie jetzt den unterschiedlichen Standardeinstellungen der Browser nicht mehr ausgeliefert sind (Abbildung 2.5).

Tipp

Schriftgröße: Berechnungsgrundlage ist 16 px

Die Berechnung der Pixelangaben für die Überschriften basiert auf der Annahme, dass die Standardschriftgröße im Browser *16 px* ist. Das ist zwar fast immer der Fall, aber man sollte im Hinterkopf behalten, dass der Wert eine *Annahme* und nicht in Stein gemeißelt ist.

Abbildung 2.5: Die Startseite mit kompletter Basisformatierung

2.4 *fundament.css* im Überblick

Zum Abschluss des Kapitels das CSS von `fundament.css` in der Übersicht:

Listing 2.4: *fundament.css* im Überblick

```
/* ====================================================
Stylesheet mit Reset, Restaurierung und grundlegender Formatierung
Datei: fundament.css
Datum: ...
Autor: ...
============================================================ */

```

```
@media all {

/* ==============================================
   TEIL I - Reset
   ============================================== */
* { padding: 0; margin: 0; }

/* ==============================================
   Teil II - Restaurierung
   ============================================== */
/* Vertikaler margin für Überschriften, Absätze, Listen etc. */
h1, h2, h3, h4, h5, h6,
p, blockquote, address, pre,
ul, ol, dl, table {
   margin-bottom: 1em;
}

/* Zitate einrücken */
blockquote { margin: 1em 2em; }

/* Alle Listen etwas einrücken */
ul, ol, dl { margin-left: 1em; }

/* Listenelemente etwas mehr einrücken */
li { margin-left: 1em; }

/* Definitionen in Definitionslisten noch mehr einrücken */
dd { margin-left: 2em; }

/* Verschachtelte Listen ohne Außenabstand oben/unten */
ul ul, ul ol, ul dl,
ol ul, ol ol, ol dl,
dl ul, dl ol, dl dl {
   margin-top: 0;
   margin-bottom: 0;
}

/* Aufzählungszeichen für Listenkisten */
/* Ebene 1 - ul: square (ausgefülltes Rechteck); ol: Dezimalzahlen  */
ul { list-style-type: square; }
ol { list-style-type: decimal; }

/* Ebene 2 - ul: disc (ausgefüllter Kreis); ol: kleine Buchstaben */
ul ul { list-style-type: disc; }
ol ol { list-style-type: lower-alpha; }

ul ol { list-style-type: decimal; }
ol ul { list-style-type: square; }
```

```
/* Ebene 3 - ul und ol mit circle (nicht ausgefüllter Kreis) */
ol ol ol, ol ol ul, ol ul ul, ol ul ol,
ul ul ul, ul ul ol, ul ol ol, ul ol ul {
   list-style-type: circle;
}

/* Auswahl in Auswahllisten (select) durch padding:0 schlecht lesbar */
option { padding-left: 0.2em; padding-right: 0.3em; }

/* Rahmen um fieldset und verlinkte Bilder entfernen */
fieldset, a img { border: 0; }

/* =========================================
   TEIL III - Grundlegende Formatierung
   ======================================== */
/* 1. html und body */
html { height: 101%; }

body {
   background-color: white;
   color: black;
   font-family: "Lucida Grande", "Lucida Sans Unicode", Helvetica,
      Arial, sans-serif;
   font-family: Verdana, Helvetica, Arial, sans-serif;
   font-size: small;
}

/* 2. Schriftformatierung für Überschriften   */
h1, h2, h3, h4, h5, h6 {
   font-family: Georgia, "Times New Roman", serif;
   font-weight: bold;
}

/*  Überschriftgrößen auf Basis von small (13px) */
h1 { font-size: 200%; }      /* ca. 26px */
h2 { font-size: 184.62%; }  /* ca. 24px */
h3 { font-size: 153.85%; }  /* ca. 20px */
h4 { font-size: 138.46%; }  /* ca. 18px */
h5 { font-size: 123.08% }   /* ca. 16px */
h6 { font-size: 107.69%; }  /* ca. 14px */

} /* Ende @media - nicht löschen! */

/* =====================================
   E N D E fundament.css
   ===================================== */
```

2.5 Auf einen Blick

Hier noch einmal die wichtigsten Punkte dieses Kapitels im Überblick:

- Man kann die CSS-Regeln auf mehrere Stylesheets verteilen, die mit einem zentralen Stylesheet verwaltet werden.
- Im zentralen Stylesheet mit dem treffenden Namen `zentrale.css` werden die anderen Stylesheets per `@import` eingebunden.
- Das Ausgabemedium wird innerhalb der eingebundenen Stylesheets mit `@media` definiert.
- Es empfiehlt sich, die unterschiedlichen Vorgaben der Browser-Stylesheets durch Reset und Restaurierung zu vereinheitlichen.
- Für die Beispielseiten werden Reset, Restaurierung und eine grundlegende Formatierung in `fundament.css` gespeichert.

Kapitel 3

CSS: Navigation, Bildschirm und Druck

Worin Sie das Stylesheet für die Navigation erstellen, die vorhandenen Stylesheets aufräumen und die Skiplinks ein- und ausblenden.

In diesem Kapitel lagern Sie die Navigation in ein eigenes Stylesheet namens `navi_inline.css` aus und räumen die Stylesheets `bildschirm.css` und `druckversion.css` auf. Außerdem werden die Skiplinks so gestaltet, dass sie nur bei einer Navigation per ⇆ vorübergehend sichtbar werden.

3.1 Das Stylesheet für die Navigation

Die Navigation ist auf jeder Webseite ein sehr wichtiger Bereich und durch die Auslagerung der Styles in ein eigenes Stylesheet kann sie sehr flexibel gestaltet werden.

Das Stylesheet *navi-inline.css* erstellen

Zunächst erstellen Sie ein neues Stylesheet namens `navi_inline.css`. Anschließend schneiden Sie die bereits vorhandenen Styles für die Navigation in `bildschirm.css` aus und fügen sie in das neue Stylesheet wieder ein.

Der Name `navi_inline.css` bezieht sich übrigens auf die grundlegende Technik, die in der aktuellen Navigation verwendet wird (`display: inline`).

ToDo: Styles für die Navigation in eigenem Stylesheet speichern

1. Erstellen Sie im Übungsordner ein neues Stylesheet namens `navi_inline.css`.
2. Erstellen Sie in der Datei folgende Kommentare sowie die `@media`-Regel.

```
/* ===============================================================
Stylesheet zur Gestaltung der Navigation
Datei: navi_inline.css
Datum: ...
Autor: ...
=========================================================== */

@media screen {


} /* Ende @media - nicht löschen! */

/* ======================================
   E N D E navi_inline.css
   ====================================== */
```

3. Öffnen Sie das Stylesheet `bildschirm.css` und schneiden Sie alle Styles für den Navigationsbereich (`#navibereich` ...) aus.
4. Fügen Sie die ausgeschnittenen Styles zwischen Anfangs- und Endeklammer von `@media screen` in `navi_inline.css` wieder ein.
5. Speichern Sie beide Stylesheets.

Den aktuellen Tab hervorheben

In der Optimierung des Navigationsbereichs haben Sie auf Seite 36 vom jeweils aktuellen Tab den Hyperlink entfernt und durch ein `strong` ersetzt. Deshalb ergänzen Sie im folgenden ToDo das Stylesheet für die Navigation um die Gestaltung des `strong`-Elements.

Außerdem werden noch die Selektoren für die beiden neuen Seiten hinzugefügt.

ToDo: Das *strong* in der Navigation gestalten

1. Ergänzen Sie in `navi_inline.css` den Style für die Hyperlinks um den fett gedruckten Text:

```
#navibereich a,
#navibereich strong {
   background-color: #ffeda0;
   color: black;
   font-weight: normal;
   padding: 4px 8px;
   border: 1px solid #8c8c8c;
}
```

2. Ändern Sie den Style zur Hervorhebung des aktuellen Tabs wie folgt:

```
#navibereich a:focus,
#navibereich a:hover,
#startseite #navi01 strong,
#seite02 #navi02 strong,
#seite03 #navi03 strong,
#kontaktseite #navi04 strong {
   background-color: white;
   color: black;
   font-weight: normal;
   border-bottom: 1px solid white;
}
```

3. Speichern Sie das Stylesheet.

Das Stylesheet in *zentrale.css* einbinden

Um die Navigation auf den Webseiten mit diesem Stylesheet zu gestalten, muss `navi_inline.css` noch in `zentrale.css` eingebunden werden.

ToDo: Das Stylesheet für die Navigation in *zentrale.css* importieren

1. Öffnen Sie das Stylesheet `zentrale.css` und ergänzen Sie die fett gedruckten Zeilen:

```
/* Reset, Restaurierung und grundlegende Formatierung */
@import url(fundament.css);

/* Formatierung der Navigation */
@import url(navi_inline.css);
```

2. Speichern Sie das Stylesheet und betrachten Sie die Webseiten im Browser.

Nach diesem Schritt sieht die Navigation wieder gut aus, aber der aktuelle Tab (SEITE 03) ist nicht mehr anklickbar:

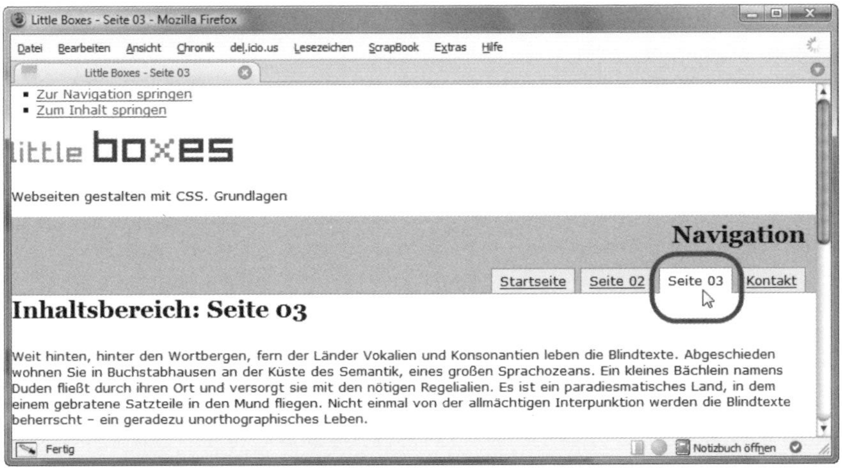

Abbildung 3.1: Der aktuelle Tab ist nicht mehr anklickbar

Tipp

Andere Navigationen ausprobieren

In zweiten Teil des Buches werden Sie sehen, wie praktisch die Ausgliederung der Navigation in ein eigenes Stylesheet ist, denn so können Sie die Stylesheets für die Navigation ganz einfach austauschen.

navi_inline.css im Überblick

Zur Übersicht hier das komplette Stylesheet für die Inline-Navigation:

Listing 3.1: navi_inline.css im Überblick

```
/* =====================================================
Stylesheet zur Gestaltung der Navigation
Datei: navi_inline.css
Datum: ...
Autor: ...
===================================================== */

@media screen {

#navibereich {
   text-align: right;
   color: black;
   background-color: #f3c600;
   padding: 5px 10px 4px 10px;
   border-bottom: 1px solid #8c8c8c;
}
#navibereich ul {
   margin-bottom: 0;
}
#navibereich li {
   display: inline;
   list-style-type: none;
   margin: 0 ;
}
#navibereich a,
#navibereich strong {
   background-color: #ffeda0;
   color: black;
   font-weight: normal;
   padding: 4px 8px;
   border: 1px solid #8c8c8c;
}
#navibereich a:focus,
#navibereich a:hover,
#startseite #navi01 strong,
#seite02 #navi02 strong,
#seite03 #navi03 strong,
#kontaktseite #navi04 strong {
   background-color: white;
   color: black;
   font-weight: normal;
   border-bottom-color: white;
}
```

```
#navibereich a:active {
   color: black;
   background-color: white;
}

} /* Ende @media - nicht löschen! */

/* =======================================
   E N D E navi_inline.css
   ======================================= */
```

3.2 Das Stylesheet für den Bildschirm

In diesem Schritt wird in `bildschirm.css` aufgeräumt. Außerdem wird das Ausgabemedium neu definiert und die Skiplinks werden so versteckt, dass sie bei einer Navigation per ⇥ wieder sichtbar werden.

Das Stylesheet in *zentrale.css* einbinden

Das Stylesheet `bildschirm.css` wird noch vor dem Aufräumen in `zentrale.css` eingebunden, damit Sie Änderungen auf den Webseiten sofort überprüfen können.

ToDo: Stylesheet für die Bildschirmausgabe in *zentrale.css* importieren

1. Öffnen Sie das Stylesheet `zentrale.css` und ergänzen Sie die fett gedruckten Zeilen:

```
/* Reset, Restaurierung und grundlegende Formatierung */
@import url(fundament.css);

/* Formatierung der Navigation */
@import url(navi_inline.css);

/* Formatierung für den Bildschirm */
@import url(bildschirm.css);
```

2. Speichern Sie das Stylesheet und betrachten Sie die Webseiten im Browser.

Die Styles in *bildschirm.css* aufräumen

In der neuen Aufteilung sind einige Styles in `bildschirm.css` nicht mehr nötig:

- Reset und Restaurierung der Abstände am Anfang können gelöscht werden, da sie bereits in `fundament.css` stehen.
- Die Klasse `.skiplink` kann entfernt werden, da das entsprechende HTML auf Seite 33 grundlegend geändert wurde.

Das passt locker in ein ToDo, in dem Sie auch noch das Ausgabemedium definieren und für `h1` mit dem Logo `padding` und `margin` annullieren.

ToDo: Das Stylesheet *bildschirm.css* aufräumen

1. Öffnen Sie `bildschirm.css` im Editor.
2. Löschen Sie am Anfang der Datei alle Kommentare und Styles bis zur Regel für `address`, die stehen bleibt.
3. Erstellen Sie folgenden Kommentar am Anfang der Datei:

```
/* =========================================================
Stylesheet zur Formatierung am Bildschirm
Datei: bildschirm.css
Datum: ...
Autor: ...
========================================================= */

@media screen {

/* ======================================
   1. Allgemeine Styles
   ====================================== */
```

4. Ergänzen Sie unterhalb des Kommentars die folgenden Styles für `body` und `h1` (direkt vor dem Style für `address`):

```
body {
   background-color: #353535;
   color: white;
}
h1 {
   padding: 0;
   margin: 0;
}
```

ToDo: Das Stylesheet *bildschirm.css* aufräumen (Forts.)

5. Entfernen Sie die CSS-Regel für die Klasse `.skiplink`.
6. Ergänzen Sie am Ende des Stylesheets die schließende Klammer für `@media screen`:

```
} /* Ende @media - nicht löschen! */

/* ========================================
   E N D E  bildschirm.css
   ======================================== */
```

7. Speichern Sie die Datei und betrachten Sie die Webseiten im Browser.

Nach dieser Aufräumaktion sollte die Startseite im Browser ungefähr so aussehen:

Abbildung 3.2: Die Startseite nach der Aufräumaktion in *bildschirm.css*

Die Klassen *.versteckmich* und *.tabmich*

Im folgenden ToDo definieren Sie als Ersatz für die gelöschte Klasse `.skiplink` die Klasse `.versteckmich`, die beliebige Elemente versteckt, und die Klasse `.tabmich`, die die Skiplinks bei einer Aktivierung durch die [Tab] wieder sichbar macht.

ToDo: Klassen zum Verstecken und Sichtbarmachen der Skiplinks

1. Öffnen Sie `bildschirm.css` und erstellen Sie im Abschnitt »Allgemeine Klassen und IDs« die folgenden CSS-Regeln:

```
/* Allgemeine Klassen und IDs */

/* Elemente verstecken */
.versteckmich {
   position: absolute;
   left: -9999px;
   top: -9999px;
   display: inline;
   width: 0;
   height: 0;
}

/* Bei Navigation per TAB-Taste sichtbar machen */
.tabmich:focus, .tabmich:active {
   position: absolute;
   top: 9999px;    /* Werte für top/left ggfs. dem Layout anpassen
*/
   left: 9999px;
   display: inline;
   width: 12em;    /* Werte für width/height dem Text anpassen */
   height: auto;

   background-color: white;
   color: black;
   padding: 5px;
   border: 1px solid black;
}
```

2. Speichern Sie die Datei und betrachten Sie die Webseiten im Browser.

Die im Layout nicht benötigten Überschriften sind genauso verschwunden wie die Skiplinks am Anfang der Seite. Wenn ein Benutzer aber per ⭾ durch die Seite navigiert, werden die mit der Klasse `.tabmich` gekennzeichneten Links wieder sichtbar, sobald sie den Fokus bekommen:

Abbildung 3.3: Die durch Navigation per ⭾ sichtbaren Skiplinks

So funktioniert die Navigation per ⭾

Um zu verstehen, wie dieser Trick funktioniert, werfen Sie zunächst einen kurzen Blick auf eine schematische Darstellung des HTML-Quelltextes:

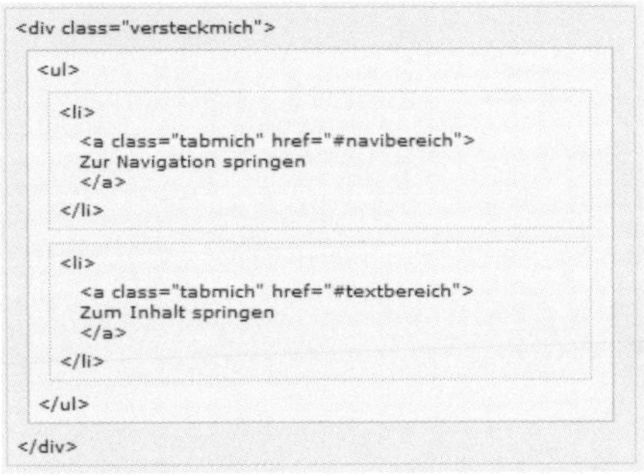

Abbildung 3.4: Schematische Darstellung des HTML für die Skiplinks

Das umgebende `div`-Element wird mit der Klasse `.versteckmich` versteckt, indem es um -9999 px nach oben und -9999 px nach links verschoben wird, sodass es weit außerhalb des sichtbaren Bildschirmbereichs steht. Bezugspunkt für die absolute Positionierung ist übrigens `#kopfbereich` (wegen `position: relative`). Um sicherzugehen, dass das `div` auch auf einem gigantischen Bildschirm mit mehr als 10.000 Pixel Auflösung nicht zu sehen ist, folgen noch `display:inline`, `width:0` und `height:0`.

Bei der Navigation per ⭾ werden die Skiplinks durch die Pseudoklassen `:focus` oder `:active` wieder sichtbar:

- Ausgehend von der durch `.versteckmich` erhaltenen Position jenseits des Bildschirms werden die Link-Kästchen durch `top` und `left` wieder an ihren ursprünglichen Platz zurückgeschoben.

- `width` und `height` sollten so definiert werden, dass der Text in dem Link-Kästchen problemlos zu lesen ist.

Auf den Beispielseiten überdecken die per Tastatur aktivierten Skiplinks zum Teil das Logo, aber wenn das Layout fertig ist, können Sie die Positionierung der Skiplinks so ausrichten, dass sie in einem ansonsten ungenutzten Bereich sichtbar werden.

Im aktuellen Opera (V9.24) funktioniert diese Lösung leider nicht, da Opera eine sehr eigene Interpretation von `a:focus` hat, aber es gibt auch keinerlei Fehler und von daher ist das zu verschmerzen.

Den Fußbereich in *bildschirm.css* gestalten

In den Fußbereich haben Sie eine ungeordnete Liste mit Angaben zu Copyright und Impressum eingefügt (Seite 39). Diese neuen Angaben müssen noch gestaltet werden.

ToDo: Fußbereich gestalten

1. Ändern Sie die Gestaltung des Fußbereichs in `bildschirm.css` wie folgt:

```
#fussbereich {
   padding: 20px 0 0 0;
   border-top: 1px solid #8c8c8c;
   margin-top: 20px;
}
   #fussbereich ul {
      text-align: center;
      font-size: 80%;
      font-style: normal;
      letter-spacing: 2px;
      padding: 10px;
      margin: 0;
   }
   #fussbereich ul li {
      list-style-type: none;
      padding: 0;
      margin: 0;

}
```

2. Speichern Sie das Stylesheet.

Und so sieht der Fußbereich nach diesem ToDo im Browser aus:

Abbildung 3.5: Der gestaltete Fußbereich mit Copyright und Impressum

bildschirm.css im Überblick

Zur Übersicht hier das komplette Stylesheet im Überblick:

Listing 3.2: bildschirm.css im Überblick

```
/*  ============================================================
Stylesheet zur Formatierung am Bildschirm
Datei: bildschirm.css
Datum: ...
Autor: ...
============================================================= */
@media screen {
/* ======================================
   1. Allgemeine Styles
   ====================================== */
body {
   background-color: #353535;
   color: white;
}
h1 {
   padding: 0;
   margin: 0;
}
address {
   text-align: center;
   font-size: 80%;
   font-style: normal;
   letter-spacing: 2px;
}

/* Hyperlinks */
a { text-decoration: none; outline: none;}
a:link { color: #d90000; }
a:visited { color: #cc6666; }
a:hover, a:focus {
   border-bottom: 1px solid #d90000
}
a:active {
   color: white;
   background-color: #d90000;
}

/* Allgemeine Klassen und IDs */
```

```
/* Elemente verstecken */
.versteckmich {
   position: absolute;
   left: -9999px;
   top: -9999px;
   display: inline;
   width: 0;
   height: 0;
}
/* Bei Navigation per TAB-Taste sichtbar machen */
.tabmich:focus, .tabmich:active {
   position: absolute;
   top: 9999px;   /* Werte für top/left ggfs. dem Layout anpassen */
   left: 9999px;
   display: block;
   width: 12em; /* Werte für width/height dem Text anpassen */
   height: auto;
   background-color: white;
   color: black;
   padding: 5px;
   border: 1px solid black;
}
#logo {
   color: black;
   background-color: white;
   padding: 5px;
   border: 5px solid #d9d9d9;
}

/* ====================================
   2. Styles für die  Layoutbereiche
   ==================================== */
#wrapper {
   color: black;
   background-color: white;
   width: 720px;
   margin: 10px auto;
}
#kopfbereich {
   position: relative;
   color: black;
   background-color: #f3c600;
   padding: 10px 20px 0 20px;
}
   #kopfbereich p {
      position:absolute;
      top: 10px ;
      right: 10px;
      padding: 5px 0 5px 0;
      margin-bottom: 0;
   }
```

```
   #kopfbereich p span {
      color: #d90000;
   }
#textbereich { padding: 20px 10px 20px 20px; }
   #textbereich a {
      border-bottom: 1px dotted #cc0000;
   }
   #textbereich a:hover,
   #textbereich a:focus {
      border-bottom: 1px solid #d90000;
   }
#fussbereich {
   padding: 20px 0 0 0;
   border-top: 1px solid #8c8c8c;
   margin-top: 20px;
}
   #fussbereich ul {
      text-align: center;
      font-size: 80%;
      font-style: normal;
      letter-spacing: 2px;
      padding: 10px;
      margin: 0;
   }
   #fussbereich ul li {
      list-style-type: none;
      padding: 0;
      margin: 0;
   }

/* ====================================
   3. Sonstige Styles
   ==================================== */
/* Das Kontaktformular */
form {
   background-color: #eee;
   width: 370px; /* Breite des Formulars */
   padding: 20px;
   border: 1px solid #8c8c8c;
}
/* Beschriftung auf eigener Zeile */
label {
   display: block;
   cursor: pointer;
}
input#absender,
textarea {
   width: 300px;
   border: 1px solid #8c8c8c;
   margin-bottom: 1em;
}
```

```
textarea {
   height: 7em;
}
input#absender:focus,
textarea:focus {
   background-color: #d9d9d9;
}

} /* Ende @media screen - nicht löschen! */

/* ========================================
   E N D E  bildschirm.css
   ======================================== */
```

3.3 Das Stylesheet für die Druckversion

Auch im Druckstylesheet sind wegen des allgemeinen Umbaus ein paar Änderungen notwendig.

Das Stylesheet in *zentrale.css* einbinden

Das Stylesheet `druckversion.css` wird wie alle anderen Stylesheets in `zentrale.css` eingebunden.

ToDo: Stylesheet für die Druckversion in *zentrale.css* importieren

1. Öffnen Sie das Stylesheet `zentrale.css` und ergänzen Sie die fett gedruckten Zeilen:

```
/* Reset, Restaurierung und grundlegende Formatierung */
@import url(fundament.css);

/* Formatierung der Navigation */
@import url(navi_inline.css);

/* Formatierung für den Bildschirm */
@import url(bildschirm.css);

/* Formatierung für den Drucker */
@import url(druckversion.css);
```

2. Speichern Sie das Stylesheet und betrachten Sie die Webseiten im Browser.

Die Styles in *druckversion.css* aktualisieren

In der Druckversion ändert sich zwar nicht sehr viel, aber einige kleine Anpassungen müssen dennoch erledigt werden.

ToDo: Das Stylesheet für die Druckausgabe aktualisieren

1. Öffnen Sie `druckversion.css` im Editor.
2. Ergänzen Sie nach dem Anfangskommentar die Anweisung `@media print`:

```
/* ============================================================
Stylesheet zur Formatierung der Druckausgabe
Datei:  druckversion.css
Datum:  ...
Autor:  ...
============================================================= */

@media print {
```

3. Fügen Sie *vor* dem Endekommentar die schließende Klammer für `@media` ein:

```
} /* Ende @media - nicht löschen */

/* ========================================
   E N D E   druckversion.css
   ======================================== */
```

4. Ändern Sie den Style zum Ausblenden von Skiplinks und Navigationsbereich wie folgt:

```
.versteckmich,
#navibereich {
   display: none;
}
```

ToDo: Das Stylesheet für die Druckausgabe aktualisieren (Forts.)

5. Ergänzen Sie nach den Styles für die Hyperlinks die folgenden Regeln zur Gestaltung des Fußbereichs:

```
#fussbereich {
   padding: 6pt 0 0 0;
   border-top: 1pt solid #8c8c8c;
   margin-top: 6pt;
}
   #fussbereich ul {
      padding: 0;
      margin: 0;
   }
   #fussbereich ul li {
      list-style-type: none;
      padding: 0;
      margin: 0;
   }
```

6. Speichern Sie das Stylesheet und betrachten Sie die Druckvorschau der Webseiten im Browser.

Am Bildschirm sollte sich nichts geändert haben, aber die Druckvorschau sieht jetzt so aus:

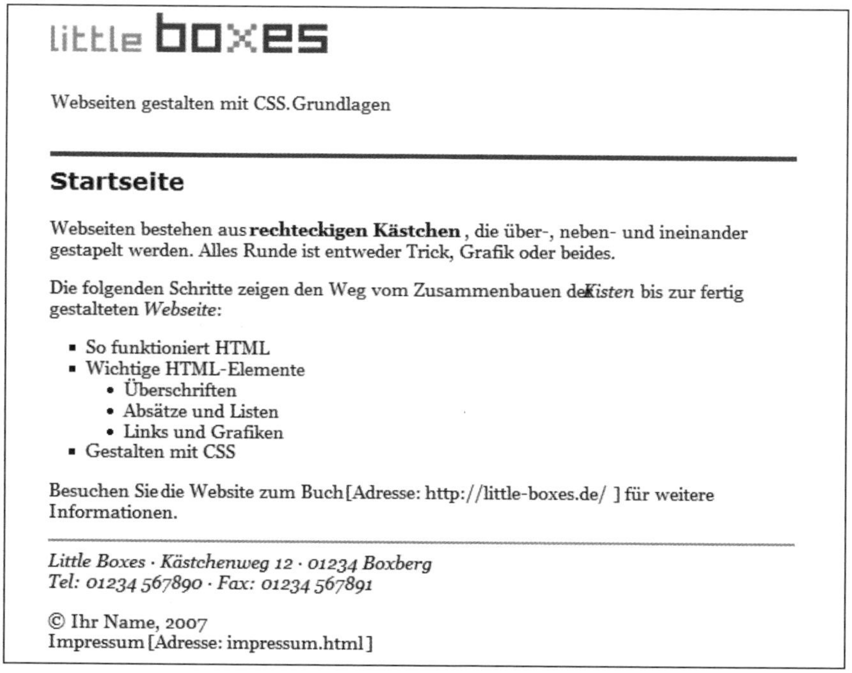

Abbildung 3.6: Die Druckversion für die Startseite

Mit der Aktualisierung der Druckversion ist die Optimierung der Beispielseiten abgeschlossen. Das HTML ist valide und macht den Inhalt möglichst leicht zugänglich, und das CSS wurde durch die Aufteilung flexibler und nach kurzer Eingewöhnung auch übersichtlicher.

druckversion.css im Überblick

Die Druckversion für die Beispielseiten sieht jetzt so aus:

Listing 3.3: druckversion.css im Überblick

```
/* ========================================================
Stylesheet zur Formatierung der Druckausgabe
Datei:  druckversion.css
Datum:  ...
Autor:  ...
======================================================== */

@media print {

body {
   font-family: Georgia, "Times New Roman", Times, serif;
   font-size: 11pt;
}
h1, h2 { font-family: Verdana, Arial, Helvetica, sans-serif; }
h1 {font-size: 24pt; }
h2 {
   font-size: 14pt;
   font-weight: bold;
   padding-top: 6pt;
   border-top: 3pt solid #d90000;
   margin-top: 24pt;
}
.versteckmich,
#navibereich {
   display: none;
}
a {
   color: black ;
   text-decoration: none;
}
/* [URL] nach dem Linktext, nicht im IE */
a[href]:after {
   content:" [Adresse: "attr(href)" ] ";
}
#fussbereich {
   padding: 6pt 0 0 0;
   border-top: 1pt solid #8c8c8c;
   margin-top: 6pt;
}
```

```
   #fussbereich ul {
      padding: 0;
      margin: 0;
   }
   #fussbereich ul li {
      list-style-type: none;
      padding: 0;
      margin: 0;
   }
} /* Ende @media - nicht löschen */

/* ========================================
   E N D E   druckversion.css
   ======================================== */
```

3.4 Auf einen Blick

Hier noch einmal die wichtigsten Punkte dieses Kapitels im Überblick:

- Die Navigation wird in ein eigenes Stylesheet ausgegliedert, das nach der darin verwendeten Technik `navi_inline.css` benannt wird.
- Das Stylesheet zur Gestaltung am Bildschirm wird aufgeräumt und aktualisiert.
- Die Skiplinks werden so versteckt, dass sie bei einer Navigation per [Tab] wieder sichtbar werden.
- Das Stylesheet für die Druckausgabe wird aktualisiert.
- In allen Stylesheets wird mit der Anweisung `@media screen` bzw. `@media print` das Ausgabemedium definiert.

Kapitel 4

Box-Modell und Selektoren

Worin Sie einige Details zu Inline-Elementen und deren teilweise kompliziertem Verhältnis zum Box-Modell erfahren. Nach einigen Anmerkungen zu float und z-index folgen noch ein paar Hinweise zu fortgeschrittenen Selektoren.

Alle HTML-Elemente erzeugen im Browserfenster kleine rechteckige Boxen, die nach dem Schema des Box-Modells aufgebaut sind. Allerdings gibt es dabei verschiedene Arten von Boxen. Beginnend mit einem kurzen Rückblick auf das klassische Box-Modell geht die Reise in diesem Kapitel von den Besonderheiten der Inline-Boxen über Inline-Block-Boxen bis zu gefloateten und absolut positionierten Boxen und deren `z-index`.

Das Kapitel schließt mit einem Abschnitt über fortgeschrittene Selektoren, die interessante Perspektiven eröffnen, momentan wegen mangelnder Browserunterstützung aber nur bedingt einsetzbar sind.

4.1 Von Elementen und Boxen

Um potentiellen Verwirrungen in Bezug auf Begriffe wie *Inline-Element* und *Inline-Box* vorzubeugen, möchte ich zunächst den Unterschied zwischen Element und Box deutlich machen.

Im Quelltext *Element*, am Bildschirm *Box*

HTML-Elemente erzeugen am Bildschirm im Browser rechteckige *Boxen*. Sie können es auch Rechteck, Kästchen, Kiste, Container oder sonst wie nennen. Im Englischen heißt es *Box*, denn dort wird fast jedes viereckige Ding mit was drin als *Box* bezeichnet, Zigarettenschachteln ebenso wie Häuser oder DVD-Hüllen.

Eine *Box* ist also das, was ein *Element* im Browserfenster am Bildschirm erzeugt. Unterschiedliche Arten von Elementen erzeugen unterschiedliche Arten von Boxen:

- Block-Elemente erzeugen Block-Boxen.
- Inline-Elemente erzeugen Inline-Boxen.
  Oder Inline-Block-Boxen.

Der Aufbau aller Boxen orientiert sich am bekannten Box-Modell, aber zwischen Block-Boxen, Inline-Boxen und Inline-Block-Boxen gibt es einige wichtige Unterschiede.

display ändert nur die Box, nicht das Element

Um den Unterschied zwischen Elementen und Boxen zu verdeutlichen, hilft ein Blick auf die aktuelle Navigation:

- Im HTML-Quelltext steht eine ganz normale ungeordnete Liste.
- Am Bildschirm werden die Listenelemente per `display:inline` nebeneinandergestellt.

Listenelemente erzeugen von Haus aus Block-*Boxen* und stehen deshalb untereinander. Die Anweisung `display:inline` bittet ein Block-Element, am Bildschirm eine *Inline-Box* zu erzeugen. Inline-Boxen haben keinen integrierten Zeilenumbruch und stehen deshalb nebeneinander.

Die CSS-Eigenschaft `display` ändert nur die Darstellung am Bildschirm, nicht das HTML-Element selbst. Im Klartext: Block-Elemente erzeugen mit `display:inline` im Browserfenster zwar Inline-*Boxen*, bleiben aber trotzdem Block-*Elemente*. Bei der Gestaltung am Bildschirm gelten die Regeln für Inline-Boxen, im HTML-Quelltext aber nach wie vor die für Block-Elemente.

Zur Verdeutlichung folgende Frage, die in der einen oder anderen Variante manchmal in CSS-Foren auftaucht:

> *Ich würde gerne ein* `<h2>` *innerhalb eines* `<p>` *platzieren. Wenn ich* `<h2>` *als* `display:inline` *definiere, müsste das doch gehen.*

Die Antwort ist Nein. `h2` bleibt trotz `display:inline` ein Block-Element, und ein `p` darf keinerlei Block-Elemente enthalten.

4.2 Das klassische Box-Modell

Zur Erinnerung zunächst einmal das klassische Box-Modell als schematische Darstellung:

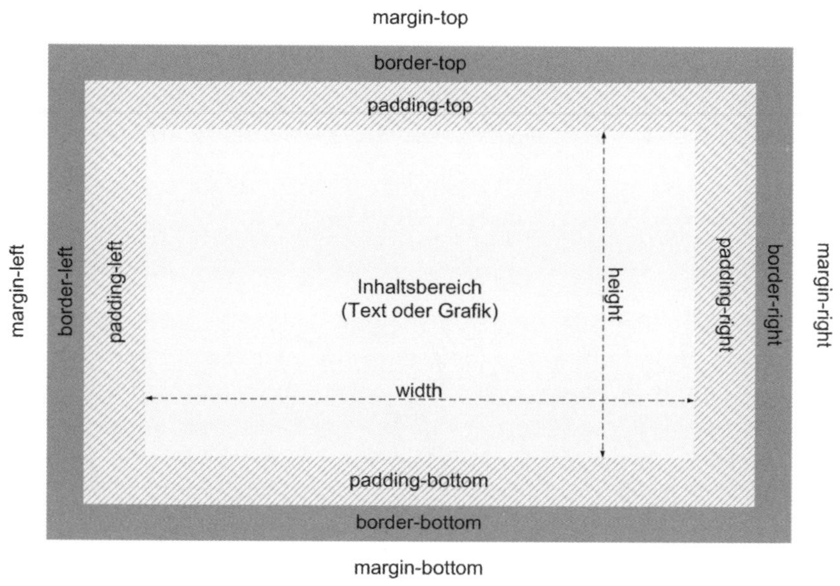

Abbildung 4.1: Das Box-Modell in einer schematischen Darstellung

Tipp

Das Box-Modell zum Ausdrucken

Bei Bedarf können Sie sich auf *little-boxes.de* das Schema des Box-Modells als PDF downloaden und im A4-Querformat ausdrucken.

Kurze Zusammenfassung der Box-Modell-Eigenschaften

Bevor Sie sich den Eigenheiten von Inline-Boxen zuwenden, eine kurze Zusammenfassung der wichtigsten Eigenschaften des klassischen Box-Modells, die in Band 1 ab Seite 128 ausführlich beschrieben werden:

- Alle Boxen haben einen Inhaltsbereich. Dieser Bereich kann per `width` und `height` dimensioniert und mit Eigenschaften wie `font` und `line-height` gestaltet werden.
- Um diese innere Box herum versammeln sich mit `padding`, `border` und `margin` Innenabstände, Rahmenlinien und Außenabstände.

Beim Gestalten von Webseiten bereitet dieses Box-Modell nach kurzer Eingewöhnung nur wenige Probleme:

- `width` definiert die Breite des Inhaltsbereichs. Ohne Angabe »blockt« eine Block-Box die gesamte Breite des Eltern-Elements, eine Inline-Box hingegen wird nur so breit wie ihr Inhalt.
- `height` definiert die Höhe des Inhaltsbereichs. Ohne Angabe werden alle Boxen nur so hoch wie ihr Inhalt.
- `border`, `padding` und `margin` werden zur Breite bzw. Höhe der Box hinzugefügt.

Einzige Besonderheiten sind die gewöhnungsbedürftige Berechnung der Box-Dimensionen (`width` bzw. `height` plus `padding`, `border` und `margin`) und das als »collapsing margins« bekannte Zusammenfallen der vertikalen Außenabstände.

Soweit dürfte Ihnen alles bekannt vorkommen, aber ein großer Teil dieser Beschreibung gilt nur für die Gestaltung von Block-Elementen. Inline-Elemente sowie gefloatete und absolut positionierte Elemente haben ein zum Teil durchaus gespaltenes Verhältnis zum klassischen Box-Modell. Die Besonderheiten werden in den folgenden Abschnitten erläutert.

Tipp

Wenn Sie es wirklich ganz genau wissen wollen, ...

... lesen Sie die CSS-Spezifikation zum Box-Modell:

- *http://w3.org/TR/CSS21/box.html*

Aber nur, wenn Sie es *wirklich ganz genau* wissen wollen.

Ein bisschen 3D

Bildschirme sind flach, das Box-Modell nicht. Es hat zumindest ansatzweise eine dritte Dimension, denn `background`, `background-image`, `padding`, `border` und auch der Inhalt (`content`) werden innerhalb der Box übereinandergestapelt. Achten Sie in Abbildung 4.2 besonders darauf, dass Hintergrundgrafiken *unterhalb* von `border` liegen:

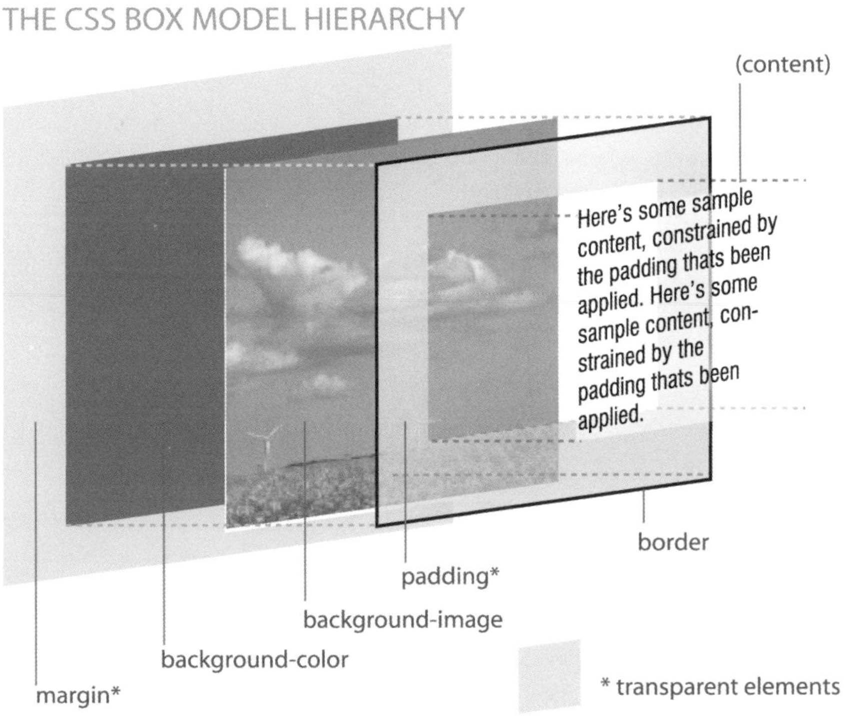

Abbildung 4.2: Das Box-Modell und die dritte Dimension

Dieses 3D-Box-Modell wurde übrigens von Jon Hicks entworfen, der es netterweise der Allgemeinheit zur Verfügung gestellt hat. Das Original finden Sie »in full colour« auf seiner Site:

- *http://hicksdesign.co.uk/boxmodel/*

Douglas Livingston hat dieses 3D-Box-Modell als Flash-Anwendung umgesetzt, bei der Sie im Browser den Ansichtswinkel ändern können:

- *http://redmelon.net/tstme/box_model/*

Im wahrsten Sinne des Wortes sehr anschaulich.

Tipp

border und background-image

Beim Erstellen einer horizontalen Navigation per `float` ab Seite 110 nutzen Sie die Tatsache, dass `border` ein Hintergrundbild überdeckt.

4.3 Das Box-Modell für Inliner

Alle Inline-Elemente fließen innerhalb einer Zeile von links nach rechts. Sie können Text oder andere Inline-Elemente enthalten, aber keine Block-Elemente.

Es gibt verschiedene Inline-Elemente

Zunächst einmal ist Inline-Element nicht gleich Inline-Element. Man kann drei Gruppen unterscheiden, die sich bei der Formatierung zum Teil sehr unterschiedlich verhalten:

1. **Semantische Inline-Elemente**

   beschreiben den enthaltenen Text gemäß seiner Bedeutung. Beispiele sind `strong` und `a`.

2. **Ersetzte Inline-Elemente** (engl. »replaced elements«)

   werden auf der Webseite durch ein Bild oder ein anderes Objekt ersetzt. Beispiele: `img` und `object`.

3. **Formularelemente**

   ermöglichen die Eingabe von Daten durch den Besucher (`input`, `select`, `option`, `optgroup` und `textarea`) oder helfen dabei (`label`, `legend` und `button`).

Formularelemente sind in gewisser Weise auch ersetzte Elemente, denn sie werden vom Browser auf der Webseite durch verschiedene Formularfelder und -schaltflächen ersetzt, weshalb sie überall unterschiedlich aussehen und bei der Gestaltung per CSS eher widerspenstig sind.

Tabelle 4.1 zeigt die wichtigsten Inline-Elemente der drei Gruppen:

Semantisch	Ersetzt	Formular
span, em, strong	img	label, legend
a, cite, code, q	object	input, button
acronym, abbr, dfn, kbd, samp, var, tt		select, option, optgroup
sub, sup		textarea

Tabelle 4.1: Die unterschiedlichen Arten von Inline-Elementen

Der Zeilenumbruch br ist zwar auch ein Inline-Element, zählt aber in diesem Zusammenhang nicht wirklich mit, da er am Ort seines Auftauchens lediglich eine neue Zeile erzeugt und nicht gestaltet wird.

Tipp

Die HTML-Referenz bei SelfHTML

Falls Sie über einige der erwähnten Elemente gerne mehr wissen möchten, werden Sie in der Element-Referenz von SelfHTML fündig:

- *http://de.selfhtml.org/html/referenz/elemente.htm*

Inline-Boxen sind etwas anders als Block-Boxen

Semantische Inline-Elemente erzeugen Inline-Boxen und alles in allem sieht das Box-Modell für Inline-Boxen dem klassischen ähnlich, aber achten Sie auf die Feinheiten:

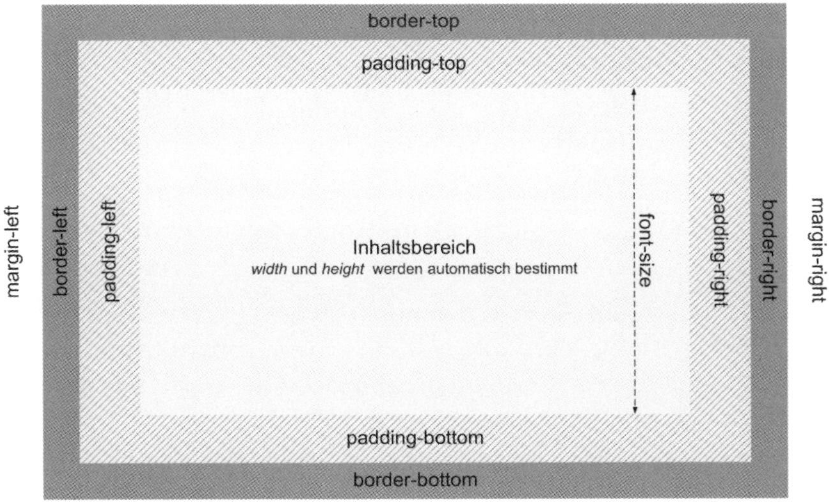

Abbildung 4.3: Das Box-Modell für Inline-Elemente

Inline-Boxen haben gegenüber dem klassischen Box-Modell einige Besonderheiten. Zunächst einmal können sie nicht dimensioniert werden:

- Inline-Boxen sind immer nur so breit und so hoch wie der darin enthaltene Inhalt. `width` und `height` gibt es nicht.
- Die Höhe einer Inline-Box kann durch `font-size` beeinflusst werden.

Auch bei Innen- und Außenabständen gibt es Unterschiede zu Block-Boxen. Links und rechts verhalten sich `padding`, `border` und `margin` wie gewohnt, aber oben und unten muss man aufpassen:

- `margin-top` und `margin-bottom` gibt es nicht. Vertikale Außenabstände haben bei Inline-Boxen keinerlei Effekt.
- `padding-top`, `padding-bottom`, `border-top` und `border-bottom` funktionieren, aber die Zeilenhöhe wird dadurch *nicht* verändert.

Beim Einsatz von vertikalen Innenabständen und Rahmenlinien muss man also aufpassen.

Die Zeilenhöhe und die Schriftgröße

Die Höhe von Inline-Boxen wird wie erwähnt durch die Schriftgröße (`font-size`) definiert. Die Inline-Boxen sitzen aber innerhalb einer Zeile (engl. *line*), deren Höhe durch die Eigenschaft `line-height` für das umgebende Block-Element definiert wird:

- Stellen Sie sich vor, dass jede Zeile mit dem fiktiven Element `<zeile>` beginnt und mit `</zeile>` endet. `line-height` regelt die Höhe dieser »Zeilenbox«.
- Innerhalb dieser »Zeilenbox« stehen Text und Inline-Elemente, deren Höhe von `font-size` geregelt wird.

Für Text, der nicht in von Elementen wie `span`, `strong` erzeugten Inline-Boxen steht, wird automatisch eine sogenannte »anonyme Inline-Box« generiert. Anonym deshalb, weil sie keinen bestimmten Namen hat.

Hier ein Beispiel zum Verhältnis von `line-height` und `font-size`:

- Gegeben ist ein bisschen Text mit einer `font-size` von 12 px.
- `line-height` ist mit 1.5 definiert worden, also dem Anderthalbfachen der Schriftgröße.
- Die Zeilenhöhe ist in diesem Fall 18 px und die Differenz von 6 px wird je zur Hälfte ober- und unterhalb des Textes eingefügt.

Leerer Raum zwischen den Zeilen erhöht die Lesbarkeit des Textes enorm und bietet Platz für eventuelle vertikale Angaben zu `padding` oder `border`. Für Fließtext ist eine `line-height` von *1.5* bis *1.7* eine gute Wahl.

`font-size` und `line-height` gehören also eng zusammen, was sich auch in der Kurzschreibweise für `font` widerspiegelt, in der Schriftgröße und Zeilenhöhe nur durch einen Schrägstrich getrennt werden:

```
body { font: small/1.5 Verdana, Arial, Helvetica, sans-serif; }
```

Listing 4.1: Die Kurzschreibweise für *font*

Was das alles in der Praxis bedeutet, zeigt das Beispiel im folgenden Abschnitt.

Tipp

line-height ohne Einheit definieren

Falls Sie sich wundern, warum der Wert 1.5 ohne Einheit ist: Dadurch beträgt die Zeilenhöhe *immer* genau das 1,5-Fache der Schriftgröße des Elements.

Wenn Sie `line-height` mit einer Einheit wie `em` oder `%` definieren, kann es durch Vererbung zu seltsamen Effekten kommen. Details bei Eric Meyer:

http://meyerweb.com/eric/thoughts/2006/02/08/unitless-line-heights/

Inline-Boxen – ein Beispiel

Im folgenden mehrzeiligen Absatz sind ein paar Worte durch das Inline-Element `strong` gekennzeichnet worden:

```
<p>Lorem ipsum dolor sit amet, ... <strong>Blindtext. Und mittendrin ein
<em>strong</em> mit <em>padding</em> und <em>border</em> oben und
unten.</strong> Sed commodo scelerisque sem. Nullam ... </p>
```

Dieses `strong` wird mit einem Innenabstand oben und unten sowie entsprechenden Rahmenlinien versehen:

```
strong {
   padding: 5px 0;
   border-top: 5px solid black;
   border-bottom: 5px solid black;
}
```

Im Browser sieht dieses Beispiel ungefähr so aus:

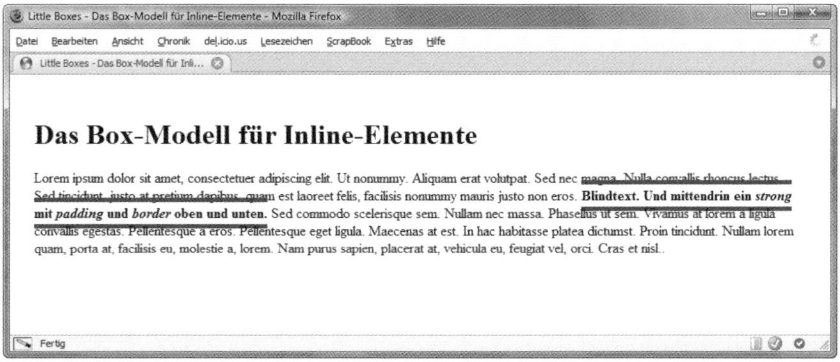

Abbildung 4.4: Ein Inline-Element mit Rahmenlinien oben und unten

In Abbildung 4.4 ist deutlich zu sehen, dass `padding` und `border` zwar dargestellt werden, aber dadurch der Zeilenabstand nicht vergrößert wird.

Inline-Boxen sind anders als Block-Boxen: Sie begnügen sich mit der ihnen zur Verfügung stehenden Zeilenhöhe und lassen die Zeilen darüber und darunter in Ruhe, auch wenn man nichts mehr lesen kann. Sehr rücksichtsvoll, aber ein bisschen gewöhnungsbedürftig.

Abhilfe schafft eine Erhöhung der Zeilenhöhe mit `line-height`:

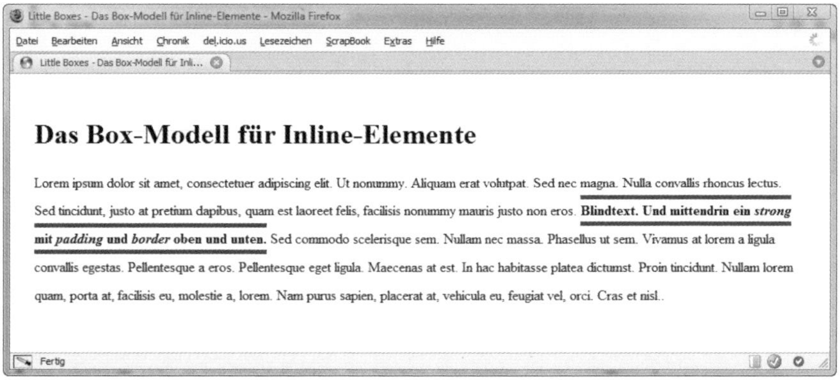

Abbildung 4.5: Derselbe Absatz mit *line-height*: 2

Der Schlüssel zur lesbaren Gestaltung von Fließtext ist die Höhe der Zeile und die CSS-Eigenschaft dazu heißt `line-height`.

Tipp

Inline-Boxen und die Navigation

Bei der ab Seite 107 detailliert erklärten Inline-Navigation spielt dieses Verhalten von Inline-Boxen eine wichtige Rolle. Insbesondere wenn es darum geht, dem aktuellen Tab eine weiße untere Rahmenlinie zu geben, damit er so aussieht, als sei er nach unten offen.

Inline-Block-Boxen sind ein Mittelding

Semantische Inline-Elemente wie `strong` oder `a` erzeugen *Inline*-Boxen. *Ersetzte* Inline-Elemente hingegen erzeugen *Inline-Block*-Boxen. Das klingt nicht sehr einladend, ist aber gar nicht so schlimm:

- `img` ist ein ersetztes Inline-Element, denn es wird im Browserfenster durch eine Grafik *ersetzt* (oder natürlich durch den `alt`-Text).

Im Fließtext blockiert die Grafik nach oben den benötigten Platz und schiebt die Zeilen darüber so weit weg wie nötig. Normale Inline-Boxen tun so etwas nicht. Sie schieben nichts weg. Das tun nur Block-Boxen. Aber die würden wiederum in einer eigenen Zeile stehen.

Die von `img` erzeugten Boxen sind also eine Mischung aus Inline- und Block-Boxen und deswegen heißen sie *Inline-Block-Boxen*. Im Browser sieht das zum Beispiel so aus:

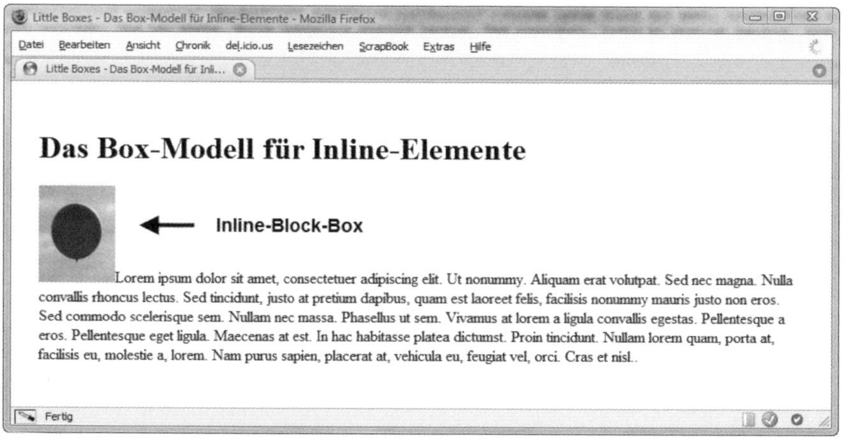

Abbildung 4.6: Eine Inline-Block-Box in Aktion

Inline-Block-Boxen verhalten sich wie gesagt gemischt:

- Inline-Block-Boxen fließen wie Inline-Boxen in der Zeile mit.
- Inline-Block-Boxen schieben aber wie Block-Boxen die Zeilen darüber und darunter so weit auseinander, dass sie selbst dazwischen passen.

Zur Gestaltung von Inline-Block-Boxen können Sie, abgesehen von zwei kleinen Unterschieden, das klassische Box-Modell von Seite 87 benutzen:

- Ohne Angabe von `width` werden Inline-Block-Boxen nur so breit wie ihr Inhalt und *nicht* so breit, wie es geht.
- Es gibt keine kollabierenden vertikalen Außenabstände. `margin-top` und `margin-bottom` von zwei sich berührenden Inline-Block-Boxen verschmelzen *nicht*.

Die anderen Box-Modell-Eigenschaften `height`, `padding` und `border` funktionieren genau wie bei Block-Boxen.

4.4 Float: schweben und schrumpfen

Das Floaten von Boxen ist in Band 1 in Kapitel 12 ab Seite 223 ausführlich beschrieben worden, deshalb erfolgt hier nur eine Beschreibung der wichtigsten Eigenheiten:

- Eine gefloatete Box erhebt sich aus dem *document flow* und driftet innerhalb des Eltern-Elements auf der *entgegengesetzten* Seite der im `float` angegebenen Richtung ganz nach oben.
- Dort angekommen, schwebt sie so weit wie möglich in die im `float` angegebene Richtung.

Eine Box mit `float:left` driftet also im Eltern-Element ganz *rechts* nach oben und schwebt erst dann nach *links*.

Ein gefloatetes Element erzeugt übrigens *immer* eine Block-Box. Immer. Auch wenn es ein Inline-Element ist und auch wenn `display:inline` definiert wurde.

In einigen Punkten ähnelt das Verhalten von gefloateten Boxen den eben gesehenen Inline-Block-Boxen:

- Wie bei Inline-Block-Boxen kollabieren die vertikalen Außenabstände bei gefloateten Boxen nicht.
- Ohne Angabe einer Breite wird eine gefloatete Box nur so breit wie ihr Inhalt.

Aus diesem Grund wird man `float` beim Layouten meistens mit `width` benutzen, es sei denn, man möchte explizit erreichen, dass das Element auf die minimale Breite schrumpft. Im Englischen wird dieses Schrumpfen übrigens als *shrinkwrap* bezeichnet.

Das größte Problem bei `float`-Layouts ist die Tatsache, dass eine Float-Box sich nicht mehr im Fluss des Dokuments befindet und deshalb ohne weiteres Zutun nach unten aus der umgebenden Box herausragt.

Die Probleme beim Einschließen von gefloateten Elementen (*containing floats*) haben lange Zeit dafür gesorgt, dass `float` zum Layouten so gut wie unbrauchbar war. Inzwischen gibt es dafür diverse Lösungen, die in Band 1 ab Seite 235 ausführlich geschildert werden.

4.5 Positionierte Boxen und *z-index*

Absolut positionierte Boxen haben zwei bemerkenswerte Eigenschaften:

1. Sie existieren unabhängig von allen anderen Boxen und werden von deren Fluss überhaupt nicht beeinflusst. Völlig losgelöst, sozusagen.

   Sobald der Autor einer Webseite eine Box absolut positioniert, ist *er* dafür verantwortlich, dass diese nicht unabsichtlich mit anderen ins Gehege kommt.

2. Absolut positionierte Boxen können sich überlappen und haben deshalb eine zusätzliche Dimension, die mit der Eigenschaft `z-index` geregelt werden kann.

In mathematischen Diagrammen gibt es neben der x-Achse (von links nach rechts) und der y-Achse (von oben nach unten) noch eine z-Achse, die sich von vorne nach hinten erstreckt, also bildlich gesprochen vom Betrachter aus ins Papier hinein.

Positionierte Elemente können einen `z-index` bekommen, der die Position des Elements auf dieser z-Achse beschreibt. Ohne `z-index` liegen innere Elemente *vor* äußeren, weshalb zum Beispiel die Hintergrundfarbe von `#wrapper` die von `body` überdeckt.

Die Eigenschaft `z-index` hat zwei Besonderheiten:

- `z-index` gilt *nur* für positionierte Elemente.
- `z-index` ist *nur* relevant, wenn Elemente sich überlappen.

Je höher der Wert von `z-index`, desto dichter ist das Element am Leser.

Hier ein Beispiel:

Listing 4.2: HTML und CSS für die drei Beispielboxen

HTML

```
<div id="eins">Box 1</div>
<div id="zwei">Box 2</div>
<div id="drei">Box 3</div>
```

CSS

```
body {
   color: black;
   background-color: gray;
   padding: 0;
   margin:0;
}
div {
   position: absolute;
   font-weight: bold;
   width: 200px;
   height: 50px;
   padding: 10px;
   border: 1px solid black;
   margin: 5px;
}
#eins {
   top: 0;
   left: 0;
   z-index: 100;
   background-color: #fff;
}
#zwei {
   top: 50px;
   left: 50px;
   z-index: 200;
   background-color: #ddd;
}
#drei {
   top: 100px;
   left: 100px;
   z-index: 100;
   background-color: #aaa;
}
```

Im Browser sieht dieses Beispiel so aus:

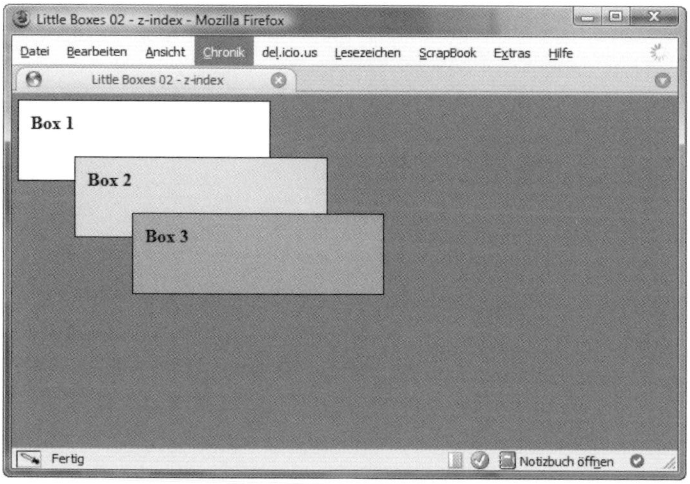

Abbildung 4.7: *z-index* mit 100, 200 und 300

Box 3 hat den höchsten `z-index` und ist dementsprechend am dichtesten am Leser. Die Werte für `z-index` können übrigens beliebige ganze Zahlen sein, sogar negative sind erlaubt. Anstelle von 100, 200 und 300 hätten 1, 2 und 3 im Beispiel denselben Effekt. Vorteil der Hunderter ist, dass man noch ein bisschen Raum hat, um später eventuell Elemente dazwischen zu positionieren.

4.6 Selektoren für Fortgeschrittene

Fast alle folgenden Selektoren werden vom Internet Explorer bis V6 nicht erkannt. Man sollte sie also eher defensiv einsetzen, sodass Besucher mit modernen Browsern ein bisschen mehr zu sehen bekommen, aber den alten Internet Explorern nichts wirklich Wichtiges entgeht.

Selektoren für Attribute

Attributselektoren erlauben es, ein Element auf der Webseite unter Berücksichtigung bestimmter Attribute auszuwählen. Man erkennt sie an den eckigen Klammern im Selektor.

Die folgende CSS-Zeile selektiert alle h3-Überschriften, die das Attribut title haben, und gibt ihnen eine gepunktete rote Linie:

Listing 4.3: Alle *h1* mit dem Attribut *title* rot gepunktet unterstreichen

```
h3[title] { border-bottom: 1px dotted #d90000; }
```

Aber Sie können nicht nur die Existenz eines Attributs überprüfen, sondern auch dessen Inhalt. Tabelle 4.2 gibt einen Überblick:

Tabelle 4.2: Attributselektoren im Überblick

Selektor	Bedeutung
`*[href="#"]`	[Attributname Gleichheitszeichen und »Wert«] Alle Links, die als Wert zum Attribut href nur ein einziges Rautezeichen haben: `<a href="#">Startseite</a>`
`*[class~="warnung"]`	[Attributname Tilde Gleichheitszeichen und »Wert«] Alle Elemente, die die Klasse warnung haben, auch wenn mehrere Werte vorhanden sind.
`a[href^="http://"]`	[Attributname Hütchen Gleichheitszeichen und »Wert«] Alle Links, bei denen am Anfang von href die Zeichenfolge http:// steht: `<a href="http://w3.org/"> Startseite des W3C</a>`
`a[title*="Amazon"]`	[Attributname Sternchen Gleichheitszeichen und »Wert«] Alle Links, bei denen irgendwo im Attribut title das Wort *Amazon* vorkommt
`a[title$="Wikipedia"]`	[Attributname Dollarzeichen Gleichheitszeichen und »Wert«] Alle Links, bei denen *Wikipedia* am Ende des Attributs title steht.

Mit Attributselektoren ist es zum Beispiel leicht möglich, externe Links, die auf eine andere Site zeigen, mit einer kleinen Grafik zu kennzeichnen:

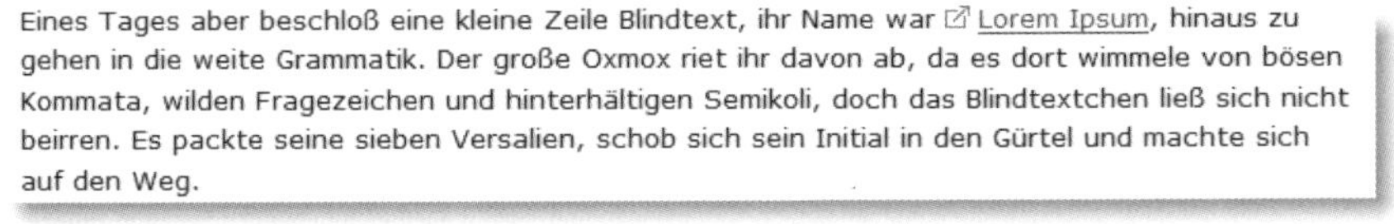

Abbildung 4.8: Kleine zusätzliche Grafiken zur Kennzeichnung von Links

Genau das machen Sie im folgenden ToDo:

- Ein Attributselektor selektiert alle Hyperlinks, bei denen der Wert des Attributs `href` mit *http:* beginnt.
- Diese Links bekommen ein linkes `padding` von 16 px, gerade groß genug, um darin eine kleine Hintergrundgrafik zu positionieren.

Um besuchten Links eine andere, leicht abgedunkelte Grafik zuzuweisen, ergänzen Sie in einem weiteren Schritt den Selektor um die Pseudoklasse `:visited` und weisen diesem eine andere Grafik zu.

ToDo: Externe Hyperlinks mit einer Grafik kennzeichnen

1. Kopieren Sie die Grafiken `linkinsweb.gif` und `linksinsweb_visited.gif` von der CD in den Übungsordner.
2. Öffnen Sie das Stylesheet `bildschirm.css` aus dem Übungsordner.
3. Fügen Sie im Abschnitt zur Gestaltung der Hyperlinks den folgenden Style ein:

```
a[href^="http:"]{
   background: url(linkinsweb.gif) no-repeat left center;
   padding-left: 16px;
}
```

4. Ergänzen Sie direkt darunter die folgende Regel:

```
a[href^="http:"]:visited {
   background-image: url(linkinsweb_visited.gif);
}
```

5. Speichern Sie das Stylesheet und betrachten Sie die Startseite im Browser.

Im Browser sieht der Link auf der Startseite danach so aus:

Abbildung 4.9: Externer Hyperlink mit Grafik

Tipp

Attributselektoren und Internet Explorer

Nochmal der Hinweis: Der Internet Explorer bis zur V6 versteht Attributselektoren nicht und ignoriert die entsprechenden Styles. Auf der anderen Seite gibt es auch keinerlei Fehlermeldungen und so bekommen Besucher mit modernen Browsern ein bisschen mehr zu sehen.

Kinder und Nachbarn selektieren

Verschachtelte Selektoren kennen Sie bereits in Form der »Nachkommen-Selektoren«: `#textbereich a` bezieht sich auf alle Hyperlinks, sofern sie im Dokumentenstammbaum Nachkommen von `#textbereich` sind, wobei es keine Rolle spielt, ob sie Kind, Enkel, Urenkel oder sonst was sind.

Nachkommen-Selektoren werden von allen heute relevanten Browsern verstanden und sind sehr praktisch, aber es gibt noch andere verschachtelte, kontextabhängige Selektoren:

- Kind-Selektor: *Selektor > Selektor*

  `#textbereich > p` selektiert alle Absätze, die im Elemente-Stammbaum ein Kind von `#textbereich` sind, und zwar *nur* Kinder. Ein Absatz in einer Liste im Textbereich ist ein Urenkel (`ul-li-p`) und wird deshalb nicht gestaltet.

- Nachbar-Selektor: *Selektor + Selektor*

  `h2 + p` selektiert nur den ersten Absatz nach einer `h2`-Überschrift. Sehr praktisch zum Beispiel für einleitende Absätze, die im Printbereich oft kursiv dargestellt werden.

Auch für diese Selektoren gilt, dass der IE bis V6 sie nicht kennt und daher ignoriert. Also vorsichtig einsetzen.

Pseudoklassen und Pseudoelemente

Pseudoklassen kennen Sie bereits. Hyperlinks werden mit den Pseudoklassen `:link`, `:visited`, `:hover`, `:focus` und `:active` je nach Zustand im Browser des Besuchers unterschiedlich gestaltet. Wichtig ist hierbei die Reihenfolge `:focus`, `:hover`, `:active`, damit der Hover-Effekt immer reibungslos funktioniert.

Interessant ist noch die Pseudoklasse `:first-child`, die nur das erste Kind eines Elements auswählt. Pseudo*klassen* heißen übrigens so, weil sie zwar wie eine Klasse eine Gruppe von Elementen auswählen, dies aber *ohne* das Attribut *class* machen.

Pseudoelemente wählen keine ganzen Elemente aus, sondern nur einen Teil davon:

- `:first-line` wählt die erste Zeile in einem Element.
- `:first-letter` selektiert den ersten Buchstaben eines Elements.
- `:before` fügt vor einem Element beliebigen Inhalt ein.
- `:after` fügt nach einem Element beliebigen Inhalt ein.

Die Begriffe »Pseudoelement« und »Pseudoklasse« werden oft miteinander verwechselt, aber im Grunde genommen ist der Unterschied einfach:

- Pseudo*klassen* selektieren ein ganzes Element, Beispiel: `a:hover`.
- Pseudo*elemente* wählen nur einen Teil eines Elements aus, Beispiel: `p:first-line`.

Der Internet Explorer kennt ab V6 die Pseudoelemente `:first-line` und `:first-letter` und ab V7 die Pseudoklasse `:first-child`. Die Pseudoelemente `:before` und `:after` kennt er momentan in keiner Version.

Tipp

Weitere Details zu verschachtelten Selektoren

Bei SelfHTML gibt es weitere Infos zu verschachtelten Selektoren:

- *http://de.selfhtml.org/css/formate/zentrale.htm*

4.7 Auf einen Blick

Hier noch einmal die wichtigsten Punkte dieses Kapitels im Überblick:

- Die CSS-Eigenschaft `display` ändert nur die am Bildschirm dargestellte Box, nicht das Element selbst.
- Das Box-Modell ist ein bisschen 3D, denn Eigenschaften wie `background`, `padding` und `border` liegen in Schichten übereinander.

- Es gibt verschiedene Inline-Elemente: semantische, ersetzte (»replaced«) und Formularelemente.
- Inline-Boxen sind etwas anders als Block-Boxen. Sie kennen weder `width` noch `height` und haben kein `margin-top` oder `margin-bottom`.
- Die Breite einer Inline-Box wird durch ihren Inhalt bestimmt, die Höhe durch `font-size`.
- `line-height` definiert die Zeilenhöhe. Ein Wert zwischen 1.5 und 1.7 ist optimal für die Lesbarkeit von Fließtext.
- Gefloatete Elemente erzeugen immer eine Block-Box. Ohne Angabe von `width` schrumpfen sie auf die minimal benötigte Breite.
- Positionierte Boxen können einen `z-index` bekommen, der ihre Position auf der z-Achse beschreibt.
- Fortgeschrittene Selektoren und Pseudoelemente sind sehr praktisch:
  - Mit Attributselektoren kann man Elemente aufgrund ihrer Attribute auswählen.
  - Kind-Selektoren ermöglichen die Auswahl aller Kinder im Dokumentenstammbaum.
  - Nachbar-Selektoren ermöglichen die Auswahl des folgenden Elements.
- Pseudoklassen gestalten komplette Elemente, Pseudoelemente nur einen Teil davon.

Teil II

Navigation

Kapitel 5

Horizontale Navigation mit einer Ebene

Worin Sie den Unterschied zwischen einer horizontalen Navigation per display:inline und per float genauer kennen lernen.

In diesem Kapitel analysieren Sie zunächst die vorhandene, auf `display:inline` basierende Navigation und bauen diese dann mit einer anderen Technik namens `float` von Grund auf neu, wobei Sie die Unterschiede der beiden Methoden genau kennen lernen.

5.1 Die Navigation der Beispielsite mit *display:inline*

In diesem Abschnitt wird das CSS für die aktuelle Navigation Stück für Stück analysiert.

Das HTML für die aktuelle Navigation

Im HTML sind meist ungeordnete Listen mit Hyperlinks die Grundlage für eine Navigation:

- `ul`: eine ganz normale ungeordnete Liste, die alles umfasst
- `li`: für jeden Menüpunkt ein eigenes Listenelement
- `a`: in jedem Listenelement ein Hyperlink zur entsprechenden Seite

Manchmal ist noch ein `div` mit einer ID drum herum und manchmal gibt es noch zusätzliche Elemente wie `span`, um bestimmte Tricks bewerkstelligen zu können, aber Kern einer Navigation sind Listen und Hyperlinks.

Auch die Grundlage für die Beispielseiten ist da keine Ausnahme:

Abbildung 5.1: Die aktuelle Navigation

Hinter dieser Navigation steckt in etwa folgendes HTML:

Listing 5.1: Das HTML für die aktuelle Navigation

```
<div id="navibereich">
   <h2 class="versteckmich">Navigation</h2>
   <ul>
      <li id="navi01"><strong>Startseite</strong></li>
      <li id="navi02"><a href="seite02.html">Seite 02</a></li>
      <li id="navi03"><a href="seite03.html">Seite 03</a></li>
      <li id="navi04"><a href="kontakt.html">Kontakt</a></li>
   </ul>
</div> <!-- Ende navibereich -->
```

Das CSS für die aktuelle Navigation im Detail

Im Stylesheet `navi_inline.css` wird zunächst einmal die Formatierung für das umgebende `div` definiert:

Listing 5.2: Das CSS für *#navibereich*

```
/* ============
   Navigation */

#navibereich {
   text-align: right;  /* rechtsbündig */
   color: black;
   background-color: #f3c600;
   padding: 5px 10px 4px 10px;
   border-bottom: 1px solid #8c8c8c;
}
```

Bemerkenswert an diesem Style sind die beiden fett gedruckten Zeichen:

- `text-align:right` richtet die Navigation rechtsbündig aus. Andere mögliche Werte wären `left` für linksbündig oder `center` zur Zentrierung.

- Das `padding-bottom` von 4 px korrespondiert mit dem `padding-bottom` der Hyperlinks, wie es im Style für `#navibereich a` definiert ist (siehe etwas weiter unten). Wenn Sie einen der beiden Werte verändern, müssen Sie den anderen auch anpassen.

Das Nebeneinander der Listenpunkte wird mit einem simplen `display:inline` erreicht:

```
#navibereich li {
   display: inline;
   list-style-type: none;
   margin: 0 ;
}
```

Listing 5.3: Das CSS für die Listenelemente in der Navigation

Die Anweisung `list-style-type:none` wäre genau genommen nicht notwendig, denn durch `display:inline` verschwinden die Aufzählungszeichen sowieso. Nur HTML-Elemente mit der Eigenschaft `display:list-item` bekommen im Browser ein Aufzählungszeichen. Bei Listenelementen ist das die Standardeinstellung. Sobald der Wert für `display` aber verändert wird, verschwindet auch der Aufzählungspunkt.

Die optische Gestaltung der Navigationspunkte erfolgt über die Hyperlinks:

```
#navibereich a,
#navibereich strong {
   background-color: #ffeda0;
   color: black;
   font-weight: normal;
   padding: 4px 8px;
   border: 1px solid #8c8c8c;
}
```

Listing 5.4: Das CSS für die Hyperlinks in der Navigation

Ein bisschen `padding`, ein bisschen `border` und ein paar Farben. Wichtig sind die unteren 4 px für `padding`. Der Wert ist identisch mit dem unteren `padding` für `#navibereich`, sodass die untere Rahmenlinie *über* der von `#navibereich` liegt.

Last, not least werden `:hover` und `:focus` und die Links auf der jeweils aktuellen Seite anders dargestellt:

```
#navibereich a:hover,
#navibereich a:focus,
#startseite #navi01 strong,
#seite02 #navi02 strong,
#seite03 #navi03 strong,
```

Listing 5.5: CSS für Rollovers und zur Hervorhebung des aktuellen Tabs

```
#kontaktseite #navi04 strong {
   color: black;
   background-color: white;
   border-bottom-color: white;
}
```

Für die aktuellen Links wird eine weiße untere Rahmenlinie definiert. Diese Linie überdeckt die von `#navibereich`, da `border-bottom` von Inline-Boxen andere Elemente überlagert (siehe Seite 91ff.). Durch diesen Trick erscheint der aktuelle Tab nach unten offen. Deckweiß, im wahrsten Sinne des Wortes.

Im Überblick sehen die wichtigsten Eigenschaften für die aktuelle Navigation so aus:

Tabelle 5.1: Horizontale Navigation per *display:inline*

div	ul	li	a	a:hover (etc.)
Block	Block	Inline	Inline	Inline
`text-align:right`	-	`display:inline`	`padding`	`padding,`
`border-bottom`			`border`	`border-bottom`

5.2 Horizontale Navigation mit *float*

Im Folgenden erstellen Sie eine Navigation, die optisch fast genauso aussieht wie die aktuelle, aber Sie benutzen dabei mit `float` eine völlig andere Technik und lernen jede Menge Details über das Verhalten von Block- und Inline-Boxen.

Floatbasierte Navigationen sind anfangs etwas komplizierter in der Erstellung, aber danach besser erweiterbar: Runde Ecken, Dropdown-Menüs und selbst eine zweite Navigationsebene sind auf der Basis von `float` einfacher zu realisieren.

Schritt 01: Die Listenelemente floaten

In diesem Schritt wird die Aufteilung der Stylesheets aus Kapitel 2 und 3 das erste Mal richtig praktisch, denn für die `float`-Navigation erstellen Sie ein neues Stylesheet namens `navi_float.css`. Im zentralen Stylesheet ersetzt dieses Stylesheet dann einfach `navi_inline.css`.

Sie beginnen, indem Sie die Listenelemente nach links floaten.

ToDo: Die Listenelemente nach links floaten

1. Öffnen Sie `zentrale.css` und ändern Sie die `@import`-Regel zur Navigation:

```
/* Formatierung der Navigation */
@import url(navi_float.css);
```

2. Erstellen Sie eine Kopie von `navi_inline.css` und benennen Sie sie um in `navi_float.css`.
3. Öffnen Sie `navi_float.css` im Editor und ändern Sie den Anfangskommentar wie folgt:

```
/* ============================================================
Stylesheet für die horizontale Navigation per float
Datei: navi_float.css
Datum: ...
Autor: ...
============================================================ */
```

4. Ändern Sie den Style für die Listenelemente von `display:inline` in `float:left`:

```
#navibereich li {
   float: left;
   width: auto;
   list-style: none;
   margin: 0 ;
}
```

5. Ändern Sie im Endekommentar den Dateinamen in `navi_float.css`.
6. Speichern Sie alle Stylesheets und betrachten Sie die Webseiten im Browser.

Durch diesen Schritt stehen die Listenelemente zwar immer noch nebeneinander, aber ansonsten stimmt beim Ansehen der Seite im Browser nicht mehr viel:

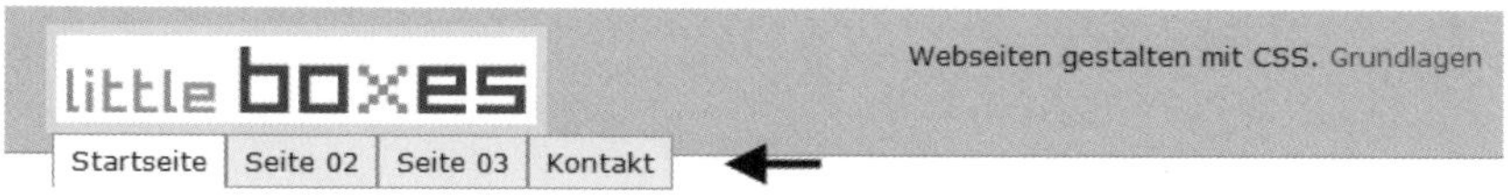

Abbildung 5.2: Gefloatete Listenelemente – alles durcheinander

Bei genauerem Hinsehen ist Folgendes passiert:

- Das umgebende `div` sieht die gefloateten Listenelemente nicht mehr und kollabiert daraufhin. Das `div` sollte die Listenelemente aber umschließen.
- Die Räume zwischen den Listenelementen sind verschwunden. Grund dafür ist, dass ein gefloatetes Element *immer* eine Block-Box erzeugt und Whitespace um eine Block-Box ignoriert wird (siehe Seite 44f.).

Auf zur Reparatur!

Schritt 02: Das umgebende *div* gestalten

Zunächst gestalten Sie das umgebende `div` so, dass es gefloatete Elemente einschließt. Dazu genügt in diesem Fall ein einfaches `overflow: hidden`.

Dem IE6 muss per Sternchen-Hack noch mitgeteilt werden, dass das Element `#navibereich` wichtig für das Layout ist. Diesen Patch schreibe ich der Einfachheit halber in `navi_float.css`, aber Sie können ihn selbstverständlich auch in ein Stylesheet für IE-Patches auslagern, das Sie per Conditional Comment ausliefern.

ToDo: Den Navigationsbereich reparieren

1. Ändern Sie in `navi_float.css` das CSS für `#navibereich` wie folgt:

```
#navibereich {
   overflow: hidden;
   color: black;
   background: #f3c600;
   padding: 5px 10px 4px 10px;
   border-bottom: 1px solid #8c8c8c;
   margin: 0;
}
```

2. Fügen Sie danach die folgende Regel ein:

```
/* Sternchen-Hack, hasLayout für IE5x. und 6 */
* html #navibereich { height: 1%; }
```

ToDo: Den Navigationsbereich reparieren (Forts.)

3. Fügen Sie den Listenelementen einen rechten Außenabstand hinzu:

```
#navibereich li {
   float: left;
   width: auto;
   list-style: none;
   margin: 0 ;
   margin-right: 0.4em;
}
```

4. Speichern Sie das Stylesheet.

Nach dieser kleinen Reparatur ist das umgebende `div#navibereich` wieder zu sehen und die Abstände zwischen den Listenelementen sind auch wieder da:

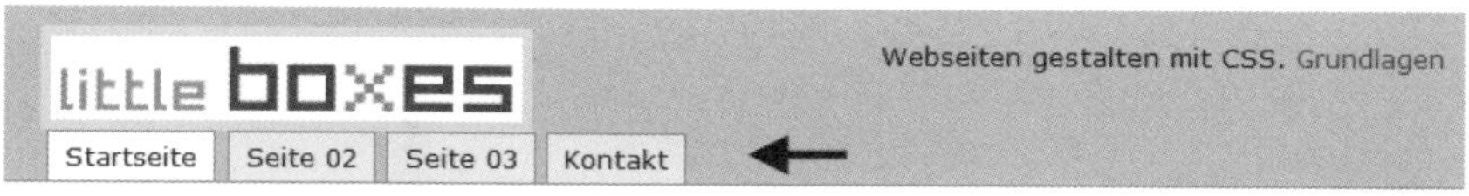

Abbildung 5.3: Navigation wieder mit Hintergrundfarbe und Abständen

Tipp

Alternativen zu *overflow:hidden*

Im ersten Band von »Little Boxes« werden im Kapitel über »Float« ab Seite 239 außer `overflow:hidden` noch andere Lösungen zum Einschließen von Floats vorgestellt.

Insbesondere die Clearfix-Methode gehört zum Standardrepertoire eines modernen Webdesigners. Bei Onno K. Gent findet sich eine deutschsprachige Einführung:

http://www.jassesnee.de/easyclear/

Schritt 03: Die Navigation rechts ausrichten

In diesem Schritt wird die Navigation wieder nach rechts ausgerichtet. Da die `li`-Elemente durch das Floaten zur Block-Box geworden sind, würde ein einfaches `text-align:right` wie in der Inline-Version nicht mehr funktionieren, denn `text-align` gilt nur für Text und Inline-Elemente.

Ein naheliegender Gedanke wäre es, die Listenelemente mit `float: right` nach rechts zu floaten, aber dabei würde sich die Reihenfolge der Navigationspunkte umkehren:

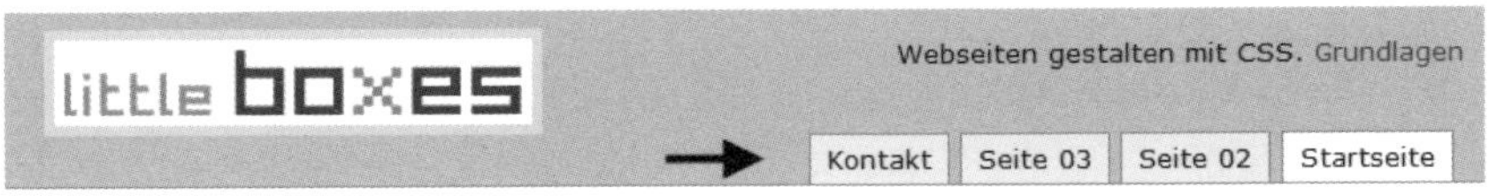

Abbildung 5.4: Falsch rum – nach rechts gefloatete Listenelemente

Stattdessen bedienen Sie sich eines kleinen Tricks und floaten nicht die Listenelemente `li`, sondern die `ul`-Liste selbst nach rechts:

- Durch das Floaten schrumpft `ul` auf die Breite der darin enthaltenen Listenelemente, denn gefloatete Boxen werden ohne Angabe von `width` nur so breit wie ihr Inhalt.
- Die geschrumpfte Liste wird innerhalb des `div` nach rechts gefloatet.

Frei nach dem Motto »Liebling, ich habe die Liste geschrumpft« erledigt das folgende ToDo genau diese Aufgabe.

ToDo: Die Navigation nach rechts floaten

1. Ergänzen Sie in `navi_float.css` den Style für die Liste wie folgt:

```
#navibereich ul {
   float: right;
   width: auto; /* "schrumpft" die Liste */
   margin-bottom: 0;
}
```

2. Speichern Sie das Stylesheet.

Jetzt ist die Navigation wieder rechtsbündig und die Reihenfolge der Navigationspunkte stimmt auch:

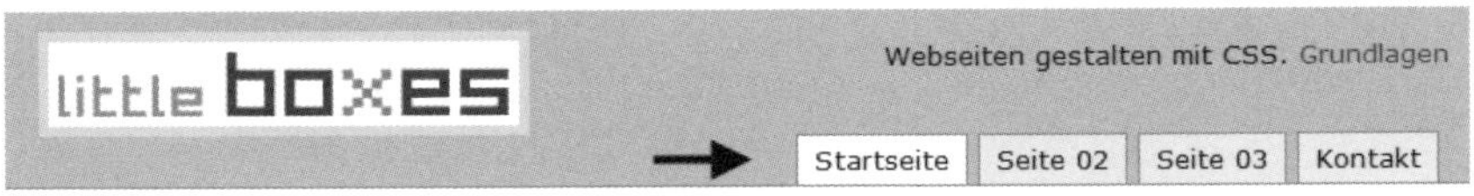

Abbildung 5.5: Navigation rechts und richtig rum

Schritt 04: Hyperlinks und *strong* »blocken«

In diesem Schritt werden die `a` und `strong`-Elemente in der Navigation mit `display:block` zur Block-Box befördert. Eine Block-Box kann besser gestaltet werden als eine Inline-Box, denn sie akzeptiert z. B. mit `width` eine feste Breite und die Fläche der Links füllt die umgebenden Listenelemente völlig aus.

All dies ist Voraussetzung für Tricks wie runde Ecken und Dropdown-Navigationen und verändert den Charakter der Navigation ganz entscheidend.

ToDo: Die Hyperlinks in der Navigation zur Block-Box machen

1. Erstellen Sie in `navi_float.css` das CSS für die Links in der Navigation wie folgt:

```
#navibereich a,
#navibereich strong {
   display: block;
   background-color: #ffeda0;
   color: black;
   font-weight: normal;
   padding: 4px 8px;
   border: 1px solid #8c8c8c;
}
```

2. Speichern Sie das Stylesheet.

Nach diesem Schritt ist unter den Hyperlinks eine Lücke entstanden:

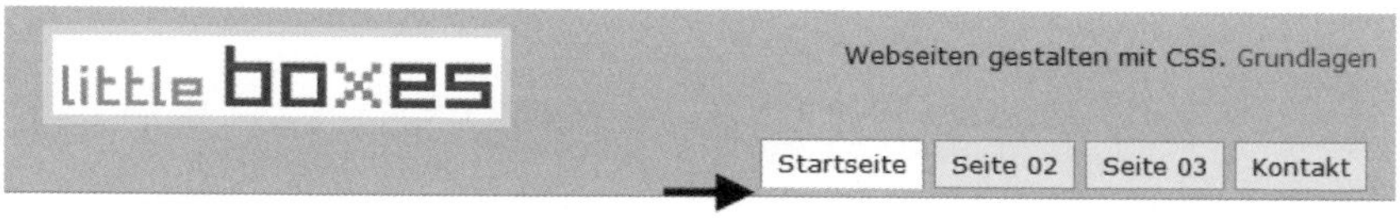

Abbildung 5.6: Das Blocken der Navigationslinks erzeugt unten eine Lücke

Diese Lücke ist eine Folge des Blockens:

- Während zuvor das `padding-bottom` von 4 px der Inline-Box `a` das gleichgroße `padding-bottom` von `#navibereich` überlagerte, wird es durch die Block-Box `a` jetzt sichtbar.

Zur Korrektur entfernen Sie einfach das `padding-bottom` von `#navibereich`:

ToDo: Den Abstand unterhalb der Links korrigieren

1. Setzen Sie in `navi_float.css` das `padding-bottom` für `#navibereich` auf den Wert `0` (Null):

```
#navibereich {
   overflow: hidden;
   color: black;
   background-color: #f3c600;
   padding: 5px 10px 0 10px; /* padding-bottom war vorher 4px */
   border-bottom: 1px solid #8c8c8c;
}
```

2. Speichern Sie das Stylesheet.

Die Lücke unter den Tabs ist (fast) wieder weg:

Abbildung 5.7: Die Lücke unter den Tabs ist (fast) wieder weg

Beachten Sie die doppelte Rahmenlinie unter den drei nicht aktiven Tabs. Um die kümmern Sie sich im nächsten Schritt.

Tipp

Block- und Inline-Boxen

Falls Ihnen das Verhalten von Block- und Inline-Boxen in diesem Schritt nicht ganz einleuchtet, schauen Sie mal ab Seite 90 in den Abschnitt über »Das Box-Modell für Inliner«. Im nächsten Schritt geht es nämlich um dasselbe Thema.

Schritt 05: Eine Grafik als untere Rahmenlinie

Das Blocken der Hyperlinks hat noch weitere Folgen, denn der Trick mit der weißen Linie für den aktuellen Tab funktioniert nicht mehr:

- Links und Listenelemente erzeugen jetzt Block-Boxen.
- Die untere weiße Linie des aktuellen Tabs überdeckt deshalb die graue Rahmenlinie von `#navibereich` nicht mehr, sondern schiebt sie nach unten.

Noch dabei? Ein Bild sagt mehr als viele Worte und deshalb zeigt Abbildung 5.8 die Navigation mit einer übergroßen 10 Pixel dicken unteren Rahmenlinie für den aktuellen Tab:

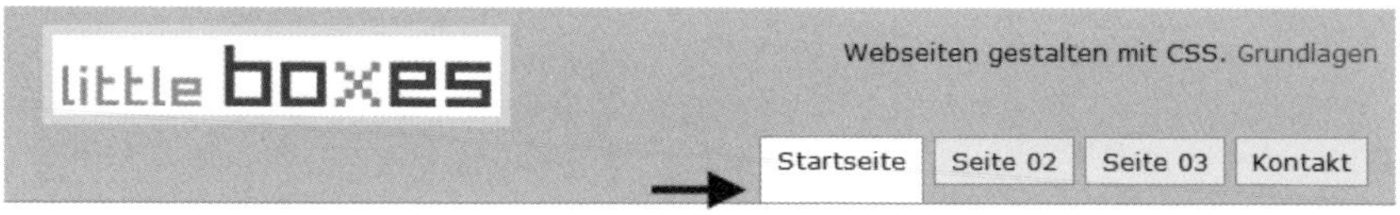

Abbildung 5.8: Die 10 Pixel border-bottom schieben alles nach unten

Der Grund dafür liegt wieder im Verhalten von Inline- und Block-Boxen:

- Inline-Elemente vergrößern die Zeilenhöhe nicht. Diesen Sachverhalt nutzt das CSS der Inline-Navigation, indem es für die gehoverten Hyperlinks die graue Linie einfach mit einer weißen Linie überdeckt.
- Block-Elemente hingegen vergrößern die bestehende Zeile. Die graue Linie wird von der weißen nicht mehr überdeckt, sondern einfach weiter nach unten geschoben.

Was tun, sprach Zeus und erstellte eine Hintergrundgrafik.

Ab Seite 89 wurde die Tatsache beschrieben, dass das Box-Modell ein bisschen dreidimensional ist und dass Hintergrundgrafiken *unter* Rahmenlinien liegen. Diesen Sachverhalt nutzen Sie jetzt:

- Sie entfernen die per `border-bottom` definierte untere Rahmenlinie für den `#navibereich` und bauen die 1 px dicke graue Linie stattdessen als Hintergrundgrafik ein.

Die benötigte Grafik ist 1 Pixel hoch und hat eine Farbe, die zu Ihrem Design passt, im Beispiel wäre das `#8c8c8c`. Sie finden die Grafik auf der CD oder können Sie, wie im Tipp beschrieben, online erstellen.

Tipp

Grafik online im Browser erstellen

Um die Grafik online zu erstellen, surfen Sie zu folgender URL:

- *http://tools.dynamicdrive.com/gradient/*

Geben Sie als GRADIENT WIDTH die gewünschte Breite in Pixel (z. B. 50) an, bei GRADIENT HEIGHT einfach nur eine 1 und bei TOP COLOR und BOTTOM COLOR dieselbe Farbe, da Sie keinen Farbverlauf möchten. Speichern Sie die Grafik als `border-bottom.jpg` im Ordner mit den Webseiten.

Idealerweise sollte die Grafik z. B. mit dem *MS Office Picture Manager* oder einem anderen Bildbearbeitungsprogramm noch in das GIF-Format konvertiert werden, damit sie weniger Speicherplatz benötigt, aber JPG funktioniert auch.

Schritt 06: Die Grafik einbauen

Im folgenden ToDo binden Sie die in Schritt 05 erstellte Grafik ein.

ToDo: Eine Hintergrundgrafik für den *#navibereich* einbinden

1. Kopieren Sie die Grafik `border-bottom.gif` von der CD in den Übungsordner.
2. Entfernen Sie in `navi_float.css` die Deklaration für `border-bottom` im Style für `#navibereich`.
3. Fügen Sie als `background` die Grafik `border-bottom.gif` ein:

```
#navibereich {
   overflow: hidden;
   color: black;
   background: #f3c600 url(border-bottom.gif) repeat-x left bottom;
   padding: 5px 10px 0 10px;
   margin: 0;
}
```

4. Vergessen Sie nicht, die Deklaration für `border-bottom` zu entfernen.
5. Speichern Sie das Stylesheet und betrachten Sie die Webseiten im Browser.

Voilà! Here comes the fertige Navigation mit Grafik als Rahmenlinie:

Abbildung 5.9: Fertig: horizontale Navigation mit *float*

Geschafft. Der aktuelle Tab ist unten offen und die anderen drei haben unten weder einen Zwischenraum noch eine doppelte Rahmenlinie:

- Die 1 Pixel hohe Hintergrundgrafik von `#navibereich` geht über die gesamte Breite (`repeat-x`).
- Beim Hovern und für die jeweils aktuellen Links überdeckt die weiße untere Rahmenlinie die graue Hintergrundgrafik von `#navibereich`.

Der Trick mit der Grafik beruht darauf, dass die Hintergrundgrafik *unter* der weißen `border-bottom` liegt. Das Box-Modell ist also tatsächlich ein bisschen 3D.

Tipp

Kurzschreibweise für den Hintergrund

Falls in der Kurzschreibweise für `background` statt der Schlüsselworte `top`, `bottom`, `left` oder `right` nur zwei Zahlenwerte angegeben werden, steht der erste für die horizontale und der zweite für die vertikale Ausrichtung.

Es ist daher eine gute Angewohnheit, diese Reihenfolge auch bei den Schlüsselworten einzuhalten. Die Angabe von `left bottom` ist so gesehen also sinnvoller als `bottom left`, auch wenn es dem Browser egal ist.

Die Elemente der floatbasierten Navigation im Überblick

Der folgende Überblick zeigt, dass im Vergleich zur Tabelle 5.1 auf Seite 110 jetzt alle Elemente Block-Boxen erzeugen:

Tabelle 5.2: Horizontale Navigation per *float*

div	ul	li	a / strong	a:hover etc.
Block	Block	Block	Block	Block
`overflow:hidden`	`float:right`	`float:left`	`display:block`	`padding,`
Grafik als Linie	`width:auto`	`width:auto`	`padding`	`border-bottom`
			`border`	

Die Vorteile der floatbasierten Navigation werden erst in den nächsten Kapiteln richtig deutlich, denn da alle Elemente Block-Boxen erzeugen, bilden sie eine stabile Grundlage für Tricks wie runde Ecken und Dropdown-Navigationen.

Falls gewünscht: Patch für den IE5.01

Die Navigation funktioniert auch in Internet Explorern ab V5.5, nur der uralte V5.01 nimmt die Anweisung `overflow:hidden` für den Navigationsbereich ein bisschen zu wörtlich und versteckt die komplette Navigation.

Eine Lösung bieten entweder eine andere Clearing-Methode oder folgende Korrektur, die dem IE5 explizit sagt, dass er den Navibereich bitte doch anzeigen möchte. Diese Korrektur ist am besten in der Patchdatei *ie5x.css* aufgehoben:

ToDo: Patch für Internet Explorer 5

1. Öffnen Sie das Stylesheet `ie5x.css` im Editor.
2. Fügen Sie folgenden Style hinzu:

```
/* ==============================
   4. IE5.01 und overflow:hidden */
#navibereich { overflow: visible; }
```

3. Speichern Sie das Stylesheet und betrachten Sie die Webseiten im Internet Explorer 5.01.

Das CSS im Überblick

Und hier noch einmal das CSS für den Navigationsbereich im Überblick:

Listing 5.6: Das CSS für die gefloatete Navigation im Überblick

```
/* ====================================================
Stylesheet für die horizontale Navigation per float
Datei:  navi_float.css
Datum:  ...
Autor:  ...
==================================================== */
@media screen {

```

```
#navibereich {
   overflow: hidden;
   color: black;
   background: #f3c600 url(border-bottom.gif) repeat-x left bottom;
   padding: 5px 10px 0px 10px;
}
/* Sternchen-Hack, hasLayout für IE5x. und 6 */
* html #navibereich { height: 1%; }

#navibereich ul {
   float: right;
   width: auto; /* "schrumpft" die Liste */
   margin-bottom: 0;
}
#navibereich li {
   float: left;
   width: auto;
   list-style-type: none;
   margin: 0 ;
   margin-right: 0.4em;
}
#navibereich a,
#navibereich strong {
   display: block;
   color: black;
   background-color: #ffeda0;
   font-weight: normal;
   padding: 4px 8px;
   border: 1px solid #8c8c8c;
}
#navibereich a:focus,
#navibereich a:hover,
#startseite #navi01 strong,
#seite02 #navi02 strong,
#seite03 #navi03 strong,
#kontaktseite #navi04 strong {
   color: black;
   background-color: white;
   font-weight: normal;
   border-bottom-color: white; /* weiße untere Rahmenlinie  */
 /*border-bottom-width: 10px;*/ /* Nur zum Testen */
}
#navibereich a:active {
   color: black;
   background-color: white;
}

} /* Ende @media - nicht löschen! */

/* ======================================
   E N D E navi_float.css
   ====================================== */
```

5.3 Auf einen Blick

Hier noch einmal die wichtigsten Punkte dieses Kapitels im Überblick:

- Eine horizontale Navigation per `display:inline` ist einfach und unkompliziert zu erstellen.
- Der Trick mit dem weißen, nach unten offenen Tab beruht darauf, dass die Rahmenlinien von Inline-Elementen umgebende Elemente überlagern.
- Bei einer horizontalen Navigation per `float` funktioniert dieser Trick nicht mehr, weil Hyperlinks und Listenelemente »geblockt« werden.
- Die Beförderung zur Block-Box hat Vor- und Nachteile:
  - Nachteil ist, dass die untere graue Rahmenlinie als Grafik eingebunden werden muss.
  - Vorteil ist, dass Listenelemente und Links als Block-Boxen besser gestaltet werden können.

Kapitel 6

Schiebetüren mit runden Ecken

Worin Sie erfahren, was Navigationen und runde Ecken mit Schiebetüren zu tun haben, und Sie gleich zwei Techniken zur Erstellung kennen lernen.

Webseiten bestehen aus *rechteckigen* Kästchen und die Tischlerweisheit »Wo die Rundung anfängt, hört der Verdienst auf« gilt auch für Webdesigner, denn runde Ecken haben (fast immer) was mit Grafiken zu tun, und das bedeutet in jedem Fall zusätzliche Arbeit.

Am Ende des Kapitels wird die Navigation im Browser so aussehen:

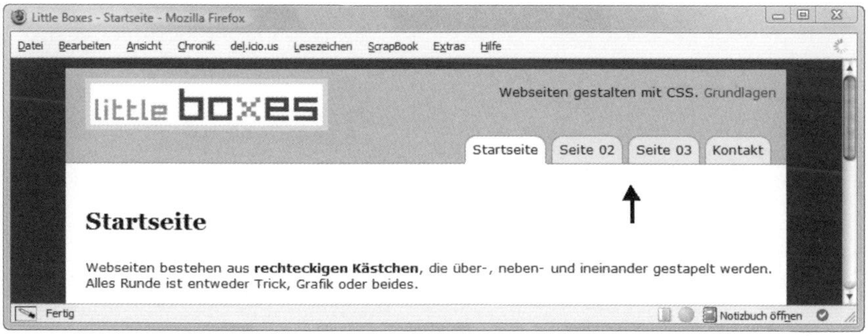

Abbildung 6.1: Horizontale Navigation mit abgerundeten Ecken

Die im Folgenden beschriebene Methode wurde von Douglas Bowmans *Sliding Doors*-Technik inspiriert und an die Gegebenheiten des Beispiels angepasst.

6.1 Einfache Schiebetüren

In diesem Abschnitt erstellen Sie ein neues Navigations-Stylesheet, das auf `navi_float.css` aus dem vorherigen Kapitel basiert.

Vier Grafiken und ein Stylesheet

Für eine Navigation mit runden Ecken benötigen Sie Grafiken, die die Illusion einer Rundung enthalten. Der Trick besteht darin, diese Grafiken verschiedenen HTML-Elementen als Hintergrundgrafik zuzuweisen.

Die Grafik(en) erstellen

Sie können die fertigen Grafiken aus dem Basisordner für diesen Abschnitt kopieren, sie in einem Bildbearbeitungsprogramm wie *Adobe Photoshop (Elements)* selbst bauen oder in wenigen Sekunden online erstellen:

- *http://roundedcornr.com/*

Ganz unten auf der Seite können Sie sich ein »Single RoundedCornr Image« erstellen lassen, eine einzelne Grafik mit Rahmen drum herum. Das Bedienfeld dazu sieht etwa so aus wie Abbildung 6.3.

Diese Grafiken sollen die normale Tab-Farbe (`#ffeda0`), eine graue Rahmenlinie (`#8c8c8c`) und links bzw. rechts oben in den Ecken die Hintergrundfarbe des umgebenden Elements (`#f3c600`) haben:

Abbildung 6.2: Grafik mit runden Ecken von roundedcornr.com

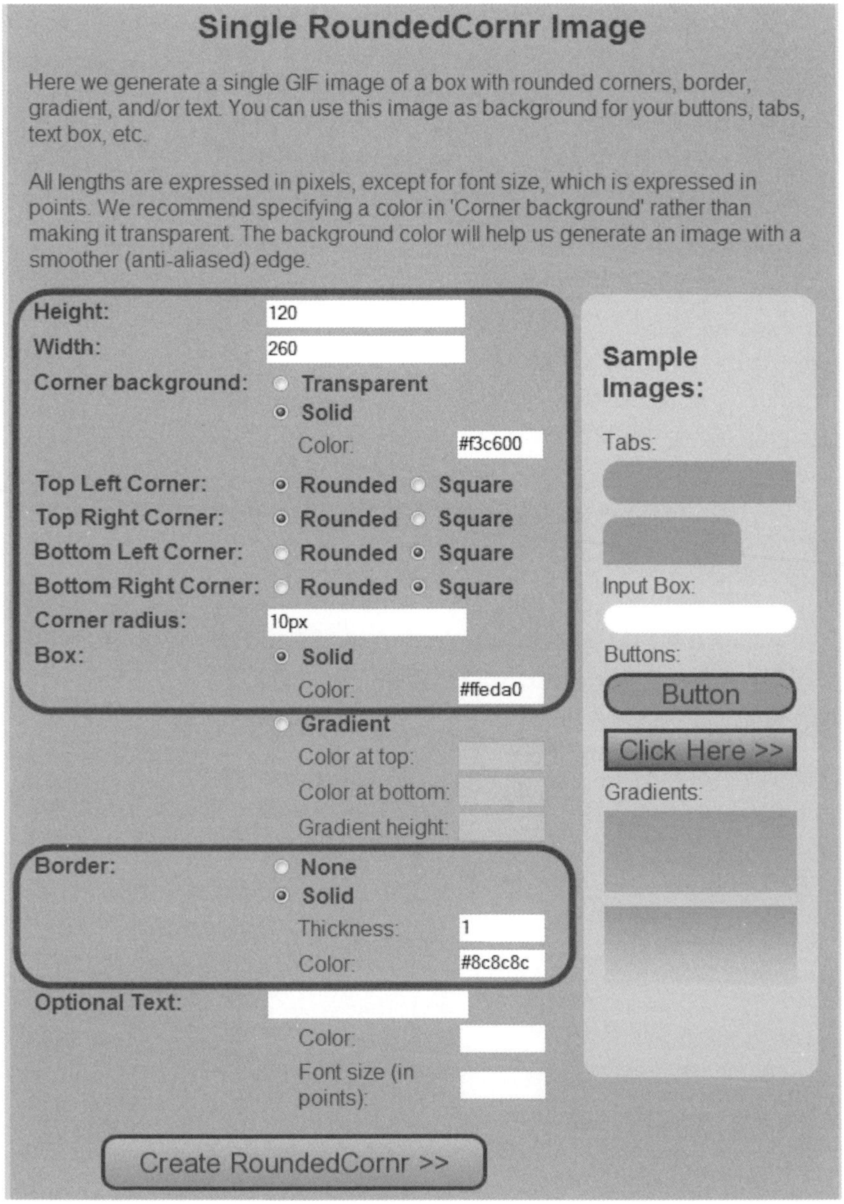

Abbildung 6.3: GIF-Grafik mit runden Ecken erstellen

Die Grafiken für die normalen (hellgelben) Tabs

Von dieser Grafik erstellen Sie zwei Kopien mit den Namen `links.gif` und `rechts.gif` und schneiden diese mit einem Bildbearbeitungsprogramm so zu, dass sie aussehen wie in Abbildung 6.4:

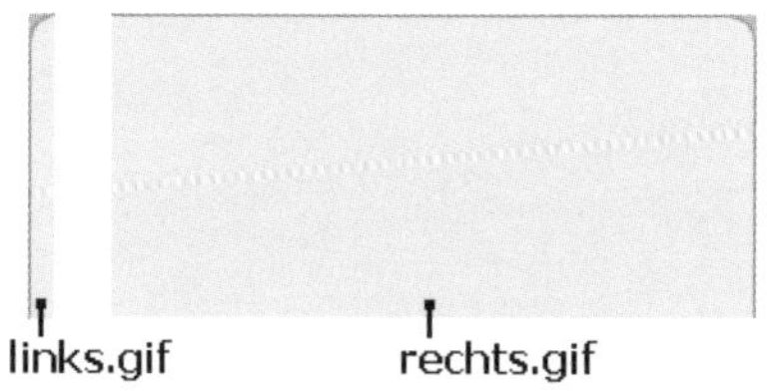

Abbildung 6.4: *links.gif* und *rechts.gif* für die normalen Tabs

Die schmale Grafik `links.gif` hat 10 x 120 Pixel, die breitere Grafik `rechts.gif` 250 x 120 Pixel. Die genaue Größe ist nicht wirklich wichtig, die Grafiken sollten aber um einiges größer sein als die Tabs der Navigation, damit beim Zoomen der Schrift genügend Reserve bleibt.

Die Grafiken für die hervorgehobenen (weißen) Tabs

Für die hervorgehobenen weißen Tabs benötigen Sie zwei weitere Grafiken. Dazu erstellen Sie bei *roundedcornr.com* eine neue Grafik und geben als Farbe `#ffffff` ein – Weiß.

Die fertigen Grafiken sollen `links_aktiv.gif` und `rechts_aktiv.gif` heißen und sind in Abbildung 6.5 vor einem grauen Hintergrund zu sehen, damit man sie besser erkennen kann:

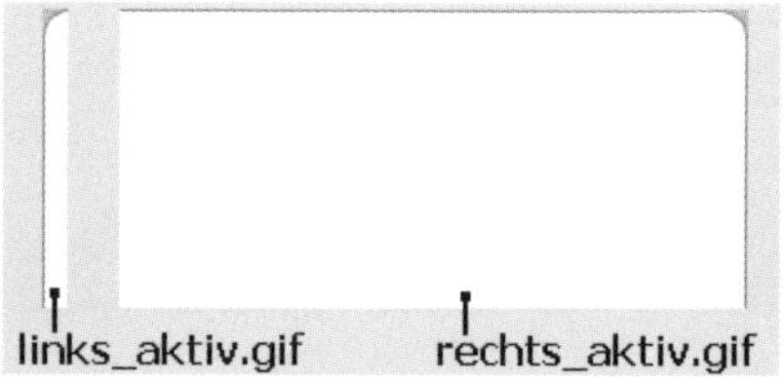

Abbildung 6.5: *links_aktiv.gif* und *rechts_aktiv.gif* für die aktuellen Tabs

»Sliding Doors« – wie Schiebetüren

Die Technik heißt übrigens »Sliding Doors«, weil die beiden Grafiken *übereinandersitzen* und sich beim Zoomen des Textes verschieben. Die kleine in Abbildung 6.6 etwas abgedunkelte Grafik wird auf der großen Grafik hin- und hergeschoben:

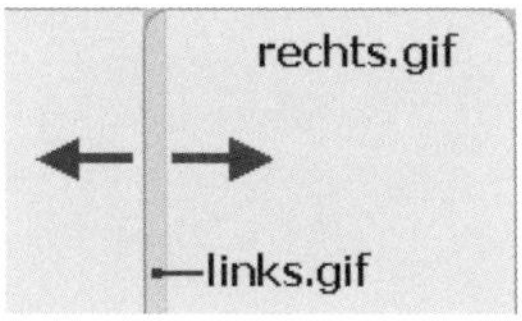

Abbildung 6.6: Zwei Grafiken als Schiebetüren

Schritt 01: Eine Grafik für die Listenelemente

In diesem Schritt erstellen Sie das Stylesheet und weisen den Listenelementen die Hintergrundgrafik `rechts.gif` zu.

Die Grafik soll rechts oben beginnen und nicht wiederholt werden. Als Hintergrundfarbe wird mit `#ffeda0` die Füllfarbe der Grafiken gewählt.

ToDo: Den Listenelementen eine Hintergrundgrafik zuweisen

1. Kopieren Sie die Dateien aus dem Basisordner für den Abschnitt *sliding01* in einen Übungsordner auf Ihrer Festplatte.
2. Benennen Sie das Stylesheet `navi_float.css` um in `navi_sliding01.css`.
3. Öffnen Sie `zentrale.css` und ändern Sie die `@import`-Regel für die Navigation:

```
/* Formatierung der Navigation */
@import url(navi_sliding01.css);
```

4. Ändern Sie den Anfangskommentar wie folgt:

```
/* ========================================================
Stylesheet für die horizontale Navigation mit Sliding Doors 01
Datei: navi_sliding01.css
Datum: ...
Autor: ...
======================================================== */
```

5. Ändern Sie den Dateinamen im Endekommentar.

ToDo: Den Listenelementen eine Hintergrundgrafik zuweisen (Forts.)

6. Fügen Sie den Listenelementen im Navibereich die Hintergrundgrafik `rechts.gif` zu:

```
#navibereich li {
   float: left;
   width: auto;
   background: #ffeda0 url(rechts.gif) no-repeat right top;
   list-style: none;
   margin: 0 ;
   margin-right: 0.4em;
}
```

7. Speichern Sie beide Stylesheets und betrachten Sie die Webseiten im Browser.

Im Browser hat sich nach diesem Schritt scheinbar überhaupt nichts verändert. Die obere rechte Ecke der Listenelemente ist nicht rund, aber Firebug zeigt, dass die Grafik vorhanden ist:

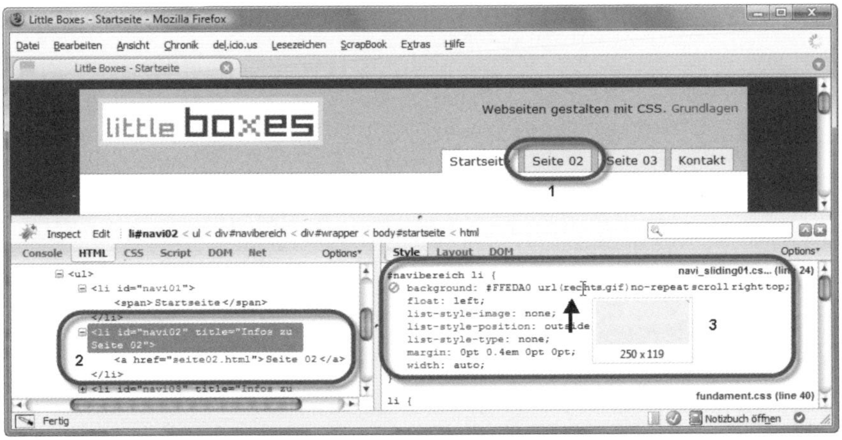

Abbildung 6.7: Die rechte obere Ecke ist nicht rund, die Grafik aber da

Des Rätsels Lösung ist einfach:

- Die geblockten Hyperlinks sind genau so groß wie die Listenelemente.
- Da innere Elemente *vor* äußeren liegen, überdeckt die Hintergrundfarbe der Links die runde Grafik der Listenelemente.

Im nächsten Schritt werden die Links transparent, und dann sind die runden, rechten oberen Ecken sofort sichtbar.

Tipp

Tutorial zu Firebug

Falls Sie sich mit dem im ersten Band von »Little Boxes« auf Seite 316 vorgestellten Analysewerkzeug *Firebug* noch nicht weiter beschäftigt haben, finden Sie ab Seite 379 ein Tutorial dazu.

Schritt 02: Eine Grafik für die Links

Die Hyperlinks bekommen die schmale Grafik `links.gif` als Hintergrund, die links oben beginnen und nicht wiederholt werden soll.

Die Hyperlinks selbst dürfen übrigens weder eine Hintergrundfarbe noch eine Rahmenlinie rundherum haben:

- Die Hintergrundfarbe der Links überdeckt, wie im vorigen Schritt gesehen, die runde Ecke der Listenelemente aus Schritt 01 und wird deshalb entfernt.
- Die oben abgerundete Rahmenlinie ist Teil der Grafiken und deshalb wird `border` für die Links durch `border-bottom` ersetzt.

Im folgenden ToDo wird zusätzlich noch das `padding` oben und unten von 4 px auf 6 px erhöht, was mit den Rundungen einfach besser aussieht.

Alle drei Dinge gelten sowohl für die Links als auch für `#navibereich strong`. Die Hintergrundgrafik `links.gif` hingegen sollen nur die Links bekommen und sie wird deshalb in einer eigenen CSS-Regel definiert.

ToDo: Eine Hintergrundgrafik für die Hyperlinks und das *strong*

1. Ändern Sie den Style für die Hyperlinks und das `strong` wie folgt:

```
#navibereich a,
#navibereich strong {
   display: block;
   /* background-color: #ffeda0; */ /* diese Zeile entfernen */
   color: black;
   font-weight: normal;
   padding: 6px 8px;
   border-bottom: 1px solid #8c8c8c;
}
```

2. Fügen Sie direkt darunter den folgenden Style hinzu:

```
#navibereich a {
   background: transparent url(links.gif) no-repeat left top;
}
```

3. Speichern Sie das Stylesheet und betrachten Sie die Webseiten im Browser.

Und so sieht die Navigation bis jetzt aus:

Abbildung 6.8: Zwei runde Ecken, aber noch nicht fertig

Die nicht aktuellen Tabs sind oben rund, der noch nicht gestaltete Tab folgt im nächsten Schritt.

Schritt 03: Die Grafiken für die aktuellen Tabs

Für die weißen Tabs benötigen Sie ebenfalls zwei Grafiken:

- Die `strong`-Elemente erhalten die schmale Grafik `links_aktiv.gif`.
- Die Listenelemente bekommen die große Grafik `rechts_aktiv.gif`.

Die Liste der Selektoren ist je nach Anzahl der Navigationspunkte etwas länger, denn die weißen Grafiken sollen ja nur auf bestimmten Seiten erscheinen. Dazu nutzen Sie wieder die Tatsache, dass sowohl `body` als auch die Listenelemente in der Navigation eine einmalige ID haben.

Eine kleine Besonderheit gibt es noch im zweiten Style des folgenden ToDo. Dort werden die Pseudoklassen `:hover` und `:focus` für die Listenelemente benutzt. Moderne Browser verstehen das ohne Probleme, aber der Internet Explorer bis inklusive V6 kann damit nichts anfangen. Die alten IEs bekommen deshalb auf Seite 132 einen etwas einfacheren Hover-Effekt.

ToDo: Die Grafiken für die hervorgehobenen Tabs einbinden

1. Ändern Sie in `navi_sliding01.css` den `background` für die hervorgehobenen Tabs wie folgt:

```
#navibereich a:hover,
#navibereich a:focus,
#startseite #navi01 strong,
#seite02 #navi02 strong,
#seite03 #navi03 strong,
#kontaktseite #navi04 strong {
   background: transparent url(links_aktiv.gif) no-repeat left top;
   color: black;
   font-weight: normal;
   border-bottom-color: white;
}
```

2. Erstellen Sie direkt danach die folgende CSS-Regel, um den Listenelementen die breite Grafik zuzufügen:

```
#navibereich li:hover,
#navibereich li:focus,
#startseite #navi01,
#seite02 #navi02,
#seite03 #navi03,
#kontaktseite #navi04 {
   background: transparent url(rechts_aktiv.gif) no-repeat top right;
   color: black;
   border-bottom-color: white;
}
```

ToDo: Die Grafiken für die hervorgehobenen Tabs einbinden (Forts.)

3. Ändern Sie den Style für die Navigationslinks im Moment des Klicks wie folgt:

```
#navibereich a:active {
   background: transparent url(links_aktiv.gif) no-repeat left top;
   color: #d90000;
   text-decoration: underline;
}
```

4. Speichern Sie das Stylesheet und betrachten Sie die Webseiten im Browser.

Die runden Ecken sind fertig:

Abbildung 6.9: Schiebetüren im Normalzustand

Und hier mit etwas weiter geöffneten Schiebetüren (höhere Zoomstufe):

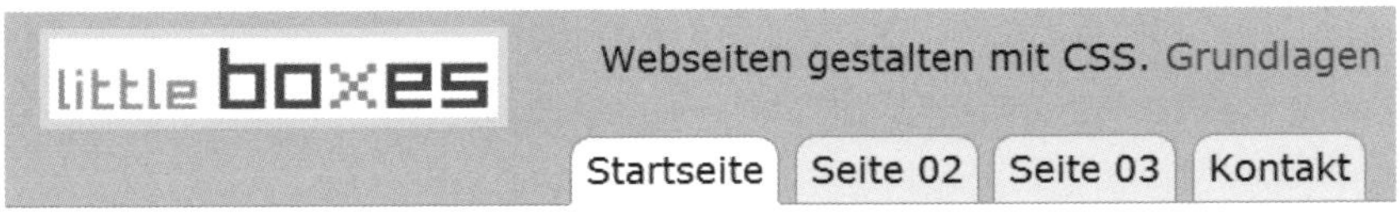

Abbildung 6.10: Schiebetüren bei Vergrößerung

So weit ist alles okay. Nur die älteren Internet Explorer benötigen noch eine kleine Extrawurst.

Patch für IE5 und IE6: Link-Effekte anpassen

Der Internet Explorer einschließlich Version 6 kennt wie gesagt die Pseudoklassen `:hover` und `:focus` nur für Hyperlinks. Quintessenz ist, dass der momentane Hover-Effekt in diesen Browsern etwas seltsam aussieht, weil die Grafik für den Hyperlink beim Hovern ausgetauscht wird, die für das Listenelement aber unverändert bleibt:

Abbildung 6.11: Der Hover-Effekt im Internet Explorer 6

Das folgende ToDo legt dem IE6 einen etwas leichter verdaulichen Hover-Effekt auf den buchstäblichen Browser-Teller.

ToDo: Die Pseudoklassen der Hyperlinks ändern

1. Erstellen Sie am Ende von `navi_sliding01.css` den folgenden Style:

```
/* weil IE < V7 li:hover nicht versteht => einfacher Hover-Effekt */

* html #navibereich a:hover,
* html #navibereich a:focus,
* html #navibereich a:active  {
      background: transparent url(links.gif) no-repeat left top;
      color: #d90000;
      text-decoration: underline;
      border-bottom: 1px solid #8c8c8c;
}
```

2. Speichern Sie das Stylesheet und betrachten Sie die Webseiten im Browser.

Nach diesem ToDo sieht die Navigation beim Hovern im IE6 so aus:

Abbildung 6.12: Die Navigation mit Hover-Effekt im Internet Explorer 6

Das komplette CSS im Überblick

Und hier noch einmal das komplette CSS für den Navigationsbereich im Überblick, wobei die wesentlichen Änderungen gegenüber der normalen floatbasierten Navigation fett hervorgehoben wurden:

Listing 6.1: Das CSS für einfache Schiebetüren mit runden Ecken

```
/*  =====================================================
Stylesheet für die horizontale Navigation mit Sliding Doors I
Datei:  navi_sliding01.css
Datum:  ...
Autor:  ...
========================================================= */
#navibereich {
   overflow: hidden; /* oder Alternative zum Floats einschließen */
   color: black;
   background: #f3c600;
   padding: 5px 10px 0 10px;
   background: #f3c600 url(border-bottom.gif) repeat-x left bottom;
   margin: 0;
}
/* Sternchen-Hack, gibt hasLayout für IE6 */
* html #navibereich { height: 1%; }

#navibereich ul {
   float: right;
   width: auto;
   margin-bottom: 0;
}
#navibereich li {
   float: left;
   width: auto;
   background: #ffeda0 url(rechts.gif) no-repeat right top;
   list-style: none;
   margin: 0 ;
   margin-right: 0.4em;
}

#navibereich a,
#navibereich strong {
   display: block;
   color: black;
   font-weight: normal;
   padding: 6px 8px;
   border-bottom: 1px solid #8c8c8c;
}

#navibereich a {
   background: transparent url(links.gif) no-repeat left top;
}
#navibereich a:hover,
#navibereich a:focus,
#startseite #navi01 strong,
#seite02 #navi02 strong,
#seite03 #navi03 strong,
```

```
#kontaktseite #navi04 strong {
   background: transparent url(links_aktiv.gif) no-repeat left top;
   color: black;
   border-bottom-color: white;
}
#navibereich li:hover,
#navibereich li:focus,
#startseite #navi01,
#seite02 #navi02,
#seite03 #navi03,
#kontaktseite #navi04 {
   background: transparent url(rechts_aktiv.gif) no-repeat right top;
   color: black;
   border-bottom-color: white;
}
#navibereich a:active {
   background: transparent url(links_aktiv.gif) no-repeat left top;
   color: #d90000;
   text-decoration: underline;
}
/* IE < V7 versteht li:hover nicht => einfacher Hover-Effekt */
* html #navibereich a:hover,
* html #navibereich a:focus,
* html #navibereich a:active  {
  background: transparent url(links.gif) no-repeat left top;
  color: #d90000;
  text-decoration: underline;
  border-bottom: 1px solid #8c8c8c;
}
/* ======================================
   E N D E navi_sliding01.css
   ====================================== */
```

6.2 Erweiterte Schiebetüren: nur zwei Grafiken

Eine Erweiterung der Schiebetüren-Technik benutzt statt vier einzelner nur noch zwei Doppelgrafiken. Diese werden mit `background-position` so nach oben bzw. unten verschoben, dass nur der jeweils gewünschte Teil sichtbar ist.

Die dazu notwendigen Änderungen am CSS werden in einem neuen Stylesheet namens `navi_sliding02.css` gespeichert.

Aus vier mach zwei: die Doppelgrafiken

Bevor Sie loslegen, benötigen Sie zwei Grafiken für links und rechts, die jeweils die Farben für die normalen *und* die hervorgehobenen Tabs enthalten:

Abbildung 6.13: Die Doppelgrafiken *links2in1.gif* und *rechts2in1.gif*

Die für das Beispiel benötigten Grafiken können Sie wie immer aus dem Basisordner für diesen Abschnitt kopieren oder selbst in einem Bildbearbeitungsprogramm verschmelzen. Es spielt dabei im Prinzip keine Rolle, ob Sie als Grafikformat GIF, JPG oder PNG wählen.

Fauxto: die Onlinebildbearbeitung

Für Leser, die zur Erstellung der Doppelgrafiken kein geeignetes Bildbearbeitungsprogramm zur Verfügung haben, möchte ich in diesem Abschnitt kurz die Onlinebildbearbeitung *Fauxto...* (sprich »Fo-to«) vorstellen. Fauxto finden Sie im Web unter folgender Adresse:

- *http://fauxto.com/*

Nach der üblichen, hier SIGN UP genannten Registrierung können Sie die Flash-Anwendung kostenlos nutzen (Abbildung 6.14).

Hier der Mini-Crashkurs zur Erstellung der Doppelgrafiken mit Fauxto:

1. Mit FILE/OPEN WEB IMAGE ... die erste Grafik `rechts.gif` öffnen.
2. In IMAGE/CANVAS SIZE ... die Höhe (HEIGHT) der Leinwand (CANVAS) verdoppeln.
3. Mit FILE/OPEN WEB IMAGE ... die zweite Grafik `rechts_aktiv.gif` öffnen und als Ebene einfügen (links unten AS LAYER? ankreuzen).

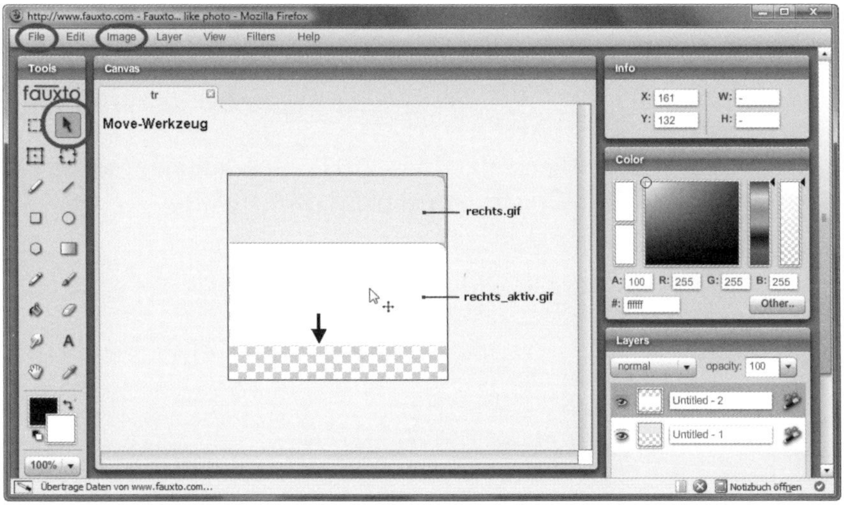

Abbildung 6.14: Die Onlinebildbearbeitung fauxto.com in Aktion

4. Mit dem Werkzeug MOVE (schwarzer Pfeil) die zweite Grafik in die untere Hälfte schieben und ausrichten.
5. Mit FILE/SAVE WEB IMAGE ... die Grafik als `rechts_2in1.png` auf Ihrer Festplatte speichern.

Diese Schritte wiederholen Sie für die schmalen linken Grafiken und dann sind Sie bereit für die erweiterten Schiebetüren.

Tipp

Fauxto kann kein GIF speichern

Fauxto kann Grafiken nur als *JPEG* oder *PNG* speichern, und deshalb werden die GIFs in diesem Schritt zu einem *PNG*, falls Sie die Grafiken mit Fauxto erstellt haben. Denken Sie dann daran, im folgenden CSS die richtige Dateiendung anzugeben.

Schritt 01: Die normalen Grafiken austauschen

Die Änderungen am CSS sind vergleichsweise einfach. Die Grafiken für die normalen Tabs sind im Prinzip genau wie bei den einfachen Schiebetüren:

- Die rechte Grafik `rechts_2in1.gif` wird den Listenelementen zugewiesen und ganz nach rechts und ganz nach oben positioniert.
- Die linke Grafik `links_2in1.gif` ist der Hintergrund für die Links und steht ganz links und ganz oben.

Im folgenden ToDo ändern Sie die Grafiken für die normalen Tabs.

ToDo: Das CSS für die Doppelgrafiken anpassen – normale Tabs

1. Kopieren Sie die Dateien aus dem Basisordner für den Abschnitt *sliding02* in einen Übungsordner auf Ihrer Festplatte.
2. Benennen Sie *navi_sliding01.css*um in *navi_sliding02.css*.
3. Öffnen Sie *zentrale.css* und ändern Sie die *@import*-Regel für die Navigation:

```
/* Formatierung der Navigation */
@import url(navi_sliding02.css);
```

4. Ändern Sie den Anfangskommentar in `navi_sliding02.css` wie folgt:

```
/* ========================================================
Stylesheet für die horizontale Navigation mit Sliding Doors 02
Datei: navi_sliding02.css
Datum: ...
Autor: ...
======================================================== */
```

5. Ändern Sie den Dateinamen im Endekommentar.
6. Ändern Sie im Style für die Listenelemente die Hintergrundgrafik:

```
#navibereich li {
   float: left;
   width: auto;
   background: #ffeda0 url(rechts_2in1.gif) no-repeat right top;
   list-style: none;
   margin: 0 ;
   margin-right: 0.4em;
}
```

7. Ändern Sie im Style für die Hyperlinks die Hintergrundgrafik:

```
#navibereich a {
   background: transparent url(links_2in1.gif) no-repeat left
top;
}
```

8. Speichern Sie die Stylesheets und betrachten Sie die Webseiten im Browser.

Die normalen Tabs sehen schon gut aus, die hervorgehobenen kommen im nächsten Schritt dran:

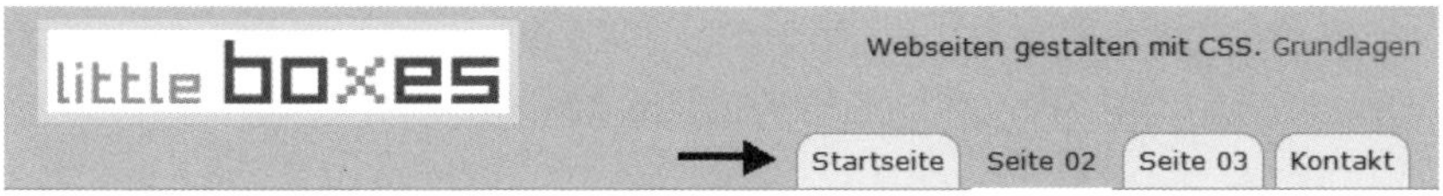

Abbildung 6.15: Schiebetüren mit runden Ecken – Sliding Doors 2, Teil 1

Schritt 02: Die Grafiken für aktuelle Tabs

Jetzt müssen die Grafiken für die hervorgehobenen, aktiven Tabs und den Hover-Effekt angepasst werden. Der Trick besteht darin, die Hintergrundgrafiken um 120 px zu verschieben und so den weißen Teil sichtbar zu machen.

ToDo: Das CSS für die Doppelgrafiken anpassen – aktive Tabs

1. Ändern Sie die Hintergrundgrafik für die Hyperlinks und die `strong`-Elemente und verschieben Sie sie um 120 px nach oben:

```
#navibereich a:hover,
#navibereich a:focus,
#startseite #navi01 strong,
#seite02 #navi02 strong,
#seite03 #navi03 strong,
#kontaktseite #navi04 strong {
   background: transparent url(links_2in1.gif) no-repeat left -120px;
   color: black;
   font-weight: normal;
   border-bottom-color: white;
}
```

2. Ändern Sie im Style für die Listenelemente die Hintergrundgrafik entsprechend:

```
#navibereich li:hover,
#navibereich li:focus,
#startseite #navi01,
#seite02 #navi02,
#seite03 #navi03,
#kontaktseite #navi04 {
   background: transparent url(rechts_2in1.gif) no-repeat right
     -120px;
   color: black;
   border-bottom-color: white;
}
```

ToDo: Das CSS für die Doppelgrafiken anpassen – aktive Tabs (Forts.)

3. Auch für den Link im Moment des Klicks muss die Hintergrundgrafik angepasst werden:

```
#navibereich a:active {
   background: transparent url(links_2in1.gif) no-repeat left
      -120px;
   color: #d90000;
   text-decoration: underline;
}
```

4. Speichern Sie `navi_sliding02.css` und betrachten Sie die Webseiten im Browser.

Perfekt. Runde Ecken und Hover-Effekt:

Abbildung 6.16: Schiebetüren mit runden Ecken – Sliding Doors II

Total einfach und superpraktisch. Nur der Internet Explorer bis inklusive Version 6 versteht den Hover-Effekt für die Listenelemente nicht.

Das komplette CSS im Überblick

Und hier noch einmal das vollständige Stylesheet für die erweiterten Schiebetüren in der Zusammenfassung:

Listing 6.2: Das CSS für erweiterte Schiebetüren mit runden Ecken

```
/* ====================================================
Stylesheet für die horizontale Navigation mit Sliding Doors 02
Datei:  navi_sliding02.css
Datum:  ...
Autor:  ...
==================================================== */
#navibereich {
   overflow: hidden; /* oder Alternative zum Floats einschließen */
   color: black;
   padding: 5px 10px 0 10px;
   background: #f3c600 url(border-bottom.gif) repeat-x left bottom;
   margin: 0;
}
```

```
/* Sternchen-Hack, gibt hasLayout für IE6 */
* html #navibereich { height: 1%; }

#navibereich ul {
   float: right;
   width: auto;
   margin-bottom: 0;
}
#navibereich li {
   float: left;
   width: auto;
   background: #ffeda0 url(rechts_2in1.gif) no-repeat right top;
   list-style: none;
   margin: 0 ;
   margin-right: 0.4em;
}
#navibereich a,
#navibereich strong {
   display: block;
   color: black;
   padding: 6px 8px;
   border-bottom: 1px solid #8c8c8c;
}
#navibereich a {
   background: transparent url(links_2in1.gif) no-repeat left top;
}
#navibereich a:focus,
#navibereich a:hover,
#startseite #navi01 strong,
#seite02 #navi02 strong,
#seite03 #navi03 strong,
#kontaktseite #navi04 strong {
   background: transparent url(links_2in1.gif) no-repeat left -120px ;
   color: black;
   font-weight: normal;
   border-bottom-color: white;
}
#navibereich li:focus,
#navibereich li:hover,
#startseite #navi01,
#seite02 #navi02,
#seite03 #navi03,
#kontaktseite #navi04 {
 background: transparent url(rechts_2in1.gif) no-repeat right -120px;
 color: black;
 border-bottom-color: white;
}
#navibereich a:active {
   background: transparent url(links_2in1.gif) no-repeat left -120px;
   color: #d90000;
   text-decoration: underline;
}
```

```
/* IE < V7 versteht li:hover nicht => einfacher Hover-Effekt */
* html #navibereich a:focus,
* html #navibereich a:hover,
* html #navibereich a:active  {
  background: transparent url(links.gif) no-repeat left top;
  color: #d90000;
  text-decoration: underline;
  border-bottom: 1px solid #8c8c8c;
}
/* ======================================
  E N D E navi_sliding02.css
  ====================================== */
```

Erweiterte Schiebetüren für alternde Internet Explorer

Die älteren Internet Explorer würden für den Hover-Effekt mal wieder einen Patch benötigen, der aber in einen größeren Umbau von HTML und CSS ausartet.

Sie haben an dieser Stelle verschiedene Möglichkeiten:

1. Sie können alles so lassen. Kein Witz. Die Navigation *funktioniert* auch in den älteren Internet Explorern, es fehlt nur der vollständige Hover-Effekt.
2. Sie können den Artikel »Erweiterte Schiebetüren für alternde Internet Explorer« lesen, den ich auf die CD (in den Unterordner `\k06\sliding02_ie`) verbannt habe, um das Buch an dieser Stelle zu entschlacken, und die darin beschriebenen Umwege in Ihren Quelltext einarbeiten.

Eine dritte Möglichkeit wäre, den Artikel auf der CD zu lesen, um die Technik kennen zu lernen und sie dann ganz bewusst *nicht* einzubauen. Schließlich kann man für alternde Ex-Browser ja nicht ewig kilometerlange Umwege gehen, nur damit es hübsch aussieht ...

6.3 Auf einen Blick

Hier noch einmal die wichtigsten Punkte dieses Kapitels im Überblick:

- Zur Erstellung einer Navigation mit abgerundeten Ecken werden Grafiken benötigt.
- Bei der »Sliding Doors«-Technik von Douglas Bowman bewegen sich zwei Grafiken wie eine Schiebetür beim Zoomen hin und her.
  - Die ursprüngliche Variante benötigt vier Grafiken.
  - Eine Weiterentwicklung kommt mit der Hälfte der Grafiken aus.
- Die Grafiken werden als Hintergrundgrafiken an die Listenelemente, Hyperlinks und `strong`-Elemente gehängt.

Kapitel 7

Horizontale Navigation mit zwei Ebenen

Worin Sie die Navigation um eine zweite Ebene erweitern und diese anschließend unterhalb der ersten Ebene sichtbar machen.

In diesem Kapitel erstellen Sie auf der Basis der floatbasierten Navigation von Seite 110 eine horizontale Navigation mit zwei Ebenen, die im Browser ungefähr so aussieht:

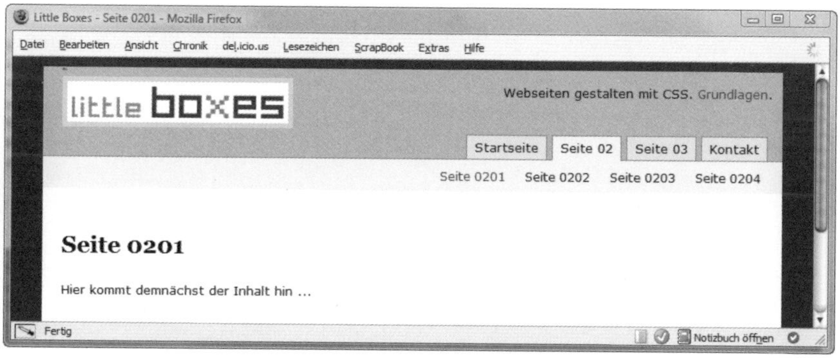

Abbildung 7.1: Die fertige horizontale Navigation mit zwei Ebenen

Zur Erweiterung der bestehenden Navigation gäbe es im HTML prinzipiell zwei Möglichkeiten:

- zwei getrennte Listen mit je einer Ebene, die unabhängig voneinander positioniert und gestaltet werden
- eine verschachtelte Liste mit zwei Ebenen

Da die Variante mit zwei getrennten Listen vom CSS her wenig Neues bringt, möchte ich Ihnen im Folgenden die Lösung mit einer verschachtelten Liste vorstellen.

7.1 Das erweiterte HTML

Für das Beispiel in diesem Kapitel werden die Menüpunkte Seite 02 und Seite 03 um eine zweite Navigationsebene erweitert.

Um diese zweite Ebene im Browser ausprobieren zu können, werden stellvertretend für alle anderen zwei Unterseiten erstellt:

- `seite0201.html`
- `seite0302.html`

Diese Dateien finden Sie bereits im Basisordner für dieses Kapitel. Die Unterpunkte Seite 0201 und Seite 0302 sind also im Browser anklickbar, alle anderen Punkte in der zweiten Navigationsebene fungieren als »Dummys«.

Auf `seite02.html`, `seite03.html` und auf den beiden neuen Seiten wurde die Navigation um eine verschachtelte Liste erweitert. Auf `seite02.html` sieht das HTML für die Navigation jetzt so aus (Änderungen fett gedruckt):

Listing 7.1: Die um eine zweite Ebene erweiterte Navigation

```
<div id="navibereich">
   <h2 class="versteckmich">Navigation</h2>
   <ul>
      <li id="navi01"><a href="index.html">Startseite</a></li>
      <li id="navi02"><strong>Seite 02</strong>
         <ul>
           <li id="navi0201"><a href="seite0201.html">Seite 0201</a></li>
           <li id="navi0202"><a href="#">Seite 0202</a></li>
           <li id="navi0203"><a href="#">Seite 0203</a></li>
           <li id="navi0204"><a href="#">Seite 0204</a></li>
         </ul>
      </li>
```

```
    <li id="navi03"><a href="seite03.html">Seite 03</a></li>
    <li id="navi04"><a href="kontakt.html">Kontakt</a></li>
  </ul>
</div> <!-- Ende navibereich -->
```

Die folgende Abbildung zeigt die Navigation auf den vier Webseiten Seite 02, Seite 0201, Seite 03 und Seite 0302 (von links nach rechts und ohne CSS):

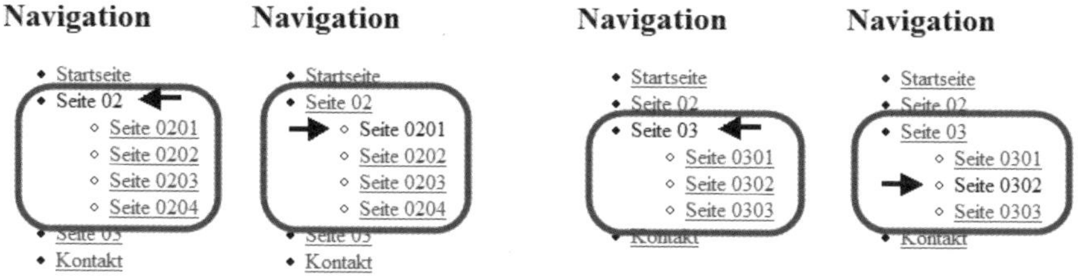

Abbildung 7.2: Die erweiterte Navigation auf den geänderten Seiten

7.2 Das CSS für die zweite Ebene

Als Basis für die in diesem Kapitel gezeigte Navigation mit zwei Ebenen dient wie gesagt das CSS der floatbasierten Navigation aus Kapitel 5.2:

Abbildung 7.3: Die floatbasierte Navigation dient als Ausgangspunkt

Tipp

IDs mit dem Namen des Elements

Da im Laufe des Kapitels die Verschachtelung der Selektoren immer komplexer wird, werden die ID-Selektoren manchmal mit dem Element-Typ vorweg geschrieben, also `body#seite02` statt `#seite02` oder `li#navi01` statt einfach nur `#navi01`. Dadurch wird ein bisschen deutlicher, was genau in den jeweiligen CSS-Regeln passiert.

Schritt 01: Die zweite Ebene positionieren

In diesem Schritt positionieren Sie die zweite Ebene. Um nur die jeweils richtige verschachtelte Liste zu selektieren, benutzen Sie eine Kombination aus IDs, die allerdings immer komplexer wird. Hier ein Beispiel:

- `body#seite02 li#navi02 ul`

Dieser Selektor bedeutet im Klartext:

- »Auf der Seite, auf der `body` die ID `seite02` hat, gibt es ein Listenelement mit der ID `navi02`, in dem eine `ul`-Kiste liegt. Diese ungeordnete Liste soll im Folgenden gestaltet werden.«

Optisch dargestellt sieht das so aus:

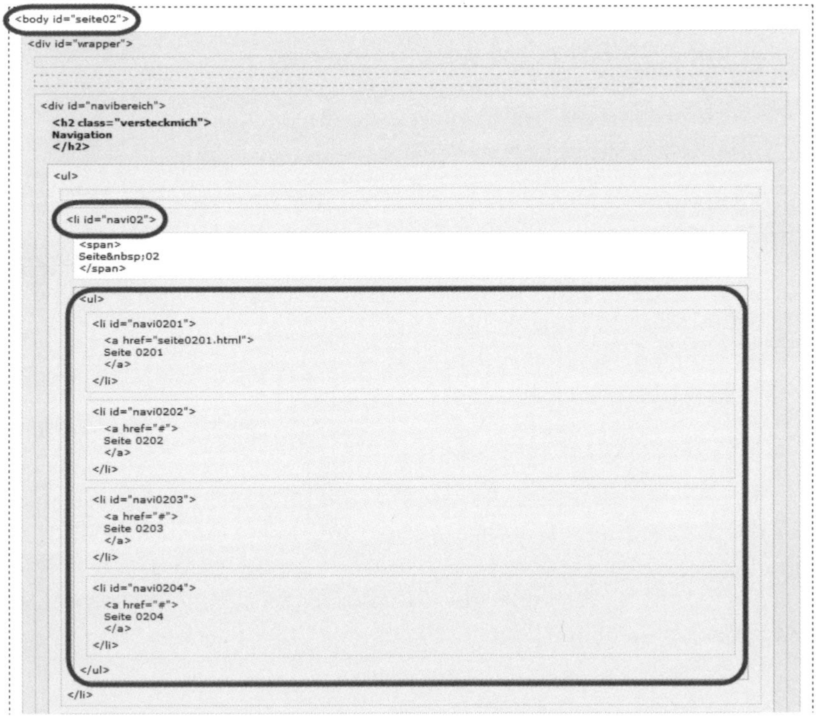

Abbildung 7.4: Nur die innere verschachtelte Liste selektieren

Im folgenden ToDo wird so auf Seite 02, Seite 03 und den jeweiligen Unterseiten die zweite Ebene absolut positioniert.

Die horizontale Ausrichtung der Liste erfolgt mit der Anweisung `right: 10px`. Damit diese zehn Pixel nicht vom rechten Rand des Browserfensters aus gemessen werden, bekommt `div#wrapper` ein `position:relative`, um als Bezugspunkt für die absolute Positionierung der zweiten Ebene zu fungieren.

ToDo: Die zweite Ebene positionieren

1. Kopieren Sie die Dateien aus dem Basisordner für dieses Kapitel in einen Übungsordner auf Ihrer Festplatte.
2. Öffnen Sie das Stylesheet `navi_zwei_ebenen.css` im Editor.
3. Fügen Sie in `navi_zwei_ebenen.css` vor der schließenden Klammer von `@media` die folgenden CSS-Regeln ein:

```
/* ==============================================
   01 Zweite Ebene positionieren
   ============================================== */
div#wrapper { position: relative; }

#seite02 li#navi02 ul,
#seite0201 li#navi02 ul,
#seite03 li#navi03 ul,
#seite0302 li#navi03 ul {
   position: absolute;
   right: 10px;    /* 10px vom rechten Rand von #wrapper */
   top: auto;
   display: block;
   width: auto;
   height: auto;
   font-size: 90%;
   padding: 0.5em 0 0 0;
   margin: 0;
}
```

4. Speichern Sie das Stylesheet und betrachten Sie die Webseiten im Browser.

Wenn Sie sich durch die Seiten klicken, sehen Sie, dass auf den entsprechenden Seiten die verschachtelte Liste angezeigt wird (Abbildung 7.5)

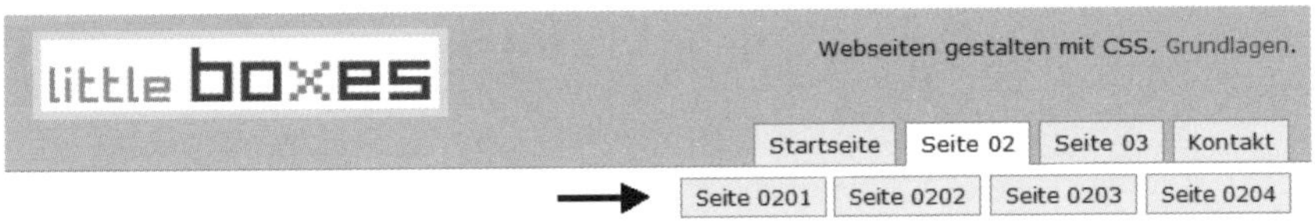

Abbildung 7.5: Die zweite Ebene wird eingeblendet

Ein paar verschachtelte Selektoren, eine Prise absolute Positionierung und schon wird die zweite Ebene nach Wunsch positioniert. Der Rest ist eigentlich »nur« noch ein bisschen Gestaltung.

Tipp

Die relativ absolute Positionierung in Band 1

Falls Sie den Trick mit dem Zusammenspiel von `position:relative` und `position:absolute` nicht kennen: Band 1, Kapitel 11 »Der Flow und die Positionierung«, ab Seite 209.

Schritt 02: Hyperlinks und *strong* gestalten

In diesem Schritt werden die Hyperlinks und `strong`-Elemente in der zweiten Ebene gestaltet. Die Reihe der dazu benötigten Selektoren ist vergleichsweise lang und wird entsprechend übersichtlich notiert, um als Autor die Orientierung darauf nicht zu verlieren, was gerade gestaltet wird.

ToDo: Links und *strong* in der zweiten Ebene gestalten

1. Ergänzen Sie in `navi_zwei_ebenen.css` den folgenden Style vor der schließenden Klammer von `@media`:

```
/* ======================================
   02 Zweite Ebene: a und strong gestalten
====================================== */
#seite02   li#navi02 li a,
#seite0201 li#navi02 li strong,
#seite0201 li#navi02 li a,

#seite03   li#navi03 li a,
#seite0302 li#navi03 li strong,
#seite0302 li#navi03 li a
{
   background: transparent;
   border: none;
}
```

ToDo: Links und *strong* in der zweiten Ebene gestalten (Forts.)

2. Fügen Sie darunter den folgenden Style für die Hover-Effekte ein.

```
/* ======================================
   Zweite Ebene: Links hovern          */

#seite02   li#navi02 li a:hover,
#seite0201 li#navi02 li a:hover,
#seite03   li#navi03 li a:hover,
#seite0302 li#navi03 li a:hover {
   background-color: transparent;
   color: #d90000;
}
```

3. Speichern Sie das Stylesheet und betrachten Sie die Webseiten im Browser.

Im Browser sieht die zweite Navigationsebene jetzt so aus:

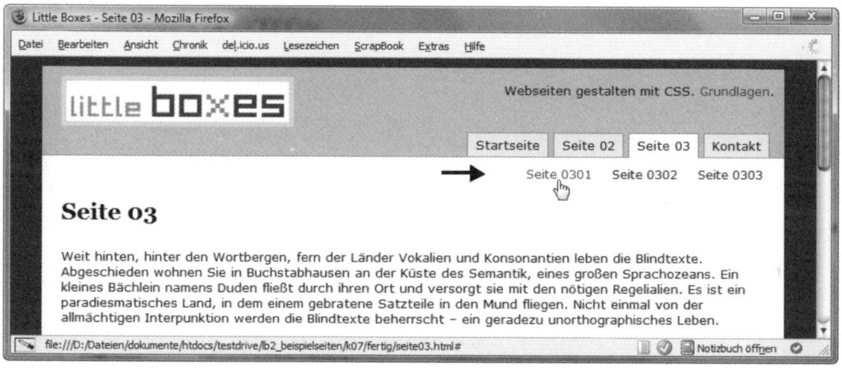

Abbildung 7.6: Die zweite Navigationsebene wird gestaltet

Schritt 03: Hervorhebung der aktuellen Links

Wenn eine der Unterseiten angeklickt wird, soll dies sowohl in der ersten als auch in der zweiten Ebene angezeigt werden. Konkret: Wenn die Seite 0201 angeklickt ist, sollen sowohl der Tab Seite 02 als auch der Unterpunkt Seite 0201 ein optisches Feedback geben.

Zunächst wird die erste Ebene hervorgehoben, wenn eine entsprechende Seite der zweiten Ebene ausgewählt ist. Für die Seite 0201 wäre das der folgende Selektor:

- `#seite0201 li#navi02 a`

Im Klartext: »Der Hyperlink im Listenelement mit der ID `navi02` innerhalb einer Kiste mit der ID `seite0201`«. Visualisiert sieht das so aus:

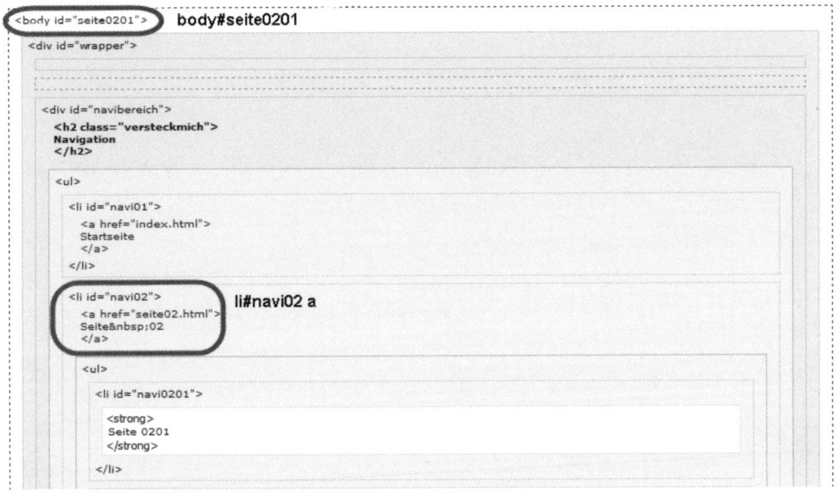

Abbildung 7.7: Auf der Seite 0201 der Hyperlink in *li#navi02*

Um den Unterpunkt Seite 0201 selbst hervorzuheben, benutzen Sie einen noch weiter verschachtelten Selektor:

- `#seite0201 li#navi02 li strong`

Dieser Selektor besagt: »Ein `strong` in einem Listenelement, das in dem Listenelement mit der ID `navi02` liegt, welches wiederum in einer Kiste mit der ID `seite0201` aufbewahrt wird.«

Im folgendenToDo bauen Sie die entsprechenden Selektoren ins Stylesheet ein.

ToDo: Links und *strong* in der zweiten Ebene gestalten

1. Ergänzen Sie in `navi_zwei_ebenen.css` den bereits vorhandenen Style zur Hervorhebung der Tabs in Ebene 1 um die beiden fett gedruckten Zeilen (ab etwa Zeile 40):

```
/* Ebene 1 - Hovern, Focus und aktuellen Tab hervorheben */
#navibereich a:hover,
#navibereich a:focus,
#startseite li#navi01 strong,
#seite02   li#navi02 strong,
#seite0201 li#navi02 a,
#seite03   li#navi03 strong,
#seite0302 li#navi03 a,
#kontaktseite #navi04 strong {
   background-color: white;
   color: black;
   border-bottom-color: white;
}
```

2. Fügen Sie vor der schließenden Klammer von `@media` die folgende CSS-Regel ein:

```
/* =====================================
   03 Zweite Ebene: Hervorhebung des aktuellen Links
==================================== */
#seite0201 li#navi02 li strong,
#seite0302 li#navi03 li strong {
   color: #d90000;
}
```

3. Speichern Sie das Stylesheet und betrachten Sie die Webseiten im Browser.

Im Browser sieht die Seite 0201 nach diesen Schritten so aus:

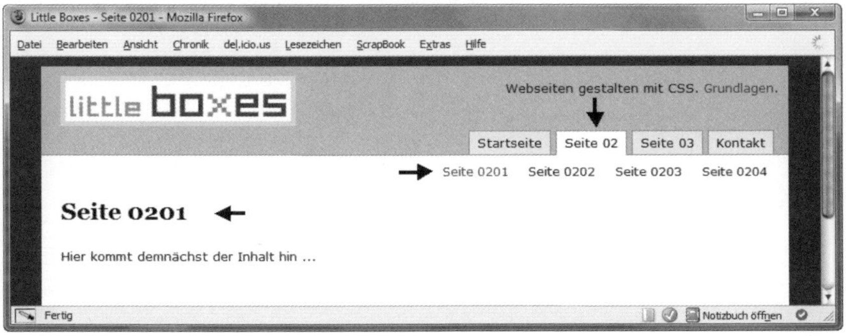

Abbildung 7.8: Die Seite 0201 mit doppeltem »Sie sind hier«

Schritt 04: Rahmenlinie zur Abgrenzung

Um die zweite Navigationsebene nach unten abzugrenzen, soll ein Abstand zum Textbereich definiert und unterhalb der Navigation eine Trennlinie gezogen werden.

Für beides benutzen Sie nicht ein Element aus dem Navibereich, sondern `div#textbereich`. Der Abstand zwischen Textbereich und Navigation wird mit `margin-top` definiert, die Trennlinie mit `border-top`.

ToDo: Zweite Ebene vom Textbereich absetzen

1. Fügen Sie in `navi_zwei_ebenen.css` vor der schließenden Klammer von `@media` folgenden Style ein:

```
/* ======================================
   04 Zweite Ebene absetzen
===================================== */
#textbereich {
   margin-top: 2.5em;
   padding-top: 0;
}
```

2. Erstellen Sie direkt darunter folgenden Style:

```
#seite02   #textbereich,
#seite0201 #textbereich,
#seite03   #textbereich,
#seite0302 #textbereich {
   border-top: 1px solid #8c8c8c;
}
```

3. Speichern Sie das Stylesheet und betrachten Sie die Webseiten im Browser.

Die Navigation sieht danach im Browser so aus:

Abbildung 7.9: Die Navigation mit optischer Trennlinie

Die zweite Navigationsebene sitzt im `margin-top` des Textbereichs. Im Firebug wird dieser Sachverhalt noch ein bisschen deutlicher:

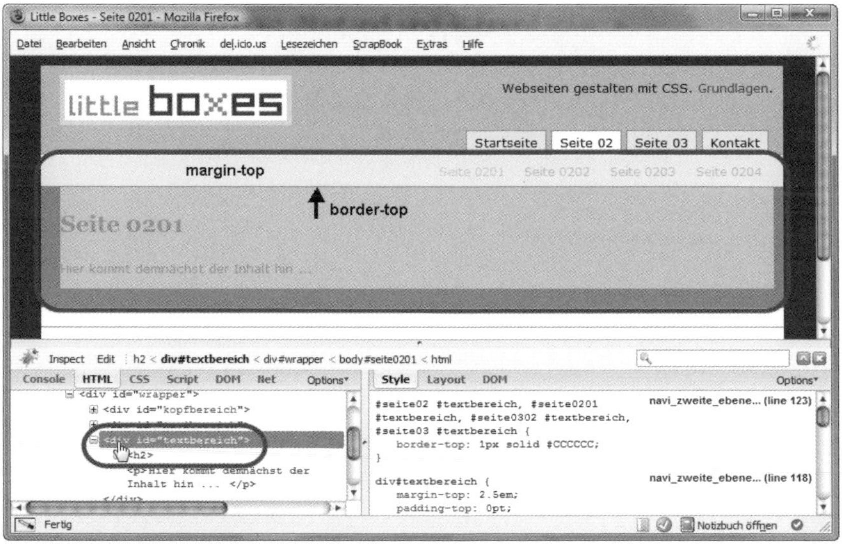

Abbildung 7.10: Die zweite Ebene ist im *margin-top* von *#textbereich*

Alternative: farbiger Hintergrund

Anstelle der unteren Trennlinie könnte man den Navigationsbereich auch mit einer Hintergrundfarbe absetzen.

Für die Hintergrundfarbe wird im folgenden Beispiel wieder der Textbereich benutzt, der in Listing 7.2 eine 2.5 em dicke farbige Rahmenlinie bekommt. Im Browser liegt die absolut positionierte zweite Navigationsebene in diesem 2.5 em hohen farbigen `border-top`:

```
#textbereich {
   margin-top: 0;
   border-top: 2.5em solid #fff9df;
}
```

Listing 7.2: Dicke, farbige obere Rahmenlinie für den Textbereich

Folgendes Listing 7.3 gleicht noch die Tab-Farbe der ersten Ebene an die der Rahmenlinie an:

```
#startseite li#navi01 strong,
#seite02    li#navi02 strong,
#seite0201  li#navi02 a,
#seite03    li#navi03 strong,
#seite0302  li#navi03 a,
```

Listing 7.3: Dicke, farbige obere Rahmenlinie für den Textbereich

```
#kontaktseite li#navi04 strong {
   background-color: #fff9df;
   color: black;
   border-bottom: 1px solid #fff9df;
}
```

Zum Schluss müssen noch die bereits am Anfang des Stylesheets definierten Hover-Effekte für die Tabs der ersten Ebene angeglichen werden:

Listing 7.4: Die Hover-Effekte der Tabs angleichen

```
div#navibereich a:hover,
div#navibereich a:focus {
   background-color: #fff9df;
   color: #d90000;
   border-bottom: 1px solid #fff9df;
}
```

Und so sieht es nach diesen drei Schritten im Browserfenster aus:

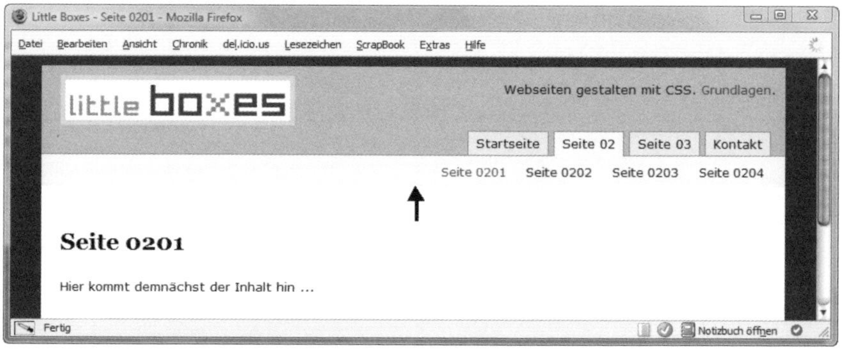

Abbildung 7.11: Die fertige Navigation mit heller Hintergrundfarbe

Bei einer Vergrößerung des Textes skaliert die Navigation problemlos:

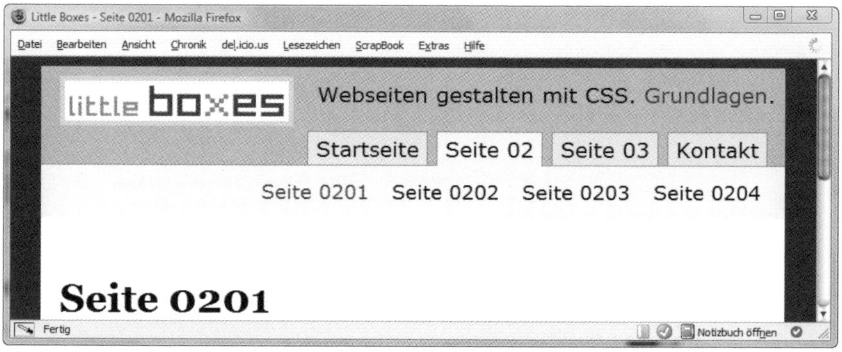

Abbildung 7.12: Navigation mit zwei Ebenen – gezoomt

Falls gewünscht: Patch für IE5.x

Einen 5er-BMW finden viele eine feine Sache, einen 5er-IE eher weniger. Die ganz alten Internet Explorer tun sich auch mit der Darstellung dieser Navigation schwer, aber es gibt einen einfachen Patch: eine fest definierte Breite für die verschachtelte Navigationsliste.

Den folgenden Style können Sie bei Bedarf einfach im Patch-Stylesheet `ie5x.css` speichern:

Listing 7.5: IE5.x benötigt eine feste Breite für die verschachtelte Liste

```
/* ==============================
   5. Navi mit zwei Ebenen */

/* Feste Breite für die verschachtelte Liste */
#seite02   li#navi02 ul,
#seite0201 li#navi02 ul,
#seite03   li#navi03 ul,
#seite0302 li#navi03 ul {
   width: 30em;
}
```

7.3 Das CSS im Überblick

Zum Abschluss des Kapitels noch einmal das vollständige Stylesheet im Überblick:

Listing 7.6: Horizontale Navigation mit zwei Ebenen – das CSS

```
/* ====================================================
Stylesheet für die horizontale Navigation mit 2 Ebenen
Datei:  navi_zwei_ebenen.css
Datum:  ...
Autor:  ...
========================================================== */
#navibereich {
   overflow:hidden; /* oder Alternative zum Einschließen von Floats */
   color: black;
   padding: 5px 10px 0 10px;
   background: #f3c600 url(border-bottom.gif) repeat-x left bottom;
   margin: 0;
}
/* Sternchen-Hack, gibt hasLayout für IE6 */
* html #navibereich { height: 1%; }

#navibereich ul {
  float: right;
  width: auto;
  margin-bottom: 0;
}
```

```
#navibereich li {
   float: left;
   width: auto;
   list-style: none;
   margin: 0 ;
   margin-right: 0.4em;
}
#navibereich a,
#navibereich strong {
   display: block;
   background-color: #ffeda0;
   color: black;
   font-weight: normal;
   padding: 4px 8px;
   border: 1px solid #8c8c8c;
}
#navibereich a:focus,
#navibereich a:hover,
#startseite li#navi01 strong,
#seite02    li#navi02 strong,
#seite0201  li#navi02 a, /* in Schritt 04 hinzugefügt */
#seite03    li#navi03 strong,
#seite0302  li#navi03 a, /* in Schritt 04 hinzugefügt */
#kontaktseite li#navi04 strong {
   background-color: white;
   color: black;
   font-weight: normal;
   border-bottom-color: white;
}
#navibereich a:active {
   background-color: white;
   color: black;
}
/* ==============================================
   01 Zweite Ebene positionieren
   ============================================== */
div#wrapper { position: relative; }
#seite02   li#navi02 ul,
#seite0201 li#navi02 ul,
#seite03   li#navi03 ul,
#seite0302 li#navi03 ul {
   position: absolute;
   right: 10px; /* 10px vom rechten Rand von #wrapper */
   top: auto;
   display: block;
   width: auto;
   height: auto;
   font-size: 90%;
   padding: 0.5em 0 0 0;
   margin: 0;
}
```

```
/* ======================================
   02 Zweite Ebene: a und strong gestalten
====================================== */
#seite02   li#navi02 li a,
#seite0201 li#navi02 li a,
#seite0201 li#navi02 li strong,

#seite03   li#navi03 li a,
#seite0302 li#navi03 li a,
#seite0302 li#navi03 li strong {
   background: transparent;
   border: none;
}
/* Zweite Ebene: Hyperlinks hovern */
#seite02   li#navi02 li a:hover,
#seite0201 li#navi02 li a:hover,
#seite03   li#navi03 li a:hover,
#seite0302 li#navi03 li a:hover {
   background-color: transparent;
   color: #d90000;
}
/* ================================================
   03 Aktuelle Links in Ebene 2 hervorheben
   ================================================ */
#seite0201 li#navi02 li strong,
#seite0302 li#navi03 li strong {
   color: #d90000;
}
/* ======================================
   04a Zweite Ebene absetzen
   04a. Rahmenlinie unten (auskommentiert)
   ODER
   04b. Hintergrundfarbe (aktiviert)
====================================== */
/* 04a. Rahmenlinie zur Abgrenzung nach unten */
/*
div#textbereich {
   margin-top: 2.5em;
   padding-top: 0;
}
#seite02   #textbereich,
#seite0201 #textbereich,
#seite0302 #textbereich,
#seite03   #textbereich {
   border-top: 1px solid #ccc;
}
*/
/* 04b. Alternative: Ebene 2 mit farbigem Hintergrund */
div#textbereich {
   margin-top: 0;
   border-top: 2.5em solid #fff9df;
}
```

```
#startseite li#navi01 strong,
#seite02    li#navi02 strong,
#seite0201  li#navi02 a,
#seite03    li#navi03 strong,
#seite0302  li#navi03 a,
#kontaktseite li#navi04 strong {
   background-color: #fff9df;
   color: black;
   border-bottom: 1px solid #fff9df;
}
div#navibereich a:hover,
div#navibereich a:focus {
   background-color: #fff9df;
   color: #d90000;
   border-bottom: 1px solid #fff9df;
}
/* ======================================
   E N D E navi_zwei_ebenen.css
   ====================================== */
```

7.4 Auf einen Blick

Hier noch einmal die wichtigsten Punkte dieses Kapitels im Überblick:

- Zur Erweiterung der Navigation um eine zweite Ebene gibt es zwei Möglichkeiten:
  - zwei getrennte Listen, die getrennt gestaltet werden
  - eine verschachtelte Liste mit zwei Ebenen
- Bei der Variante mit der verschachtelten Liste wird die zweite Ebene absolut positioniert, und zwar relativ zu `#wrapper`.
- Zur Abgrenzung und farblichen Gestaltung der zweiten Ebene wird `margin-top` bzw. `border-top` des Textbereichs benutzt.

Kapitel 8

Horizontale Navigation zum Rausklappen

Worin Sie eine horizontale Navigation erstellen, die bei Mausberührung eine zweite Navigationsebene anzeigt, und diese mit einem Suchformular ergänzen.

In diesem Kapitel erstellen Sie ein Dropdown-Menü, eine horizontale Navigation mit einer Liste, die nur bei Mausberührung sichtbar wird. Diese Navigation ergänzen Sie anschließend mit einem einfachen Suchformular.

Im Browser sieht die Navigation am Ende des Kapitels so aus:

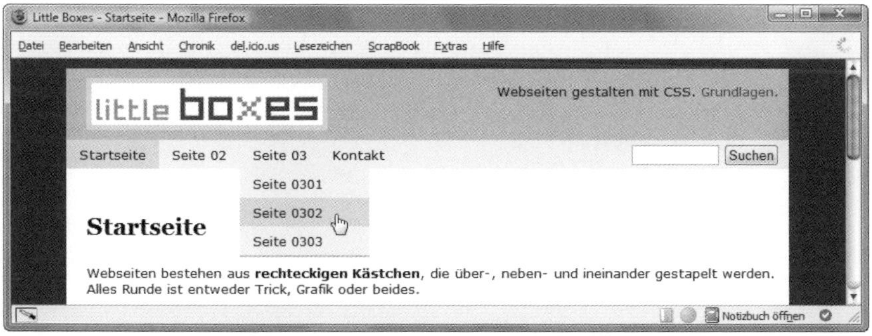

Abbildung 8.1: Dropdown-Navigation mit Suchfeld

8.1 Allgemeine Überlegungen

Eine Navigation zum Rausklappen. Dropdown. Auswahlliste. Menü. Es gibt viele Namen für denselben Sachverhalt:

- Die erste Navigationsebene wird immer angezeigt.
- Die zweite Navigationsebene wird erst sichtbar, wenn der Mauszeiger über einem Menüpunkt aus der ersten Ebene schwebt.

Auf den ersten Blick hat eine solche Navigation nur Vorteile, denn erstens kennen alle Benutzer eines grafischen Betriebssystems das Grundprinzip der Menüleiste mit herausklappbaren Unterpunkten. Zweitens spart eine solche Navigation enorm Platz, da die zweite Ebene nicht ständig sichtbar ist.

Aber da kommt auch schon der erste Nachteil ins Spiel: Die zweite Ebene ist nicht immer sichtbar. Dadurch wird die Bezeichnung der Menüpunkte in der ersten Ebene besonders wichtig, damit die Besucher die richtigen Seiten finden.

Außerdem taucht das Problem auf, dass sich Teile der Site für Tastaturbenutzer nicht oder nur sehr schwer aufrufen lassen, und selbst Mausbenutzer bekommen Schwierigkeiten, wenn das Herausklappen aus irgendeinem Grund nicht funktionieren sollte.

Die Lösung ist einfach und untechnisch:

- Die erste Navigationsebene ruft eine Verteilerseite auf, in der die Punkte der zweiten Navigationsebene kurz beschrieben werden und anklickbar sind.

So kann ein Benutzer den Menüpunkt der ersten Ebene auswählen und erhält dann auf der Webseite einen Überblick über die Optionen in dieser Rubrik. Die zweite Ebene ist dann sowohl in der Navigation als auch auf den Verteilerseiten vorhanden. Doppelt hält besser.

Tipp

Die Maus im Winter ...

Noch eine kurze Anmerkung: Nicht jeder ist mit dem Schieben der Maus so flott wie Sie. Ein guter Test für die Benutzbarkeit einer Navigation ist es, Fausthandschuhe anzuziehen und damit dann die Maus zu bedienen. Das gilt besonders, falls Sie darüber nachdenken, eine dritte oder gar vierte Navigationsebene einzubauen ...

8.2 Das HTML für die Dropdown-Navigation

Das HTML für die Dropdown-Navigation basiert auf dem Quelltext für die Navigation mit der zweiten Ebene aus dem vorherigen Kapitel. Als Repräsentanten für die zweite Navigationsebene dienen genau wie dort SEITE 0201 und SEITE 0302.

Die Navigationsliste auf allen Seiten erweitern

Bei der Dropdown-Navigation gibt es zwei wesentliche Unterschiede zur Navigation mit zwei Ebenen aus dem vorherigen Kapitel:

1. Auf *jeder* Webseite ist die *komplette* Navigation enthalten, mit allen verschachtelten Listen.
2. *Jedes Listenelement* enthält einen *Hyperlink*, weil alle Navigationspunkte anklickbar sein sollten. No more `strong`.

Beide Unterschiede beruhen darauf, dass auf *jeder* Seite die *komplette* Navigation präsent sein muss, da die zweite Ebene durch ein simples Hovern angezeigt wird, ohne dass andere Seiten geladen werden.

Um die Listen der beiden Navigationsebenen getrennt ansprechen zu können, bekommen sie noch eine ID bzw. eine Klasse:

- Das `ul` der ersten Navigationsebene erhält `id="ebene01"`.
- Die Listen der zweiten Ebene bekommen `class="ebene02"`.

Das folgende ToDo zeigt, wie Sie die vorhandenen Seiten ändern müssen.

ToDo: Das HTML für die Dropdown-Navigation vorbereiten

1. Kopieren Sie die Dateien aus dem Basisordner für dieses Kapitel in einen Übungsordner auf Ihrer Festplatte.
2. Öffnen Sie alle sieben HTML-Seiten im Editor.

ToDo: Das HTML für die Dropdown-Navigation vorbereiten (Forts.)

3. Ändern Sie das HTML für den Navigationsbereich auf *allen* Seiten, sodass dieser auf allen sieben Seiten wie folgt aussieht:

```
<div id="navibereich">
   <h2 class="versteckmich">Navigation</h2>
   <ul id="ebene01">
      <li id="navi01"><a href="index.html">Startseite</a></li>
      <li id="navi02"><a href="seite02.html">Seite 02</a>
      <ul class="ebene02">
         <li id="navi0201"><a href="seite0201.html">Seite 0201
            </a></li>
         <li id="navi0202"><a href="#">Seite 0202</a></li>
         <li id="navi0203"><a href="#">Seite 0203</a></li>
         <li id="navi0204"><a href="#">Seite 0204</a></li>
      </ul>
      </li>
      <li id="navi03"><a href="seite03.html">Seite 03</a>
      <ul class="ebene02">
         <li id="navi0301"><a href="#">Seite 0301</a></li>
         <li id="navi0302"><a href="seite0302.html">Seite 0302
            </a></li>
         <li id="navi0303"><a href="#">Seite 0303</a></li>
      </ul>
      </li>
      <li id="navi04"><a href="kontakt.html">Kontakt</a></li>
   </ul>
</div> <!-- Ende navibereich -->
```

4. Speichern Sie alle Webseiten und betrachten Sie sie ohne CSS im Browser.

Die Navigation sollte auf allen Seiten ungefähr so aussehen:

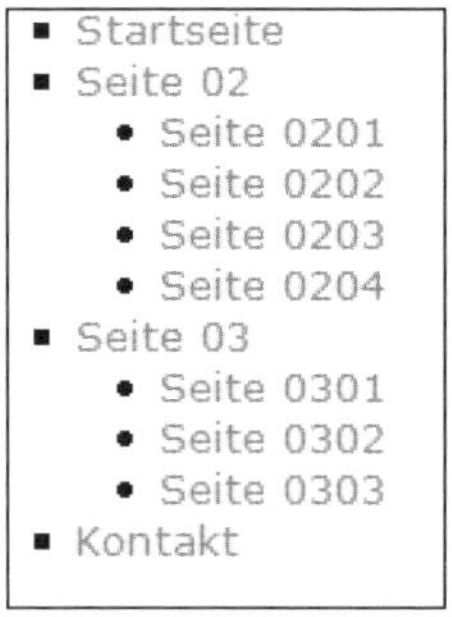

Abbildung 8.2: Die komplette Navigationsliste – auf allen Seiten gleich

Text auf den Verteilerseiten ändern

In diesem Schritt ändern Sie auf den beiden Verteilerseiten Seite 02 und Seite 03 den Textbereich noch so weit, dass dort eine kurze Erläuterung der Unterseiten auftaucht, wobei sich eine ungeordnete Liste mit Überschriften und Absätzen anbietet.

ToDo: Eine Liste auf den Verteilerseiten erstellen

1. Ändern Sie auf `seite02.html` den Inhalt im Textbereich unterhalb der `h2`-Überschrift wie folgt, wobei Sie gerne anderen Text schreiben können:

```
<p>In dieser Rubrik finden Sie die folgenden Unterseiten:</p>
<ul>
   <li>
      <h3><a href="seite0201.html">Seite 0201</a></h3>
       <p>Auf dieser Seite gibt es Informationen zu ... </p>
   </li>
   <li>
      <h3><a href="#">Seite 0202</a></h3>
      <p>Auf dieser Seite gibt es Informationen zu ... </p>
   </li>
   <li>
      <h3><a href="#">Seite 0203</a></h3>
      <p>Auf dieser Seite gibt es Informationen zu ... </p>
   </li>
   <li>
      <h3><a href="#">Seite 0204</a></h3>
      <p>Auf dieser Seite gibt es Informationen zu ... </p>
   </li>
</ul>
```

2. Ändern Sie den Textbereich auf `seite03.html` entsprechend.
3. Speichern Sie beide Webseiten und betrachten Sie sie im Browser.

Im Browser könnte eine Verteilerseite zum Beispiel so aussehen:

Abbildung 8.3: Der Inhaltsbereich auf den Verteilerseiten Seite 02 und Seite 03

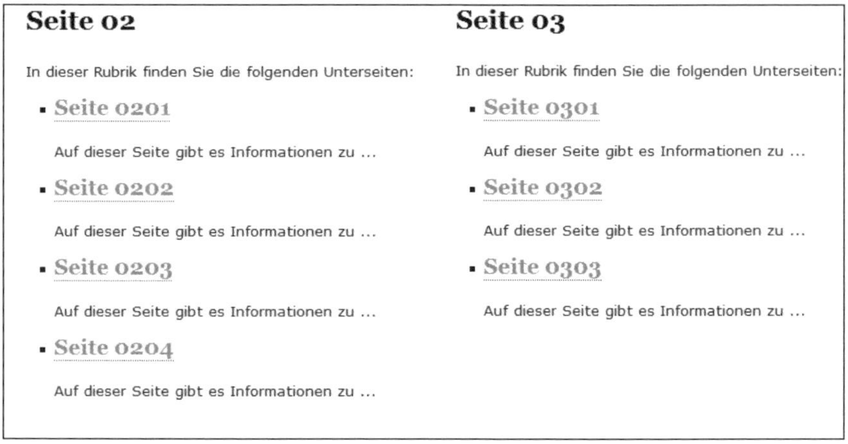

Zusätzlich zu der Liste kann auf den Verteilerseiten natürlich auch noch anderer Inhalt stehen. Abbildung 8.4 zeigt eine Verteilerseite auf *contentmanager.de*, der man die Verteilerfunktion auf den ersten Blick gar nicht ansieht:

Abbildung 8.4: Hübsche Verteilerseite auf contentmanager.de

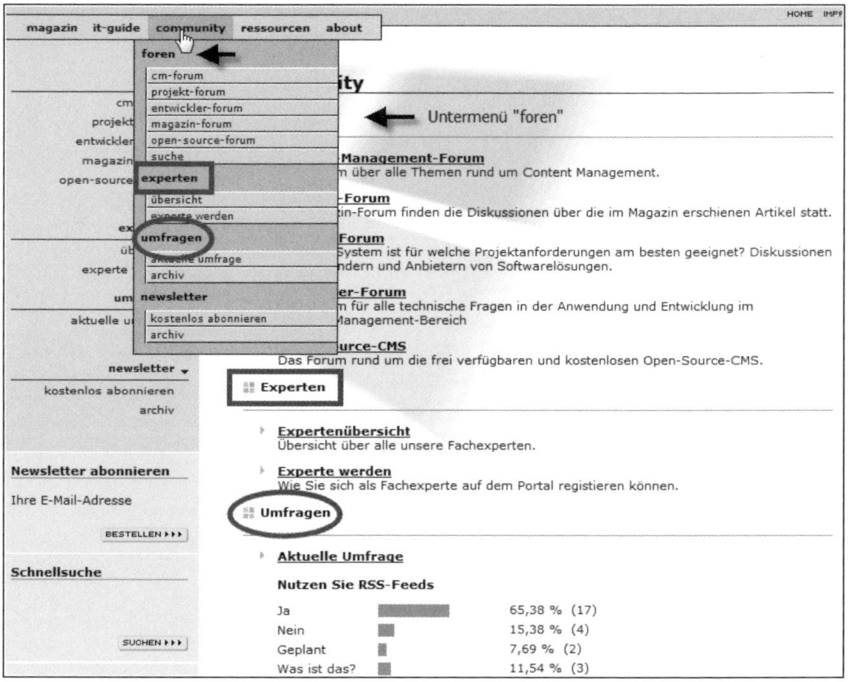

Die Unterpunkte FOREN, EXPERTEN und UMFRAGEN aus dem Dropdown-Menü tauchen auch auf der Webseite selbst wieder auf.

8.3 Das CSS für die Dropdown-Navigation

Da sich das CSS für das Dropdown-Menü erheblich von den anderen Navigationen unterscheidet, erstellen Sie für diesen Abschnitt eine neue Datei namens `navi_dropdown.css`.

Schritt 01: Das umgebende *div*

Im ersten Schritt wird der umgebende `div`-Container gestaltet. Dieser bekommt zunächst eine Hintergrundfarbe und gleich anschließend `hasLayout`.

ToDo: Das umgebende *div*-Element gestalten

1. Erstellen Sie ein neues Stylesheet namens `navi_dropdown.css` und speichern Sie dieses Stylesheet im selben Ordner wie die Webseiten.
2. Ändern Sie in `zentrale.css` den Eintrag für das Stylesheet zur Navigation:

```
/* Formatierung der Navigation */
@import url(navi_dropdown.css);
```

3. Erstellen Sie in `navi_dropdown.css` am Anfang die folgenden Zeilen:

```
/* =====================================================
Stylesheet für die horizontale Navigation mit Dropdown-Menü
Datei:  navi_dropdown.css
Datum:  ...
Autor:  ...
========================================================== */

@media screen {
```

4. Erstellen Sie direkt darunter folgendes CSS:

```
} /* Ende @media - nicht löschen! */

/* ======================================
   E N D E navi_dropdown.css
   ====================================== */
```

ToDo: Das umgebende *div*-Element gestalten (Forts.)

5. Schreiben Sie die folgenden Regeln an den Anfang des Stylesheets, nach `@media`:

```
/* ==============================================
   01 Das umgebende DIV gestalten
   ============================================== */
#navibereich {
   overflow: hidden;
   color: black;
   background-color: #fff3c0;
   padding: 0px ;
   margin: 0;
}
/* Sternchen-Hack, hasLayout für IE5x. und 6 */
* html #navibereich { height: 1%; }
```

6. Speichern Sie beide Stylesheets und betrachten Sie die Webseiten im Browser.

Und so sehen die Webseiten nach diesem ersten Schritt aus:

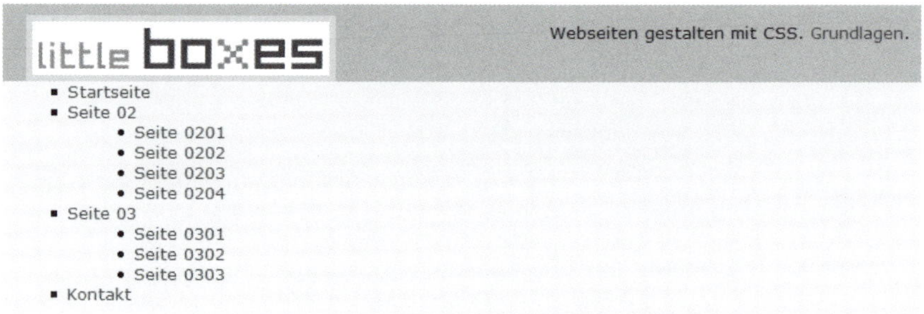

Abbildung 8.5: Das gestaltete *div* mit der verschachtelten Liste

Schritt 02: Die ungeordnete Liste in Ebene 1

In der ersten Ebene bleibt das *ul* selbst ungestaltet, nur ein eventueller `margin` wird entfernt, damit die Navigation nahtlos am Kopfbereich anschließt.

Die Listenelemente werden nach links gefloatet und sollen auch keinerlei `margin` haben.

ToDo: Die ungeordnete Liste der ersten Navigationsebene gestalten

1. Fügen Sie in `navi_dropdown.css` die folgenden CSS-Regeln ein:

```
/* ===============================================
   02 Die ungeordnete Liste in Ebene 1 gestalten
   =============================================== */
#navibereich ul { margin: 0; }
#navibereich li {
   float: left;
   width: auto;
   list-style: none;
   margin: 0 ;
}
```

2. Speichern Sie das Stylesheet und betrachten Sie die Webseiten im Browser.

Mit den gefloateten Listenelementen sieht die Navigation jetzt so aus:

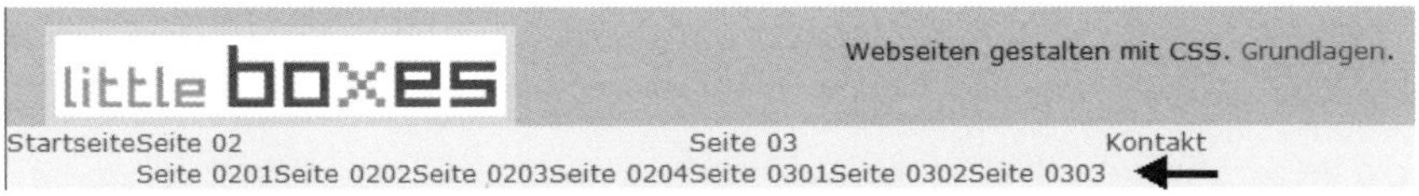

Abbildung 8.6: Alle Listenelemente gefloatet, auch die zweite Ebene

Abbildung 8.6 zeigt deutlich, dass der Selektor `#navibereich li` sich auch auf die Listenelemente der zweiten Ebene bezieht.

Die Lösung für diesen ungewollten Effekt ist ein einfaches `clear:both` für die Listenelemente der zweiten Ebene.

ToDo: Die ungeordnete Liste der zweiten Navigationsebene clearen

1. Fügen Sie in `navi_dropdown.css` folgende Regel ein:

```
/* Liste in Ebene 2 clearen */
#navibereich li li { clear: both; }
```

2. Speichern Sie das Stylesheet und betrachten Sie die Webseiten im Browser.

Nach dieser Maßnahme stehen die Listenelemente der ersten Ebene neben- und die der zweiten untereinander:

Abbildung 8.7: Erste Ebene nebeneinander, zweite Ebene untereinander

Schritt 03: Die Hyperlinks in Ebene 1

Weiter geht es mit der Gestaltung der Hyperlinks in der ersten Ebene. Zunächst werden die Links geblockt und mit schwarzer Schrift sowie einem leichten `padding` versehen.

Danach werden die aktuellen Menüpunkte durch eine abweichende farbliche Gestaltung optisch hervorgehoben. Diese Gestaltung gilt auch für die Pseudoklassen `:hover` und `:focus`. Die Selektoren für die Unterseiten `#seite02` und `#seite03` bewirken, dass die erste Ebene aktiviert ist, wenn man sich auf einer Unterseite befindet.

Im Moment des Klicks bekommt der angeklickte Link mit `:active` eine deutlich andere Hintergrund- und Vordergrundfarbe, wodurch für den Benutzer deutlich wird, dass ähnlich wie beim Drücken eines Schalters die Aktion geklappt hat.

ToDo: Die Hyperlinks der ersten Navigationsebene gestalten

1. Fügen Sie in `navi_dropdown.css` vor der schließenden Klammer von `@media` die folgenden CSS-Regeln ein:

```
/* ============================================
   03 Die Hyperlinks in Ebene 1 gestalten
   ============================================ */
#navibereich a {
   display: block;
   color: black;
   padding: 0.4em 1em;
}
#navibereich a:hover,
#navibereich a:focus,
#startseite #navi01 a,
#seite02    #navi02 a,
#seite0201 #navi02 a,
#seite03    #navi03 a,
#seite0302 #navi03 a,
#kontaktseite #navi04 a {
   color: black;
   background-color: #ffe05a;
   border-bottom: none;
}
#navibereich a:active {
   color: white;
   background-color: #d90000;
}
```

2. Speichern Sie das Stylesheet und betrachten Sie die Webseiten im Browser.

Nach diesem ToDo sieht die Navigation auf der Startseite so aus:

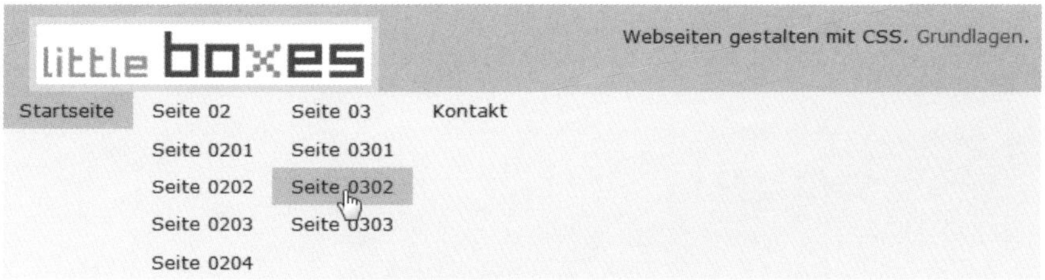

Abbildung 8.8: Navigation mit gestalteten Hyperlinks

Inzwischen kann man die Navigation sogar schon gut lesen, aber noch dropt und downt nichts. Dazu wird im nächsten Schritt die zweite Ebene erst einmal versteckt.

Schritt 04: Ebene 2 verstecken

Sowohl das Verstecken als auch das Sichtbarmachen von Elementen kennen Sie bereits, und in diesem Schritt passiert auch nichts Besonderes.

Im ersten ToDo wird die verschachtelte Liste versteckt, im zweiten wird sie wieder sichtbar gemacht.

ToDo: Die zweite Navigationsebene verstecken

1. Fügen Sie in `navi_dropdown.css` vor der schließenden Klammer von `@media` die folgenden CSS-Regeln ein:

```
/* ================================================
   04 Ebene 2 verstecken
   ================================================ */
#navibereich li ul {
   position: absolute;
   left: -9999px;
   top: -9999px;
   display: inline;
   width: 0;
   height: 0;
   background-color: transparent;
}
```

2. Speichern Sie das Stylesheet und betrachten Sie die Webseiten im Browser.

Nach diesem ToDo ist die zweite Navigationsebene verschwunden:

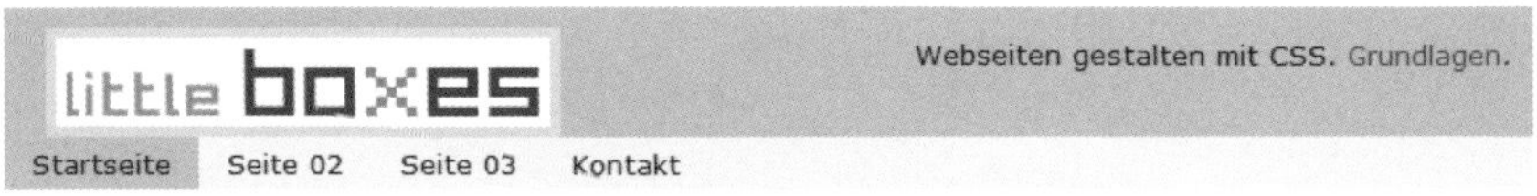

Abbildung 8.9: Die zweite Navigationsebene wurde ausgeblendet

Schritt 05: Ebene 2 sichtbar machen

Das Sichtbarmachen der zweiten Ebene ist so simpel wie Simsalabim:

- `:hover` funktioniert mit allen Elementen, nicht nur mit Hyperlinks.

Mit diesem Trick wird im folgenden ToDo die zweite Ebene wieder sichtbar gemacht und gestaltet.

ToDo: Die zweite Navigationsebene sichtbar machen und gestalten

1. Fügen Sie am Ende von `navi_dropdown.css` die folgenden CSS-Regeln ein:

```
/* ==============================================
   05 Ebene 2 sichtbar machen
   ============================================== */
#navibereich li:hover ul {
   left: auto;
   top: auto;
   display: block;
   width: auto;
   height: auto;
   background-color: #fff3c0;
   border-bottom: 2px solid #f3c600;
}
```

2. Speichern Sie das Stylesheet und betrachten Sie die Webseiten im Browser.

Wenige Zeilen CSS, und es hat »Zoom« gemacht. Die zweite Ebene wird bei Mausberührung sichtbar:

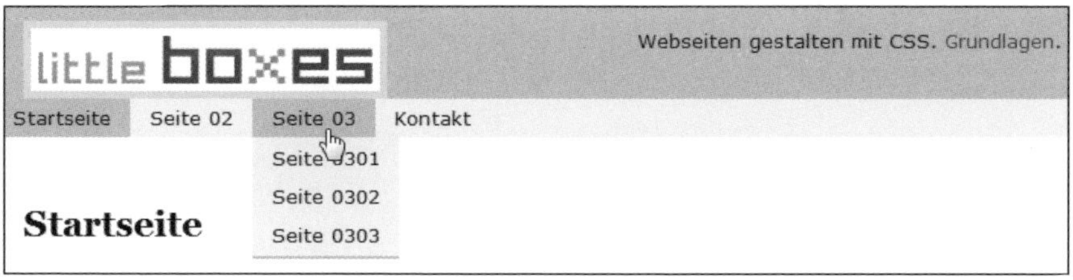

Abbildung 8.10: Navigation mit zweiter Ebene. Klappt. Raus

Schritt 06: Korrekte Einfärbung für Ebene 2

Es gibt noch ein kleines Problem, das erst beim Testen der Listen auffällt, denn die Rausklappliste eines aktuellen Menüpunkts hat die falsche Farbe. Wenn Sie zum Beispiel auf Seite 02 sind, erscheint die Dropdown-Liste von Seite 02 in der falschen Farbe:

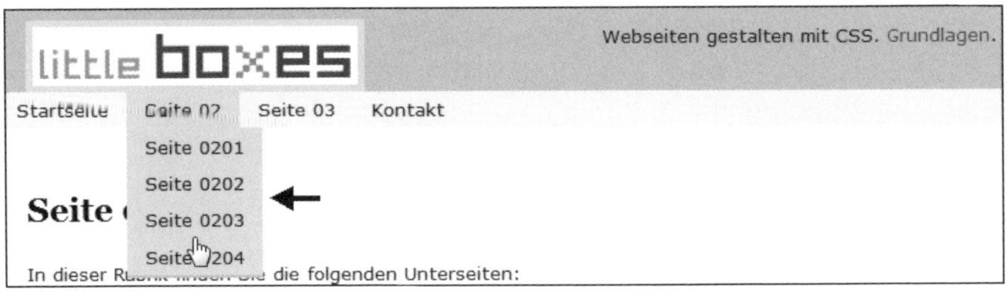

Abbildung 8.11: Die Rausklappliste mit der falschen Farbe

Eigentlich sollten die Rausklapplisten immer hell sein. Die Ursache liegt bei der Gestaltung der Hyperlinks in Schritt 03. Dort steht zum Beispiel folgender Selektor:

Listing 8.1: Der Selektor für die Hyperlinks in der ersten Ebene

```
#seite02 #navi02 a
```

Das bedeutet im Klartext: »Alle Hyperlinks in `li#navi02` auf der Seite 02«. Dieser Selektor schließt also auch alle Links der zweiten Ebene mit ein. Was Sie erreichen möchten, ist aber, dass die Links der zweiten Ebene die helle Hintergrundfarbe erhalten.

Um eine Selektoren-Arie zu vermeiden, in der Sie alle denkbaren ID-Kombinationen aufzählen müssen, greifen Sie auf die im HTML hinzugefügte Klasse `ebene02` der inneren Navigationsliste zurück:

Listing 8.2: Selektor für alle Links der zweiten Ebene mit 13 Punkten

```
ul.ebene02 li a
```

Der Selektor stimmt: »Alle Links in den Listenelementen der zweiten Ebene«. Aber er würde noch nicht funktionieren, denn er bekommt beim Punktesystem für Selektoren (»Spezifität«, s. Band 1, Seite 118ff.) nur magere 13 Punkte gegenüber 201 Punkten für `#seite02 #navi02 a`.

Es fehlen Ihnen noch zwei IDs à 100 Punkte, um mehr als 201 Punkte zu bekommen, und diese beiden IDs sind im folgenden Selektor eingebaut:

Listing 8.3: Selektor für alle Links der zweiten Ebene mit 214 Punkten

```
#navibereich ul#ebene01 ul.ebene02 li a
```

Das folgende ToDo setzt diesen Trick um und definiert auch gleich noch das Hover-Verhalten für die zweite Ebene.

ToDo: Die Hintergrundfarbe der zweiten Ebene definieren

1. Fügen Sie vor der schließenden Klammer von `navi_dropdown.css` die folgenden CSS-Regeln ein:

```
/* ==============================================
   06 Die Rausklappliste korrekt einfärben
   ============================================== */
/* Spezifität 214 */
#navibereich ul#ebene01 ul.ebene02 li a {
   background-color: #fff3c0;
}

/* Spezifität 224 */
#navibereich ul#ebene01 ul.ebene02 li a:hover {
   background-color: #ffe05a;
}
```

2. Speichern Sie das Stylesheet und betrachten Sie die Webseiten im Browser.

Jetzt stimmt's auch mit der Liste:

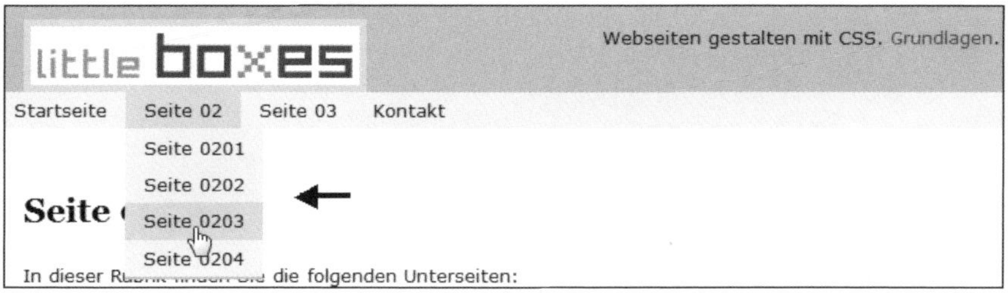

Abbildung 8.12: Navigation mit korrekt eingefärbter zweiter Ebene

Die Dropdown-Navigation ist fertig und funktioniert in allen modernen Browsern, nur IE5.x und IE6 verstehen die Pseudoklasse `:hover` bei Listenelementen nicht. Reparaturvorschläge per JavaScript folgen ab Seite 178.

Schritt 07: Schönheitsreparaturen

Ein paar Kleinigkeiten noch zum Schluss: Ein bisschen Abstand zwischen dem Logo und der Navigationsleiste, die Farbe des Klicks und die Breite des herausklappenden Menüs.

Abstand zwischen Kopfbereich und Navigation

Um zwischen Kopfbereich und Navigationsbereich ein bisschen Abstand zu erstellen, geben Sie dem Kopfbereich einfach ein bisschen `padding` nach unten.

ToDo: Abstand zwischen Logo und Navigationsleiste erstellen

1. Öffnen Sie das Stylesheet `bildschirm.css`, suchen Sie den Selektor zum Kopfbereich und ändern Sie das `padding` auf 10 px für oben *und* unten:

```
#kopfbereich {
   position: relative;
   color: black;
   background-color: #f3c600;
   padding: 10px 20px;
}
```

2. Speichern Sie das Stylesheet und betrachten Sie die Webseiten im Browser.

So sieht die Seite jetzt im Browser aus:

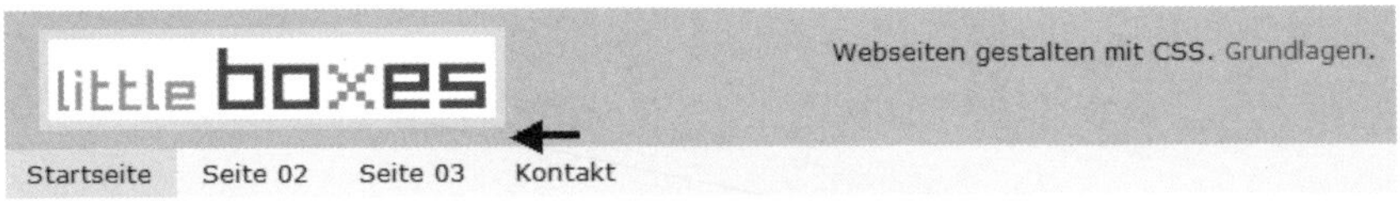

Abbildung 8.13: Jetzt mit 10 px *padding* unterhalb des Logos

Die Hyperlinks in Ebene 2 im Moment des Klicks

In Schritt 03 haben Sie die Pseudoklasse `:active` für die Links in der Navigation definiert:

Listing 8.4: Der Hyperlink im Moment des Klicks

```
#navibereich a:active {
   color: white;
   background-color: #d90000;
}
```

Weiße Schrift auf rotem Grund. Probieren Sie es ruhig einmal aus. In der ersten Menü-Ebene klappt's, in der zweiten nicht. Wenn Sie genau nach dem Buch vorgegangen sind, haben Sie dort weiße Schrift auf *gelbem* Grund.

Die Ursache liegt wie so oft in einer unabsichtlichen Punktniederlage gegenüber den in Schritt 05 definierten Problemlösern:

```
#navibereich ul#ebene01 ul.ebene02 li a { background-color: #fff3c0; }
#navibereich ul#ebene01 ul.ebene02 li a:hover { background-color:ffe05a;}
```

Listing 8.5: Die korrekte Einfärbung überschreibt *:active* im Dropdown

Mit 111 zu 214 bzw. 224 Punkten verliert das Rot gegenüber den diversen Gelbtönen. Abhilfe schaffen wieder mal ein paar zusätzliche IDs, die es im Quelltext ja zuhauf gibt.

ToDo: Die Farbe des Klicks in der Dropdown-Liste

1. Öffnen Sie `navi_dropdown.css` und suchen Sie den Selektor `#navibereich a:active` aus Schritt 03 (ca. Zeile 57).
2. Ändern Sie diesen Selektor so, dass er mehr als 225 Punkte bekommt:

```
/* Spezifität auf > 225 erhöhen (ist jetzt 312) */
#wrapper #navibereich #ebene01 li a:active {
   color: white;
   background-color: #d90000;
}
```

3. Speichern Sie das Stylesheet und betrachten Sie die Webseiten im Browser.

Jetzt sind die Klicks auch in der Unterebene wieder rot.

Eine feste Breite für die Links in Ebene 2

Auch wenn es nicht auffällt, weil momentan alle Einträge gleich sind, ist der Hover-Effekt in den Untermenüs immer nur so breit wie der Text. Viele Autoren finden es ansprechender, wenn der farbige Balken in den Rausklapplisten unabhängig von der Wortlänge die gesamte Listenbreite einnimmt, sprich wenn alle Hover-Effekte im Dropdown gleich lang sind.

Die Lösung ist recht einfach, denn da die Links mit `display:block` dazu überredet wurden, Block-Boxen zu erzeugen, können sie eine fest definierte Breite bekommen.

ToDo: Feste Breite für die Hyperlinks in der zweiten Ebene

1. Fügen Sie am Ende von `navi_dropdown.css` die folgende CSS-Regel ein:

```
/* Feste Breite für die Hyperlinks in Ebene 2 */
#navibereich li li a {
   width: 8em; /* Wert an den längsten Eintrag anpassen */
}
```

2. Speichern Sie das Stylesheet und betrachten Sie die Webseiten im Browser.

Patchwork: JavaScript für IE5 und IE6

Im Internet Explorer inklusive Version 6 klappt momentan das Untermenü nicht heraus, weil diese Browser die Pseudoklasse `:hover` nur für Hyperlinks kennen.

Trotzdem bleiben alle Seiten zugänglich, denn die erste Navigationsebene lässt sich anklicken und die auf Seite 165 eingebauten Verteilerseiten sorgen dafür, dass alle Unterseiten erreicht werden können:

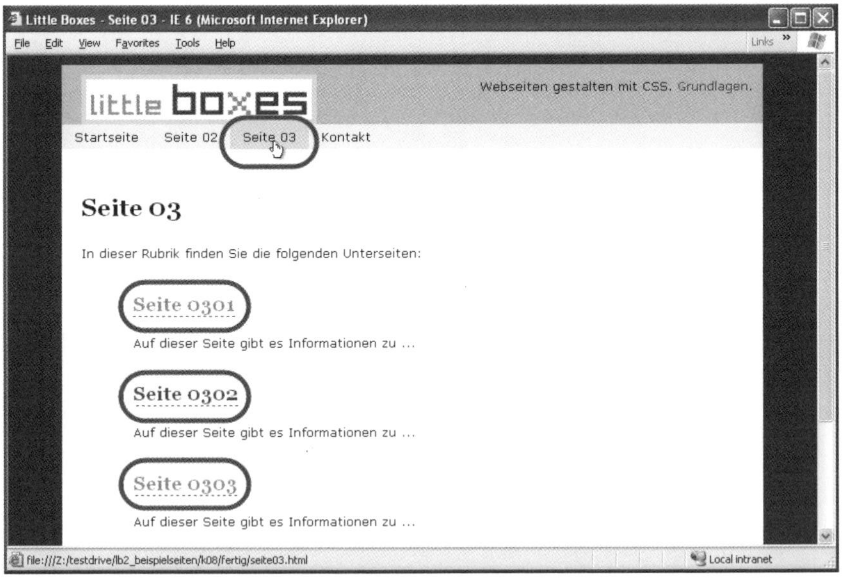

Abbildung 8.14: Ebene 2 klappt nicht raus, trotzdem alles navigierbar

Das folgende JavaScript-Prografmmchen sorgt dafür, dass die Untermenüs herausklappen, jedenfalls solange die Benutzer JavaScript aktiviert haben. Und wenn das nicht der Fall ist, gibt es ja noch die Verteilerseiten.

Das zum Rausklappen benötigte JavaScript-Programm ist dem Original-»Suckerfish«-Dropdown-Menü entliehen (daher auch das »sf« in den Funktionsnamen) und wird mit einem Conditional Comment an alle Internet Explorer mit einer Versionsnummer kleiner als 7 ausgeliefert.

ToDo: Das JavaScript für IE6 zum Rausklappen der zweiten Ebene

1. Erstellen Sie eine neue Datei und speichern Sie sie als `suckerfish.js` im Übungsordner.
2. Schreiben Sie den folgenden Quelltext in diese Datei:

```
/* ==========================================================
Suckerfish Dropdown - JavaScript für IE6
Quelle: http://htmldog.com/articles/suckerfish/dropdowns/
Datei: suckerfish.js
Autor: Patrick Griffiths (aka HTML Dog)
========================================================== */
sfHover = function() {
   var sfEls =
document.getElementById("navibereich").getElementsByTagName("LI");
   for (var i=0; i<sfEls.length; i++) {
      sfEls[i].onmouseover=function() {
         this.className+=" sfhover";
      }
      sfEls[i].onmouseout=function() {
    this.className=this.className.replace(new RegExp("
sfhover\\b"), "");
      }
   }
}
if (window.attachEvent) window.attachEvent("onload", sfHover);
```

3. Binden Sie `suckerfish.js` in *alle* Webseiten ein, indem Sie folgende Zeile irgendwo zwischen `<head>` und `</head>` schreiben:

```
<!--[if lt IE 7]>
   <script src="suckerfish.js" type="text/javascript"
language="JavaScript"></script>
<![endif]-->
```

ToDo: Das JavaScript für IE6 zum Rausklappen der zweiten Ebene (Forts.)

2. Öffnen Sie das Stylesheet `navi_dropdown.css` und ergänzen Sie den Selektor zum Sichtbarmachen der zweiten Ebene wie folgt:

```
#navibereich li:hover ul,
#navibereich li.sfhover ul {
   left: auto;
   top: auto;
   background-color: #fff3c0;
   border-bottom: 2px solid #f3c600;
}
```

3. Speichern Sie alle Dateien und betrachten Sie die Webseiten im Browser.

Wenn alles geklappt hat, sollte die Navigation jetzt auch im IE6 herausklappen:

Abbildung 8.15: Mit dem Suckerfish-JavaScript klappt's auch im IE6

Vereinfacht gesagt simuliert das Skript die Pseudoklasse `li:hover` mit einem einfachen, aber genialen Trick:

- Im Element mit der ID `navibereich` werden alle Listenelemente `li` gesucht.
- Wenn die Maus über einem Listenelement schwebt, wird die Klasse `sfhover` hinzugefügt.

- Wenn sich der Mauszeiger nicht mehr über dem Listenelement befindet, wird die Klasse wieder entfernt.
- In der letzten Zeile wird das Skript schließlich für die aktuelle Webseite aktiviert.

Tipp

Dropdown ohne JavaScript

Wenn Sie JavaScript partout nicht einsetzen möchten, gibt es von Stu Nicols ein Dropdown-Menü komplett *ohne* JavaScript:

- *http://cssplay.co.uk/menus/final_drop.html*

Der Kern seiner Idee ist, dem IE mit Conditional Comments im Quelltext HTML-Tabellen zu liefern, wodurch der HTML-Quelltext ziemlich unübersichtlich wird. Aber trotzdem irgendwie genial.

8.4 Eine Suchfunktion für Ihre Site

Die Aufgabe einer Navigation besteht darin, Ihre Besucher ans Ziel zu bringen, und eine Suchfunktion hilft dabei. Suchfunktionen sind also Teil der Navigation, auch wenn das vielleicht zunächst seltsam erscheinen mag, denn auf Webseiten gibt es genau wie im Baumarkt zwei Sorten von Besuchern: Die einen irren auf der Suche nach einem bestimmten Produkt von einem Regal zum anderen, die anderen suchen sich den nächstbesten Mitarbeiter und fragen.

Eine Suchfunktion ist dieser nächstbeste Mitarbeiter und sie erspart Ihren Besuchern auf der Suche nach bestimmten Inhalten unter Umständen lange Klickwege.

Jede Suchfunktion besteht aus zwei Teilen:

- einem Suchformular zur Eingabe des Suchbegriffs (im Browser)
- einem Programm zur Verarbeitung der Suche (auf dem Webserver)

Im Folgenden bauen Sie ein einfaches Suchformular in die Navigationsleiste ein und bekommen einige Tipps, wie Sie auch ohne eigenes Programm eine echte Suchfunktion erstellen können.

Schritt 01: Suchformular im HTML einbauen

Der Platz für das Suchfeld ist in der Navigationsleiste ganz rechts außen. Um das Formularfeld dort einzubauen, benötigen Sie zunächst einmal ein Formular auf den HTML-Seiten, das dann per CSS gestaltet wird.

ToDo: Ein Suchformular in der Navigationsleiste

1. Ergänzen Sie das HTML für den Navigationsbereich auf *allen* sieben Seiten wie folgt:

```
<div id="navibereich">
   <h2 class="versteckmich">Navigation</h2>
   <ul id="ebene01">
      <li id="navi01"><a href="index.html">Startseite</a></li>
      <li id="navi02"><a href="seite02.html">Seite 02</a>
      <ul class="ebene02">
         <li id="navi0201"><a href="seite0201.html">Seite 0201
            </a></li>
         <li id="navi0202"><a href="#">Seite 0202</a></li>
         <li id="navi0203"><a href="#">Seite 0203</a></li>
         <li id="navi0204"><a href="#">Seite 0204</a></li>
      </ul>
      </li>
      <li id="navi03"><a href="seite03.html">Seite 03</a>
      <ul class="ebene02">
         <li id="navi0301"><a href="#">Seite 0301</a></li>
         <li id="navi0302"><a href="seite0302.html">Seite 0302
            </a></li>
         <li id="navi0303"><a href="#">Seite 0303</a></li>
      </ul>
      </li>
      <li id="navi04"><a href="kontakt.html">Kontakt</a></li>
   </ul>
   <form id="suchformular" method="get" action="#">
      <input name="query" id="query" size="10" maxlength="60"
         value="" />
      <input value="Suchen" type="submit" />
   </form>
</div> <!-- Ende navibereich -->
```

2. Speichern Sie alle Webseiten und betrachten Sie sie im Browser.

Nicht hübsch, aber Formular:

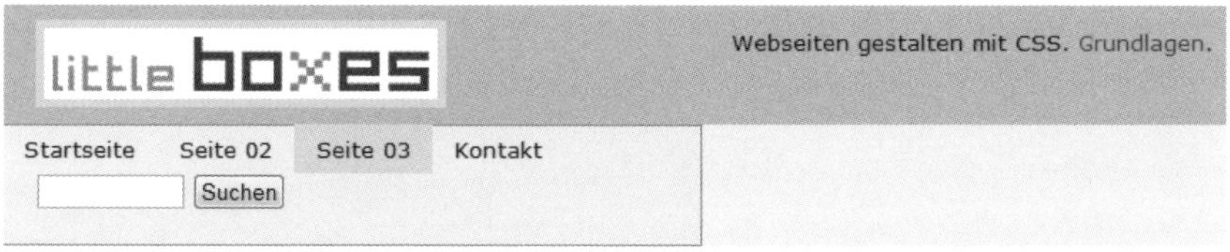

Abbildung 8.16: Das Formular bedarf noch ein bisschen Gestaltung

Schritt 02: Suchformular gestalten

Zur Gestaltung des Formulars reicht ein einziger Style, der das Suchfeld nach rechts floatet und ein wenig ausrichtet.

ToDo: Ein Suchformular in der Navigationsleiste

1. Fügen Sie in `navi_dropdown.css` nach dem Style für `#navibereich` die folgende Regel ein:

```
/* ======================================
   Suchformular gestalten
   ====================================== */
#navibereich form {
  float: right;
  width: auto;
  background-color: transparent;
  padding: 0.3em 10px 0.2em 0; /* experimentelles Ausrichten */
  border: 0;
  margin: 0;
}
```

2. Speichern Sie das Stylesheet und betrachten Sie die Webseiten im Browser.

Im Browser sieht das schon besser aus:

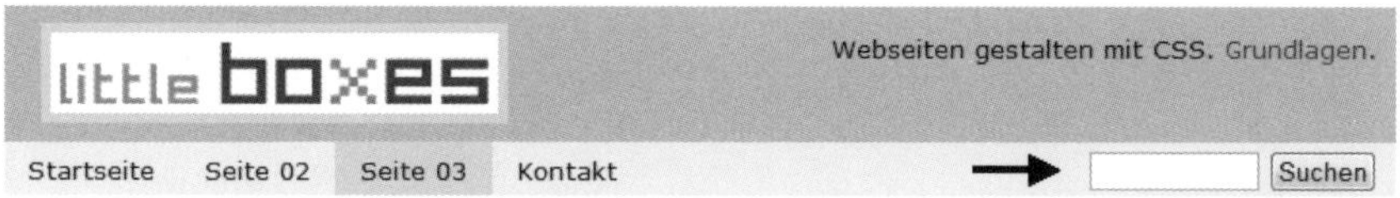

Abbildung 8.17: Das gestaltete Suchformular

Die genaue Ausrichtung des Formularfelds bleibt immer ein wenig experimentell, denn wie auf Seite 90 erwähnt werden die Formularelemente von den Browsern eingesetzt. Testen Sie einfach in allen zur Verfügung stehenden Browsern und versuchen Sie, einen gesunden Kompromiss zu finden.

Tipp

Mehrere Formulare auf einer Seite

Um potentielle Konflikte bei der Gestaltung von Such- und Kontaktformular zu vermeiden, könnten Sie die Selektoren für das in `bildschirm.css` definierte Kontaktformular noch etwas spezifizieren, indem Sie `#kontaktseite` davor schreiben.

Die serverseitige Suchfunktion

Formulare dienen nur zum Einsammeln der Daten. Verarbeitet werden die vom Besucher eingegebenen Daten jenseits des Webservers von speziell dazu geschriebenen Programmen.

Wenn Ihre Webseiten mithilfe einer Blog-Software wie WordPress oder eines CMS wie TYPO3 aus einer Datenbank serviert werden, ist die Suchfunktion meist schon integriert. Ganz normale, von Hand erstellte statische Webseiten sind aber leider nicht so ohne weiteres durchsuchbar.

Es gibt eine Lösung ohne serverseitige Programme: Sie suchen sich jemanden, der die Seiten für Sie indiziert und durchsucht. Hier ist eine Adresse, die genau diese Dienstleistung kostenlos anbietet:

- *http://atomz.com*

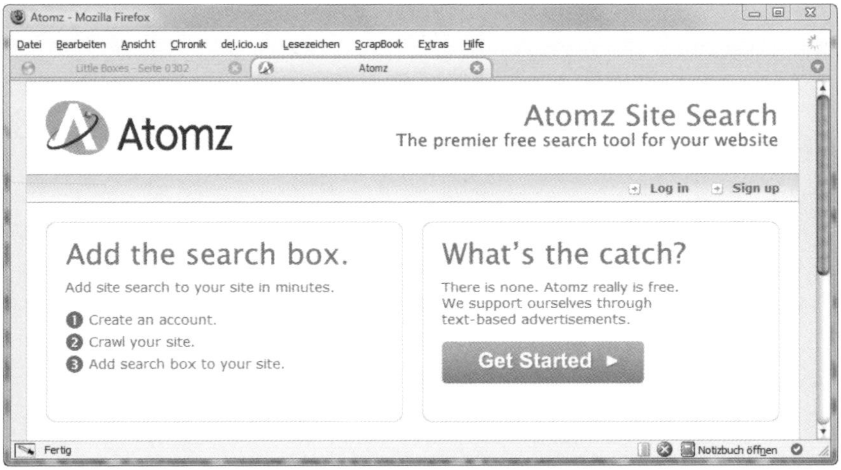

Abbildung 8.18: Schnörkellos und direkt auf den Punkt – atomz.com

Als Alternative zu *atomz.com* gibt es z. B. noch *freefind.com*. Beide Sites sind kostenlose Services, die sich durch mehr oder weniger dezente Werbung auf den Ergebnisseiten finanzieren und die Sie nach einer Registrierung sofort auf Ihren Webseiten einbauen und optisch anpassen können.

8.5 Das komplette CSS im Überblick

Zum Abschluss des Kapitels noch einmal das komplette CSS im Überblick.

Listing 8.6: Das CSS für horizontale Dropdown-Navigation mit Suchfeld

```
/* ==========================================================
Stylesheet für die horizontale Navigation mit Dropdown-Menü
Datei:  navi_dropdown.css
Datum: ...
Autor: ...
========================================================== */

@media screen {

/* ===============================================
   01 Das umgebende DIV gestalten
   =============================================== */
#navibereich {
   overflow: hidden;
   color: black;
   background-color: #fff3c0;
   padding: 0px ;
   margin: 0;
}
/* Sternchen-Hack, hasLayout für IE5x. und 6 */
* html #navibereich { height: 1%; }

/* ========================================
   Suchformular gestalten
   ======================================== */
#navibereich form {
  float: right;
  width: auto;
  background-color: transparent;
  padding: 0.3em 10px 0.2em 0; /* experimentelles Ausrichten */
  border: 0;
  margin: 0;
}
```

```
/* ==============================================
   02 Die ungeordnete Liste in Ebene 1 gestalten
   ============================================== */
#navibereich ul { margin: 0; }
#navibereich li {
   float: left;
   width: auto;
   list-style: none;
   margin: 0 ;
}
/* Liste in Ebene 2 clearen */
#navibereich li li { clear: both; }

/* ==============================================
   03 Die Hyperlinks in Ebene 1 gestalten
   ============================================== */
#navibereich a {
   display: block;
   color: black;
   padding: 0.4em 1em;
}
#navibereich a:focus,
#navibereich a:hover,
#startseite #navi01 a,
#seite02     #navi02 a,
#seite0201   #navi02 a,
#seite03     #navi03 a,
#seite0302   #navi03 a,
#kontaktseite #navi04 a {
   color: black;
   background-color: #ffe05a;
   border-bottom: none;
}

/* Spezifität erhöhen (312) */
#wrapper #navibereich #ebene01 li a:active {
   color: white;
   background-color: #d90000;
}

/* ==============================================
   04 Ebene 2 verstecken
   ============================================== */
#navibereich li ul {
   position: absolute;
   left: -9999px;
   top: -9999px;
   display: inline;
   width: 0;
```

```
  height: 0;
  background-color: transparent;
}

/* ============================================
  05 Ebene 2 sichtbar machen
  ============================================ */
#navibereich li:hover ul,
#navibereich li.sfhover ul {
  left: auto;
  top: auto;
  display: block;
  width: auto;
  height: auto;
  background-color: #fff3c0;
  border-bottom: 2px solid #f3c600;
}

/* ============================================
  06 Die Rausklappliste korrekt einfärben
  ============================================ */
/* Spezifität 214 */
#navibereich ul#ebene01 ul.ebene02 li a {
  background-color: #fff3c0;
}

/* Spezifität 224 */
#navibereich ul#ebene01 ul.ebene02 li a:hover {
  background-color: #ffe05a;
}

/* ============================================
  07 Schönheitsreparaturen
  a) Kopfbereich padding-bottom 10px (in bildschirm.css)
  b) Spezifität für :active auf 312 erhöhen (Schritt 03)
  c) width für Links in Ebene 2
     (ohne schrumpft das Rausklappmenü im IE7)
  ============================================ */
/* 07c - width für die Hyperlinks in Ebene 2 */
#navibereich li li a {
  width: 8em;
}

} /* Ende @media - nicht löschen! */

/* ===================================
  E N D E navi_dropdown.css
  =================================== */
```

8.6 Auf einen Blick

Hier noch einmal die wichtigsten Punkte dieses Kapitels im Überblick:

- Eine Dropdown-Navigation ist praktisch und spart viel Platz.
- Verteilerseiten unterstützen die Zugänglichkeit des Inhalts, falls die zweite Ebene nicht sichtbar ist.
- Im HTML steht auf jeder Seite die komplette Navigationsliste und jedes Listenelement enthält einen anklickbaren Hyperlink.
- Die Navigation besteht aus gefloateten Block-Elementen.
- Die zweite Navigationsebene wird versteckt und per `li:hover` wieder eingeblendet.
- Internet Explorer 5 und 6 benötigen ein JavaScript, um die Pseudoklasse `:hover` für die Listenelemente zu simulieren.
- Eine Suchfunktion ist Teil der Navigation und besteht aus zwei Teilen:
  - einem Formular zur Eingabe der Daten
  - einem serverseitigen Programm zur Verarbeitung dieser Daten

Kapitel 9

Vertikale Navigation

Worin Sie die Navigationspunkte von oben nach unten sortieren, verschachteln und zum Schluss einige Inspirationsquellen für Navigationen kennen lernen.

Nach diversen Variationen für horizontale Navigationen möchte ich Ihnen zum Abschluss dieses Teils noch zeigen, wie man eine vertikale Navigation mit zwei Ebenen erstellt.

Voraussetzung für eine vertikale Navigation ist ein mehrspaltiges Layout. Die Beispielseiten im Basisordner für dieses Kapitel haben bereits ein zweispaltiges Layout. Diese Seiten werden im Folgenden zunächst kurz vorgestellt, wobei die bereits vorhandene vertikale Navigation mit einer Ebene analysiert und fit gemacht wird für die Internet Explorer mit den Versionsnummern 5.x und 6.

Diese Navigation wird anschließend um eine zweite Ebene erweitert, sodass sie am Ende des Kapitels etwa so aussieht:

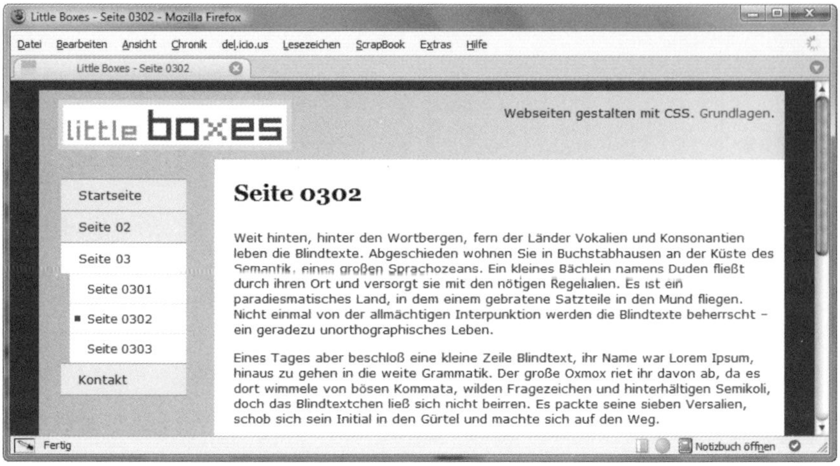

Abbildung 9.1: Vertikale Navigation mit zwei Ebenen

9.1 Einfache vertikale Navigation

Im ersten Band von »Little Boxes« wird im Kapitel über mehrspaltige Layouts mit `float` ab Seite 259 die Erstellung einer vertikalen Navigation beschrieben. Die Beispielseiten aus dem Basisordner für dieses Kapitel basieren auf den dort gezeigten Techniken:

- zweispaltiges Layout mit `float` und `margin-left` für den Textbereich
- Hintergrundfarbe für Navigation mit *Faux Columns* (Band 1, Seite 266)
- flexible Breite für die Navigationsspalte mit `em` (Band 1, Seite 285)

Im Browser sieht die Ausgangsposition für dieses Kapitel so aus:

Abbildung 9.2: Die Navigation der Beispielseiten für dieses Kapitel

Im Folgenden werden das HTML und das CSS für diese Navigation kurz vorgestellt und anschließend die für die Internet-Explorer-Versionen 5.x und 6 benötigten Patches eingebaut.

Tipp

Die Beispielseiten im Basisordner

Die fertigen Beispielseiten mit zweispaltigem Layout und einfacher vertikaler Navigation finden Sie auf der CD im Basisordner für diesen Abschnitt.

Das HTML: wie immer eine ungeordnete Liste

Die vertikale Navigation beruht auf einer ganz normalen ungeordneten Liste, wie Sie sie im Verlauf des Buches schon mehrfach verwendet haben:

Listing 9.1: Das alte HTML für die neue Navigation

```
<div id="navibereich">
<h2 class="versteckmich">Navigation</h2>
<ul>
   <li id="navi01"><strong>Startseite</strong></li>
   <li id="navi02" title="Infos zu Seite 02"><a href="seite02.html">
      Seite 02</a></li>
   <li id="navi03" title="Infos zu Seite 03"><a href="seite03.html">
      Seite 03</a></li>
   <li id="navi04" title="Schicken Sie uns eine Nachricht">
      <a href="kontakt.html">Kontakt</a></li>
</ul>
</div> <!-- Ende navibereich -->
```

Dieses HTML ist auf den fünf Beispielseiten mit dem im Folgenden beschriebenen CSS gestaltet worden.

Das CSS für die vertikale Navigation

Die Gestaltung der Navigation erfolgt im Stylesheet `navi_vertikal.css`.

Zuerst wurde die Box für den Navigationsbereich gefloatet. Die Breite wurde mit der Einheit `em` angegeben, damit der Bereich flexibel ist.

Listing 9.2: Floaten des Navigationsbereichs

```
/* ==========================================
   01 div#navibereich
   width => margin-left von 12em für #textbereich
   ========================================== */
#navibereich {
  float: left;
  width: 9em;
  padding: 20px 0 0 10px;
}
```

Die Breite des Navigationsbereichs korrespondiert wie in Listing 9.2 beschrieben mit dem in `bildschirm.css` definierten `margin-left` für den Textbereich (ca. Zeile 103).

Die ungeordnete Liste im Navigationsbereich bekommt lediglich eine untere Rahmenlinie. Die Listenelemente selbst bleiben ohne Aufzählungspunkt und Außenabstand:

Listing 9.3: Das CSS für die ungeordnete Liste im Navigationsbereich

```
/* ==============================================
   02 Liste in Navigationsebene 1
   ============================================== */
#navibereich ul {
   border-bottom: 1px solid #8c8c8c;
}
#navibereich li {
   list-style-type: none;
   margin: 0;
}
```

Die Gestaltung der Navigation erfolgt weitestgehend über die Hyperlinks und `strong`-Elemente. Beide werden zur Block-Box befördert, bekommen eine Hintergrundfarbe, ein `padding` und eine obere Rahmenlinie.

Listing 9.4: Die Gestaltung der Hyperlinks in der Navigation

```
/* ==============================================
   03 Gestaltung der Navigation: Hyperlinks  und strong
   ============================================== */
#navibereich a,
#navibereich strong {
   display: block;
   font-weight: normal;
   text-decoration: none;
   background-color: #ffeda0;
   color: black;
   padding: 8px;
   padding-left: 18px;
   border-top: 1px solid #8c8c8c;
}
```

Die hier definierten *oberen* Rahmenlinien werden durch die für die `ul`-Liste definierte *untere* Rahmenlinie komplettiert.

Der Hover-Effekt lässt die Navigationspunkte in einem dunklen Rot mit weißer Schrift erscheinen. Die obere Rahmenlinie überschreibt dabei die für die allgemeinen Links definierte:

```
/* Hover und Fokus  */
#navibereich a:hover,
#navibereich a:focus {
   background-color: #d90000;
   color: white;
   border-bottom: none;
   border-top: 1px solid #d90000;
}
```

Listing 9.5: Der Hover-Effekt für die Navigation

Zum Abschluss werden die gerade aktuellen Menüpunkte mithilfe von verschachtelten Selektoren weiß hervorgehoben:

```
/* ==============================================
   04 Aktive Menüpunkte hervorheben
   ============================================== */
#startseite #navi01 strong,
#seite02 #navi02 strong,
#seite03 #navi03 strong,
#kontaktseite #navi04 strong {
   background-color: white;
   color: black;
}
```

Listing 9.6: Die aktiven Menüpunkte werden hervorgehoben

So weit, so gut – in Firefox, Safari, Opera und IE7.

hasLayout: Patch für Internet Explorer bis V6

Da die bei dieser simplen Navigation auftauchenden Bugs für die älteren Internet Explorer recht typisch sind, möchte ich deren Lösung hier etwas ausführlicher beschreiben.

Im Internet Explorer 5.x und 6 sieht die eben beschriebene Navigation momentan ungefähr so aus:

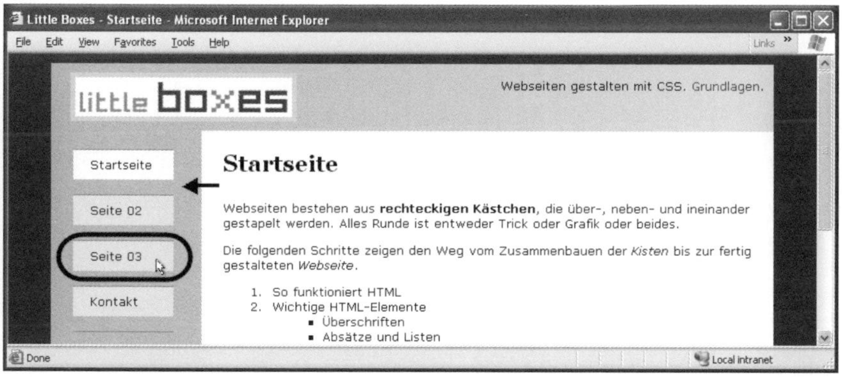

Abbildung 9.3: Navigation mit Lücken

Die Lücken werden durch den sogenannten »Whitespace-Bug« verursacht, der durch die Zeilenumbrüche im Quelltext ausgelöst wird. Eigentlich sollten diese bei Block-Elementen ignoriert werden, der Internet Explorer macht das aber nur, wenn die Links in der Navigation `hasLayout` bekommen (Band 1, Seite 297).

Auf den zweiten Blick werden Sie bemerken, dass nicht der ganze Link anklickbar ist, sondern nur der Text, und das, obwohl der Link eigentlich ein Block-Element ist.

Auch hier hilft es, den Links `hasLayout` zu geben. Dazu eignet sich die Anweisung `height: 1%` oder `height: 1px`, denn die Zuweisung der Eigenschaft `height` ist eine Möglichkeit, einem Element im IE `hasLayout` zu geben.

Der für `height` angegebene Wert spielt eigentlich keine Rolle, denn ältere IE interpretieren `height` fälschlicher- aber glücklicherweise als Mindesthöhe (`min-height`), sodass sie in jedem Fall die tatsächliche Höhe des Elements darstellen.

Die Vergabe von `hasLayout` an alle üblichen Verdächtigen ist typisch beim Debuggen von Stylesheets für die alten Internet Explorer:

- Wenn irgendetwas nicht klappt, gibt man der Reihe nach `height: 1%` (oder auch `height: 1px`, je nach Vorliebe) an alle infrage kommenden Elemente und überprüft, ob sich etwas gebessert hat.

Das folgende ToDo vergibt `hasLayout` an die Liste, die Links und die `strong`-Elemente und floatet gleich noch die Listenelemente, damit auch im IE5.x die letzten Darstellungsproblemchen beseitigt werden. Alle Styles werden mit dem Sternchen-Hack nur an IE5.x und IE6 geliefert.

ToDo: IE-Patches für eine einfache vertikale Navigation

1. Kopieren Sie die Dateien aus dem Basisordner für diesen Abschnitt in einen Übungsordner auf Ihrer Festplatte.
2. Öffnen Sie das Stylesheet `navi_vertikal.css` im Editor.
3. Ergänzen Sie vor der schließenden Klammer von `@media` die folgenden Regeln:

```
/* ==============================================
   05 Patches für IE5.x und 6
   ============================================== */
/* IE 5.x und 6: hasLayout für Hyperlinks */
* html #navibereich ul,
* html #navibereich a,
* html #navibereich strong {
   height: 1%;  /* oder 1px oder irgendeinen anderen Wert */
}
/* Für IE 5.x (für IE 6 stört es nicht) */
* html #navibereich li {
   float: left;
   width: 100%;

}
```

4. Speichern Sie das Stylesheet und betrachten Sie die Webseiten in den Internet Explorern V5.x und V6.

Probleme mit der Navigation im IE?

Tipp

In der CSS-Abteilung des XHTMLForums gibt es in der lesenswerten FAQ einen Beitrag von Forumsmitglied *heiko_rs* zur Erstellung von vertikalen und horizontalen Navigationen, der besonders auf häufige Probleme mit den Internet Explorern eingeht:

- *http://xhtmlforum.de/296439-post2.html*

9.2 Vertikale Navigation mit zwei Ebenen

Die vertikale Navigation wird in diesem Abschnitt um eine zweite Ebene erweitert, sodass auch die Unterseiten von den Besuchern erreicht werden können. Die fertige Navigation ist am Anfang des Kapitels auf Seite 190 abgebildet.

Schritt 01: Das erweiterte HTML

Im Basisordner für diesen Abschnitt sind die zusätzlichen Webseiten `seite0201.html` und `seite0302.html` bereits enthalten und das HTML für die Navigation ist auch schon erweitert worden, sodass die Seiten, die eine zweite Navigationsebene haben, im Browser momentan etwa so aussehen:

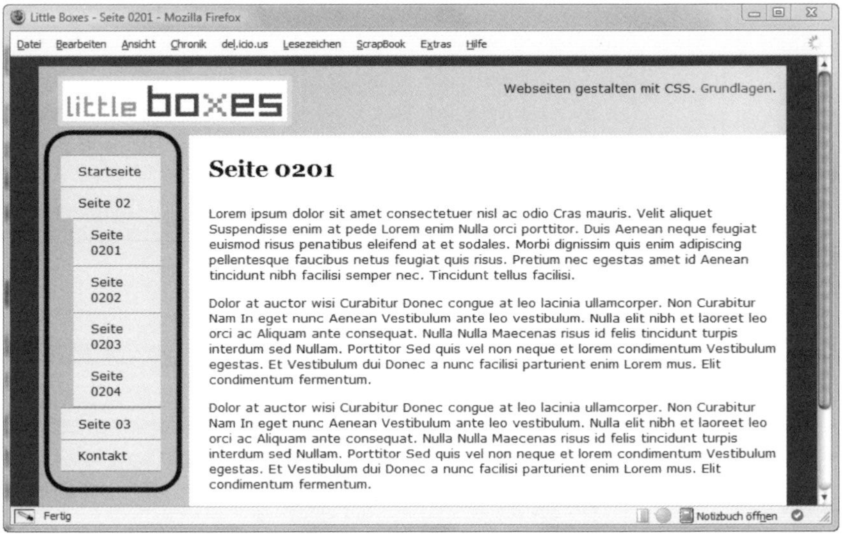

Abbildung 9.4: Die Beispielseiten mit im HTML erweiterter Navigation

Es funktioniert zwar schon alles, aber es besteht noch Gestaltungsbedarf. Also nix wie ran ans CSS.

Schritt 02: Breite des Navibereichs anpassen

Im ersten Schritt kopieren Sie die Beispieldateien in Ihren Übungsordner und passen die Breite des Navigationsbereichs an.

Sie ändern im folgenden ToDo drei Stylesheets auf einen Schlag:

- `navi_vertikal.css` wird umbenannt in `navi_vertikal02.css`.
- In `zentrale.css` wird der Name des Stylesheets für die Navi angepasst.
- In `bildschirm.css` erweitern Sie den `margin-left` von `#textbereich`.
- In `navi_vertikal02.css` ändern Sie die Breite des Navibereichs.

Und los geht's.

ToDo: Stylesheets ändern und Breite des Navigationsbereichs anpassen

1. Kopieren Sie die Dateien aus dem Basisordner für diesen Abschnitt in einen Übungsordner auf Ihrer Festplatte.
2. Benennen Sie `navi_vertikal.css` um in `navi_vertikal02.css`.
3. Öffnen Sie `zentrale.css` und ändern Sie den Namen des Stylesheets für die Navigation:

```
/* Formatierung der Navigation */
@import url(navi_vertikal02.css);
```

4. Öffnen Sie `bildschirm.css` und ändern Sie die Breite von `#textbereich` (ungefähr Zeile 103):

```
#textbereich {
   background-color: white;
   padding: 20px 10px 20px 20px;
   margin-left: 14em; /* war 12em */
}
```

5. Öffnen Sie `navi_vertikal02.css` und ändern Sie den Dateinamen in Anfangs- und Endekommentar.

ToDo: Stylesheets ändern und Breite des Navigationsbereichs anpassen (Forts.)

6. Erhöhen Sie die Breite für den Navigationsbereich auf `11em`:

```
/* ===============================================
   01 div#navibereich
   width => margin-left von 14em #textbereich
=============================================== */
#navibereich {
   float: left;
   width: 11em; /* war 9em */
   padding: 20px 0 0 10px;
}
```

7. Speichern Sie alle drei Stylesheets und betrachten Sie die Webseiten im Browser.

Die Seiten sehen jetzt ungefähr so aus:

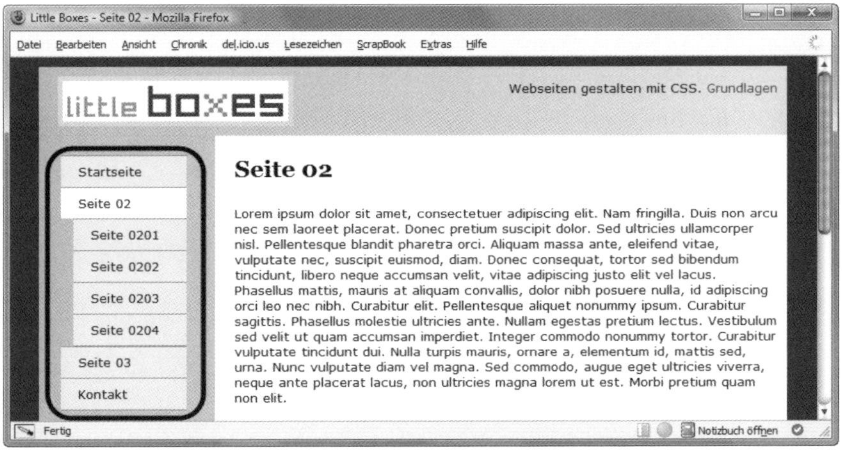

Abbildung 9.5: Die zweite Navigationsebene mit angepasster Breite

Schritt 03: Zweite Navigationsebene gestalten

In diesem Schritt gestalten Sie die verschachtelte Liste: zunächst das äußere `ul`-Element, dann die Listenelemente und zum Schluss die Hyperlinks und `strong`-Elemente.

Für die Liste wird die Schrift etwas verkleinert und werden die Rahmenlinien ausgestellt, für die Listenelemente lediglich `padding` und `margin` explizit auf null gesetzt.

Links und `strong`-Elemente übernehmen wieder den wichtigsten Part bei der Gestaltung der Navigation. Sie bekommen einen weißen Hintergrund, eine helle graue Rahmenlinie oben und werden durch einen kleinen linken `margin` etwas eingerückt, um auch optisch deutlich zu machen, dass es sich um Unterpunkte handelt.

ToDo: Die zweite Navigationsebene gestalten

1. Öffnen Sie ggfs. `navi_vertikal02.css` im Editor.
2. Ergänzen Sie nach den Regeln für die Liste in Ebene 1 die folgenden Styles:

```
/* ===============================================
   Liste Ebene 2
   =============================================== */
#navibereich li ul {
   font-size: 90%;
   border-top: none;
   border-bottom:none;
   margin: 0;
}
#navibereich li li {
   padding: 0;
   margin: 0;
}
```

3. Ergänzen Sie unterhalb der Gestaltung der Hyperlinks den folgenden Style für die Links in der zweiten Navigationsebene:

```
/* ===============================================
   Hyperlinks und strong für Ebene 2
   =============================================== */
#navibereich li li a,
#navibereich li li strong {
   background-color: white;
   padding-left: 18px;
   border-top: 1px solid #e2e2e2;
   margin-left: 9px;
}
```

4. Speichern Sie alle Änderungen und betrachten Sie die Webseiten im Browser.

Im Browser sieht die zweite Navigationsebene jetzt so aus:

Abbildung 9.6: Die zweite Navigationsebene nimmt Gestalt an

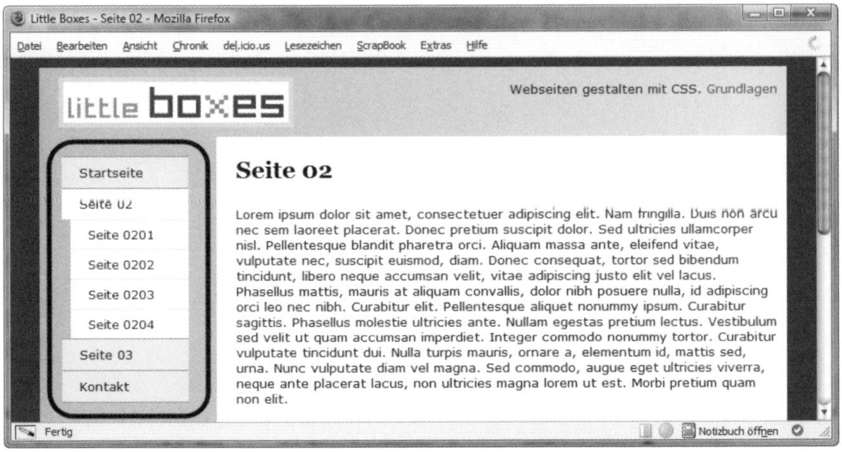

In Abbildung 9.6 sieht man in der Navigation deutlich, dass Seite 02 einige Unterseiten hat, aber man sieht nicht auf den ersten Blick, *welche* Seite aktiv ist. Der Grund dafür ist, dass die Bedeutung der weißen Hintergrundfarbe im Beispiel stillschweigend geändert wurde:

- Bis jetzt diente Weiß in der Navigation zur Kennzeichnung des aktiven Links.
- Momentan dient Weiß zur Darstellung der Zusammengehörigkeit von Hauptmenüpunkt und Unterpunkten.

Es gibt zwei mögliche Lösungen: Man könnte der Farbe Weiß wieder die ursprüngliche Bedeutung zurückgeben und die zweite Ebene anders einfärben, zum Beispiel hellgrau.

Oder man nimmt eine zweite Kennzeichnung hinzu, die innerhalb dieses weißen Blocks die aktive Seite auf den ersten Blick kenntlich macht, zum Beispiel einen eckigen roten Punkt vor dem aktiven Listenelement, der wie zufällig genau in das bereits vorhandene linke `padding` von 18 px passt ...

Schritt 04: Hervorhebung des aktuellen Links

Auf der CD findet sich bei den Beispielseiten im Ordner `grafiken` eine Datei namens `bullet_red.gif`, ein rotes Aufzählungszeichen mit einer Pixelgröße von 16 x 16. Diese Grafik soll den aktiven Link kennzeichnen und wird als Hintergrundgrafik für die `strong`-Elemente eingebunden, ohne Wiederholung, ganz links und vertikal mittig.

Außerdem wird im folgenden ToDo die Liste der Selektoren um die verschachtelten Selektoren für die Unterseiten ergänzt.

ToDo: Den aktuellen Link mit einer Hintergrundgrafik hervorheben

1. Kopieren Sie die Grafik `bullet_red.gif` in den Übungsordner.
2. Ändern Sie in `navi_vertikal02.css` den Style zur Hervorhebung der aktiven Menüpunkte wie folgt:

```
/* ==============================================
   Aktive Menüpunkte hervorheben (roter Punkt)
   ============================================== */
#startseite #navi01 strong,
#seite02 #navi02 strong,
#seite0201 #navi0201 strong,
#seite03 #navi03 strong,
#seite0302 #navi0302 strong,
#kontaktseite #navi04 strong {
   background: white url(bullet_red.gif) no-repeat left 50%;
   color: black;
   border-bottom: none;
}
```

3. Speichern Sie alle Änderungen und betrachten Sie die Webseiten im Browser.

Im Browser sieht die Navigation jetzt so aus:

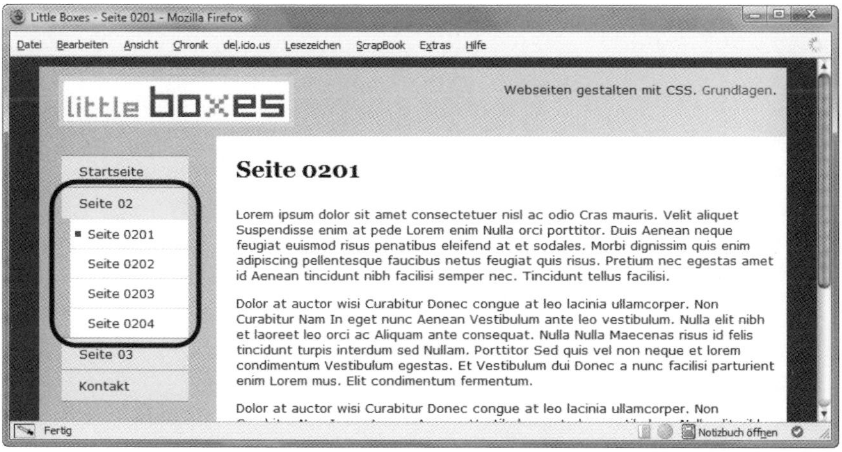

Abbildung 9.7: Die Hintergrundgrafik kennzeichnet den aktiven Menüpunkt

Der rote Punkt kennzeichnet deutlich, auf welcher Seite man gerade ist. Falls Sie den roten Punkt oder Grafiken im Allgemeinen nicht mögen, können Sie natürlich auch eine andere Art der Kennzeichnung wählen, zum Beispiel eine dunklere Hintergrundfarbe:

Listing 9.7: Grauer Hintergrund statt rotem Punkt

```
/* ==============================================
   Aktive Menüpunkte hervorheben (grauer Hintergrund)
   ============================================== */
#startseite #navi01 strong,
#seite02 #navi02 strong,
#seite0201 #navi0201 strong,
#seite03 #navi03 strong,
#seite0302 #navi0302 strong,
#kontaktseite #navi04 strong {
   background: #8c8c8c;
   color: white;
   border-bottom: none;
}
```

Das sieht im Browser so aus:

Abbildung 9.8: Dunkler Hintergrund statt rotem Punkt zur Hervorhebung

Egal, ob dunkler Hintergrund oder roter Punkt, in beiden Abbildungen wird noch ein anderes Problem sichtbar: Sobald eine Unterseite aufgerufen wurde, ist der Hauptmenüpunkt – im Bild SEITE 02 – nicht mehr weiß, sondern hellgelb, und die vorher schön sichtbare Zusammengehörigkeit von Ober- und Unterpunkten geht verloren.

Schritt 05: Höhere Ebene auch hervorheben

Zum Abschluss wird in diesem Schritt durch den kreativen Einsatz von verschachtelten Selektoren die Zusammengehörigkeit von Ober- und Unterpunkten wieder sichtbar gemacht. Die zu erfüllende Bedingung lautet in normaler Sprache ungefähr so:

- Auf einer Unterseite soll der dazugehörige Hauptmenüpunkt die gleiche Hintergrundfarbe haben.

Oder einfacher ausgedrückt: Wenn Seite 0201 angezeigt wird, soll Seite 02 auch weiß sein. Das erreichen Sie mit folgendem Selektor:

- `#seite0201 #navi02 a`

Im Klartext bedeutet dieser Selektor »Gestalte auf der Seite mit der ID `seite0201` die Hyperlinks in dem Element mit der ID `#navi02`«.

Das scheint zu funktionieren, zieht aber ein »Oops« nach sich, das man meist erst beim intensiven Testen (oder ein paar Tage) später bemerkt:

- Der neue Selektor `#seite0201 #navi02 a` überstimmt im Rahmen der Kaskade den mit `#navibereich a:hover` definierten Hover-Effekt glatt mit 201 zu 111 Punkten.

Im Untermenü hovert es jetzt also weiß auf weiß. Nur die dünne rote obere Rahmenlinie ist noch zu sehen:

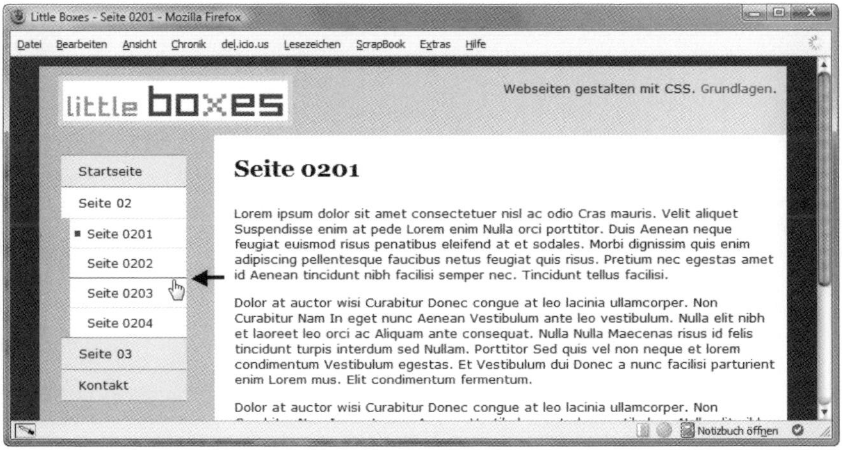

Abbildung 9.9: Im Untermenü ist der Hover-Effekt verschwunden

Der unterlegene Style für den Hover-Effekt schaut sich deshalb auf dem Transfermarkt um, engagiert `#wrapper` als zusätzliche ID und gewinnt letztendlich als `#wrapper #navibereich a:hover` mit 211 zu 201 Punkten. Alles wieder in Rot.

ToDo: Höhere Ebene hervorheben und Spezifität für Hover anpassen

1. Fügen Sie in `navi_vertikal02.css` nach dem Style zur Hervorhebung der aktiven Menüpunkte die folgende CSS-Regel ein:

```
/* ==============================================
   Hauptmenüpunkt auch hervorheben (je 201 Punkte)
   ============================================== */
#seite0201 #navi02 a,
#seite0302 #navi03 a {
   background-color: white;
   color: black;
}
```

2. Ergänzen Sie die Selektoren für `:hover` und `:focus` wie folgt:

```
/* Hover und Focus (211 Punkte) */
#wrapper #navibereich a:hover,
#wrapper #navibereich a:focus {
   background-color: #d90000;
   color: white;
   border-bottom: none;
   border-top: 1px solid #d90000;
}
```

3. Speichern Sie alle Änderungen und betrachten Sie die Webseiten im Browser.

Mit diesen Änderungen ist die Navigation voll funktionsfähig:

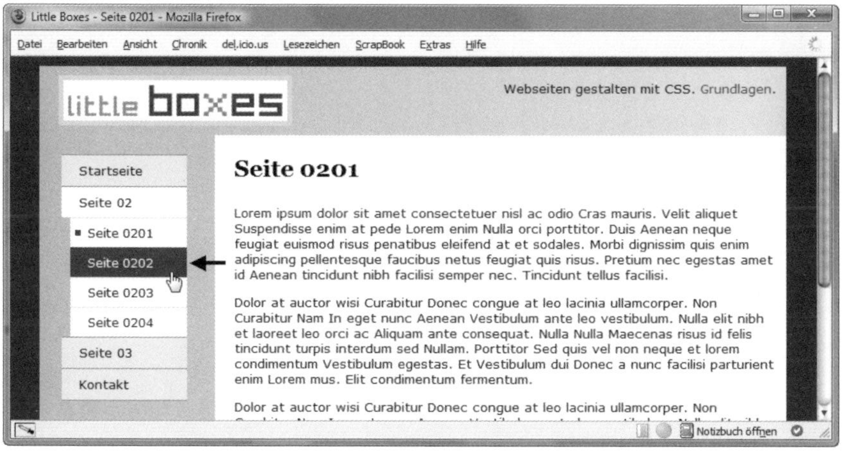

Abbildung 9.10: Die fertige Navigation mit allem Drum und Dran

Diese Navigation ist enorm skalierbar, emissionsarm und absolut benutzerfreundlich:

- Der Hauptmenüpunkt Seite 02 ist weiß, um dem Besucher zu signalisieren, in welcher Abteilung der Site er sich befindet.
- Die Unterpunkte sind etwas eingerückt und haben dieselbe Hintergrundfarbe, sodass man ihre Zugehörigkeit leicht erkennt.
- Der aktive Menüpunkt ist durch ein rotes Aufzählungszeichen markiert.

Die Navigation lässt sich außerdem ganz hervorragend per [Tab]-Taste bedienen. Probieren Sie es einmal aus.

Und nicht, dass Sie glauben, ich hätte Ihnen die Reparaturen für die Internet Explorer 5.x und 6 unterschlagen:

- Die `hasLayout`-Patches von Seite 193 greifen auch bei der Darstellung der zweiten Ebene.

Mehr ist nicht nötig. Alles in Butter.

Das komplette CSS im Überblick

Zum Abschluss dieses Abschnitts hier noch einmal das komplette CSS im Überblick:

Listing 9.8: Vertikale Navigation mit zwei Ebenen

```
/* ===================================
Stylesheet für horizontale Navigation mit 2 Ebenen (mit IE-Patches)
Datei: navi_vertikal02.css
Datum: ...
Autor: ...
=================================== */

@media screen {

/* ==============================================
   01 div#navibereich
   width => margin-left von 14em #textbereich
   ============================================== */
#navibereich {
  float: left;
  width: 11em; /* war 9em */
  padding: 20px 0 0 10px;
}

/* ==============================================
   02 Liste in Ebene 1
   ============================================== */
#navibereich ul {
   border-bottom: 1px solid #8c8c8c;
}
#navibereich li {
   list-style-type: none;
   margin: 0;
}

/* ==============================================
   Liste in Ebene 2
   ============================================== */
#navibereich li ul {
   font-size: 90%;
   border-top: none;
   border-bottom:none;
   margin: 0;
}
#navibereich li li {
   padding: 0;
   margin: 0;
}

```

```
/* ==============================================
   03 Gestaltung der Navigation: Hyperlinks  und strong
   ============================================== */
#navibereich a,
#navibereich strong {
   display: block;
   font-weight: normal;
   text-decoration: none;
   background-color: #ffeda0;
   color: black;
   padding: 8px;
   padding-left: 18px;
   border-top: 1px solid #8c8c8c;
}
/* Hover und Focus */
#wrapper #navibereich a:hover,
#wrapper #navibereich a:focus {
   background-color: #d90000;
   color: white;
   border-bottom: none;
   border-top: 1px solid #d90000;
}

/* ==============================================
   Hyperlinks und strong in Ebene 2
   ============================================== */
#navibereich li li a,
#navibereich li li strong {
   background-color: white;
   padding-left: 18px;
   border-top: 1px solid #e2e2e2;
   margin-left: 9px;
}

/* ==============================================
   04 Aktive Menüpunkte hervorheben (roter Punkt, aktiviert)
   ============================================== */
#startseite #navi01 strong,
#seite02 #navi02 strong,
#seite0201 #navi0201 strong,
#seite03 #navi03 strong,
#seite0302 #navi0302 strong,
#kontaktseite #navi04 strong {
   background: white url(bullet_red.gif) no-repeat left 50%;
   color: black;
   border-bottom: none;
}
```

```
/* ===============================================
   Aktive Menüpunkte hervorheben (grauer Hintergrund, auskommentiert)
   =============================================== */
/*#startseite #navi01 strong,
#seite02 #navi02 strong,
#seite0201 #navi0201 strong,
#seite03 #navi03 strong,
#seite0302 #navi0302 strong,
#kontaktseite #navi04 strong {
   background: #8c8c8c;
   color: white;
   border-bottom: none;
}*/

/* ===============================================
   Hauptmenüpunkt auch hervorheben (je 201 Punkte)
   =============================================== */
#seite0201 #navi02 a,
#seite0302 #navi03 a {
   background-color: white;
   color: black;
}

/* ===============================================
   05 Patches für IE5.x und 6
   =============================================== */
/* IE 5.x und 6: hasLayout für Hyperlinks */
* html #navibereich ul,
* html #navibereich a,
* html #navibereich strong {
   height: 1%;  /* oder 1px oder irgendeinen anderen Wert */
}
/* Für IE 5.x (für IE 6 stört es nicht) */
* html #navibereich li {
   float: left;
   width: 100%;
}

} /* Ende @media screen - nicht löschen! */

/* ===================================
   ENDE navi_vertikal02.css
   ================================ */
```

9.3 Fertige Navigationen im Web

Wenn Sie die in Kapitel 5 bis 9 vorgestellten Techniken zur Erstellung von Navigationen durchgearbeitet haben, wird es Ihnen leichtfallen, die zahlreichen im Web zu findenden Beispiele an Ihre Wünsche anzupassen. Im Folgenden eine kleine Auswahl von Sites, die bei der Erstellung von ansehnlichen Navigationen eine gute Hilfe sein können.

Der CSS Menu Maker

Wenn Sie den Slogan »Making professional CSS menus simple, for the average webmaster« attraktiv finden, dann nichts wie hin zum *CSS Menu Maker*:

- *http://cssmenumaker.com/*

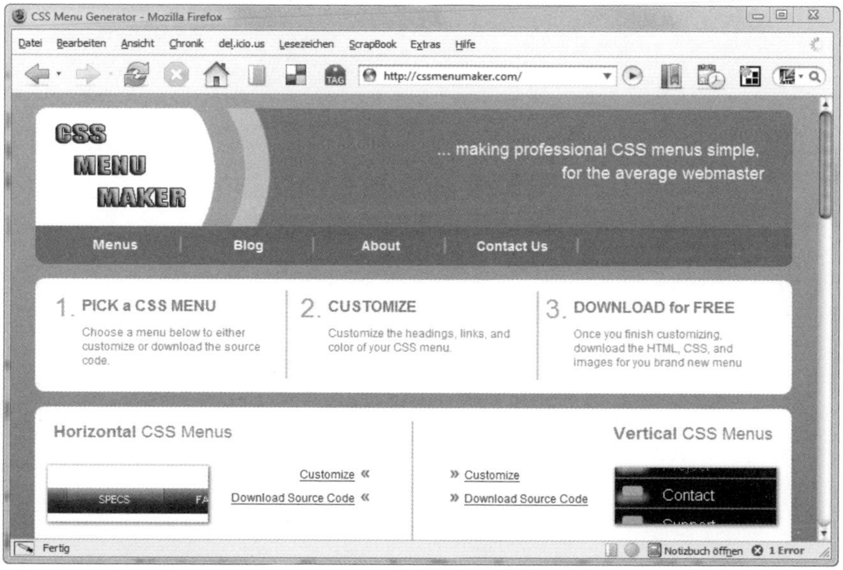

Abbildung 9.11: CSS Menu Maker hilft beim Erstellen von Menüs

Hier finden Sie horizontale und vertikale Menüvorlagen, die Sie inhaltlich anpassen und komplett mit allen benötigten Grafiken downloaden können.

Das erzeugte HTML und CSS müssen Sie natürlich ein bisschen bearbeiten, aber das dürfte Ihnen nicht schwerfallen.

Dynamic Drive CSS Library

Dynamic Drive präsentiert eine ganze Batterie von optisch fein herausgeputzten Navigationen, Layouts und anderen nützlichen Dingen, die von den Besuchern auf einer Skala von 1 bis 5 bewertet werden können:

- *http://dynamicdrive.com/style/csslibrary/*

Abbildung 9.12: Horizontale Menüs bei Dynamic Drive

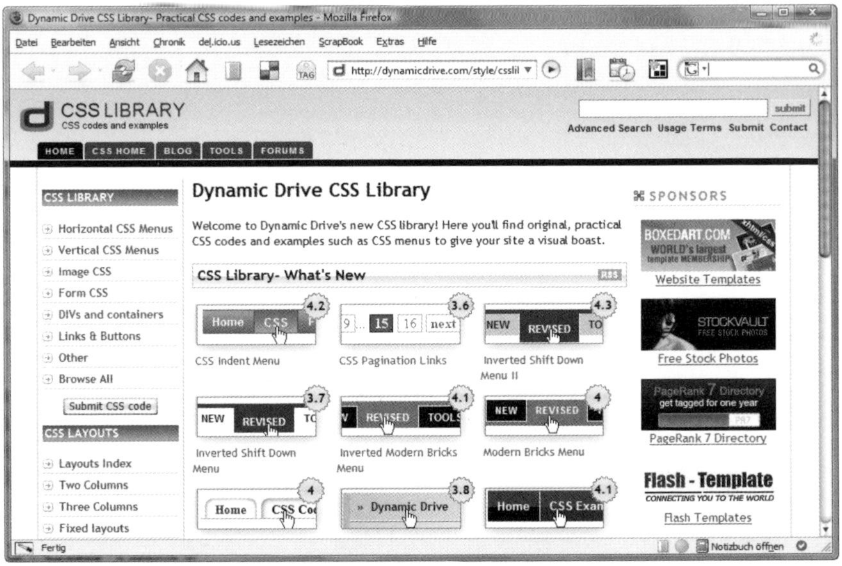

Schauen Sie sich um und lassen Sie sich inspirieren. Dynamic Drive stellt für jedes Menü das HTML und CSS bereit und wenn Sie Kapitel 5 bis 9 durchgearbeitet haben, dürfte Ihnen die Anpassung des Quelltextes keine großen Probleme bereiten.

CSS play – Menus

Stu Nicholls hat auf seiner legendären Site *cssplay.co.uk* so viele interessante CSS-Experimente, dass es schon fast nicht mehr überschaubar ist. Allein ein Blick in seine Menü-Ecke kann Sie Stunden und Tage Ihrer Arbeits- oder Freizeit kosten. Behold and beware:

- *http://www.cssplay.co.uk/menus/*

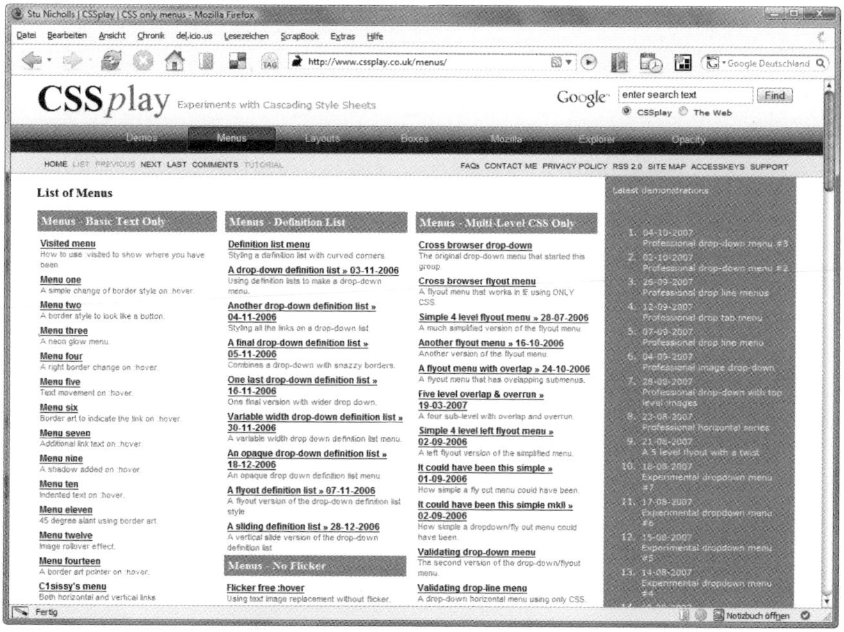

Abbildung 9.13: Stu Nicholls Experimente mit CSS – Abteilung »Menus«

Die Site heißt nicht ohne Grund *CSS play*, denn nicht alle hier vorgestellten Beispiele sind praxistauglich. Aber Mr. Nicholls hat manchmal einfach wirklich fantastische Ideen ...

9.4 Auf einen Blick

Hier noch einmal die wichtigsten Punkte dieses Kapitels im Überblick:

- Voraussetzung für eine vertikale Navigation ist ein mehrspaltiges Layout.
- Wenn in vertikalen Menüs im IE5 und IE6 unerklärliche Lücken auftauchen, können diese meist mit `hasLayout` für Links und Listen entfernt werden.
- Vertikale Navigationen mit zwei Ebenen beruhen oft auf verschachtelten Listen.
- Im Web gibt es zahlreiche Sites, auf denen Sie fertige Navigationen inklusive HTML, CSS und Grafiken downloaden und anpassen können.

Teil III

Inhalt

Kapitel 10

Fließtext gestalten

Worin Sie erfahren, wie man Text gut lesbar macht, Zitate und Hinweisboxen hervorhebt, Textänderungen markiert und Bilder beschriftet.

Lesen am Bildschirm ist nicht angenehm. Das beginnt mit der im Vergleich zu Papier geringen Auflösung und endet damit, dass der Bildschirm einen festen Platz hat und dadurch dem Leser die Sitzposition vorschreibt. Text auf Webseiten sollte deshalb möglichst gut lesbar sein und in diesem Kapitel gibt es dazu einige Anregungen.

Des Weiteren geht es um die Hervorhebung von Textpassagen, Initialen, die Kennzeichnung von nachträglichen Änderungen im Text und die Beschriftung von Bildern.

10.1 Text lesbar machen

Die Lesbarkeit eines Textes ist das Ergebnis eines Prozesses, der mit dem Schreiben beginnt und über die Auswahl semantischer HTML-Elemente bis hin zu deren optischer Gestaltung geht.

Tipp

Schreiben fürs Web

Zum Schreiben im Web gibt es eine sehr schöne Seite von Stefan Bucher:

- *http://www.stefanbucher.net/tutorial/textefuersweb/*

Die richtige Schriftart

Die Schriftart wird mit der Eigenschaft `font-family` definiert, wobei das Problem ist, dass die dort angegebene Schriftart auch auf dem Computer des Besuchers installiert sein muss. Webdesigner äußern deshalb immer eine ganze Reihe von Wünschen bezüglich der Schriftart und ordnen diese dann der Reihe nach.

Bei Schriftarten wird zunächst einmal zwischen solchen mit und ohne Serifen unterschieden. Serifen sind kleine Verzierungen an den Buchstaben, die man beim kleinen i besonders gut erkennen kann. Auf Papier wird für Fließtext oft eine Schriftart mit Serifen bevorzugt, im Web eher eine ohne (`sans-serif`), weil die Häkchen an den Buchstaben wegen der geringen Auflösung am Bildschirm die Lesbarkeit beeinträchtigen.

Weit verbreitet sind unter anderem folgende serifenlose Schriften:

- *Arial* ist eine Kopie des Klassikers *Helvetica*, gehört seit V3.1 zum Lieferumfang von Windows und ist dementsprechend weit verbreitet.
- *Verdana* ist speziell für den Bildschirm gestaltet worden, besonders bei kleinen Schriftgrößen gut lesbar und auch sehr weit verbreitet.
- Eine gute Alternative zu Verdana ist *Lucida Grande* (Mac) und *Lucida Sans Unicode* (Windows).
- *Tahoma* ähnelt der Verdana, hat aber einen geringeren Buchstabenabstand, sodass sie weniger Platz beansprucht.

Abbildung 10.1 zeigt den direkten Vergleich bei einer Schriftgröße von 13 px im Fließtext und 24 px bei den Überschriften:

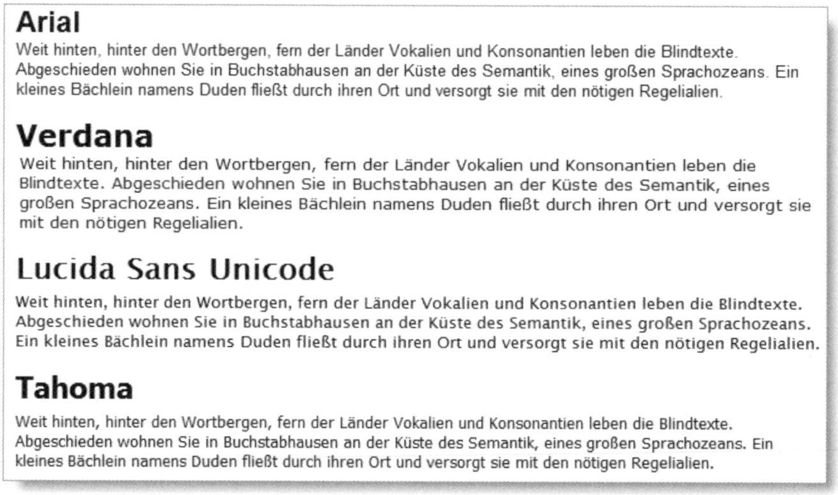

Abbildung 10.1: Schriften im Vergleich bei einer Schrifgröße von 13 px

Dieselben Schriften können Sie natürlich auch für Überschriften verwenden, aber besonders Schriftarten mit großer Laufweite wie *Verdana* oder *Lucida* wirken dann oft ein wenig zu knallig.

Bei den Serifenschriften findet man unter anderem die folgenden drei:

- *Georgia* ist speziell für den Bildschirm entworfen und dort im Gegensatz zu vielen anderen Serifenschriften auch bei kleineren Schrifgraden noch gut lesbar.
- *Times New Roman* ist der Serifen-Kollege von Arial und ebenfalls sehr weit verbreitet.
- Ein Newcomer ist *Constantia*, die zum Lieferumfang von Windows Vista gehört und sowohl im Web als auch auf Papier eine gute Figur macht.

Und hier diese Schriften in der grafischen Übersicht:

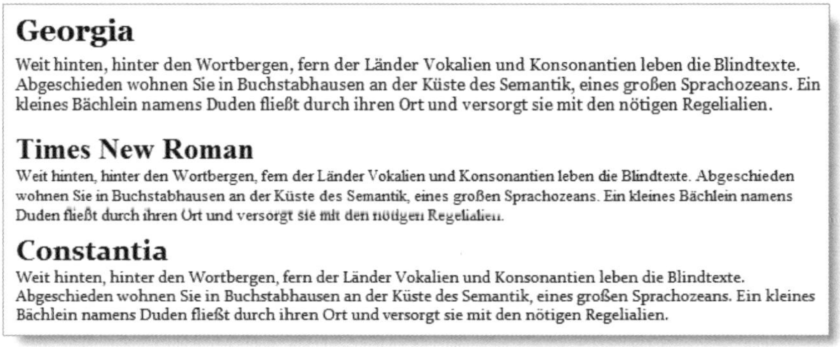
Georgia

Weit hinten, hinter den Wortbergen, fern der Länder Vokalien und Konsonantien leben die Blindtexte. Abgeschieden wohnen Sie in Buchstabhausen an der Küste des Semantik, eines großen Sprachozeans. Ein kleines Bächlein namens Duden fließt durch ihren Ort und versorgt sie mit den nötigen Regelialien.

Times New Roman

Weit hinten, hinter den Wortbergen, fern der Länder Vokalien und Konsonantien leben die Blindtexte. Abgeschieden wohnen Sie in Buchstabhausen an der Küste des Semantik, eines großen Sprachozeans. Ein kleines Bächlein namens Duden fließt durch ihren Ort und versorgt sie mit den nötigen Regelialien.

Constantia

Weit hinten, hinter den Wortbergen, fern der Länder Vokalien und Konsonantien leben die Blindtexte. Abgeschieden wohnen Sie in Buchstabhausen an der Küste des Semantik, eines großen Sprachozeans. Ein kleines Bächlein namens Duden fließt durch ihren Ort und versorgt sie mit den nötigen Regelialien.

Abbildung 10.2: Serifenschriften im Web

Bei Überschriften macht sich oft auch ein mit der Eigenschaft `letter-spacing` um ein oder zwei Pixel erhöhter Buchstabenabstand positiv bemerkbar.

Tipp

Prägnanter Schriftenvergleich

Gerrit van Aaken hat einen sehr informativen Essay über »HTML-Schriften« geschrieben:

- *http://praegnanz.de/essays/typo-im-web-html-schriften-unter-der-lupe*

Fließtext, Abstände und Zeilenhöhe

Genauso wichtig wie die Wahl einer adäquaten Schriftart ist die Gestaltung der Abstände, und zwar sowohl innerhalb der Absätze als auch dazwischen.

Abbildung 10.3 zeigt einen Ausschnitt aus dem PeeWee-Blindtext. Schriftart ist »Lucida Sans Unicode« bei 13 px, aber der Text hat keine definierte Zeilenhöhe und keinen Abstand zwischen den Absätzen. Achten Sie beim Surfen einmal darauf, solche schlecht lesbaren Texte gibt es wirklich:

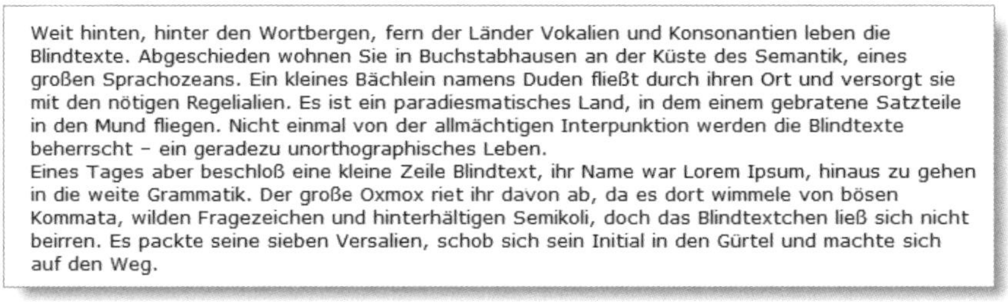
Weit hinten, hinter den Wortbergen, fern der Länder Vokalien und Konsonantien leben die Blindtexte. Abgeschieden wohnen Sie in Buchstabhausen an der Küste des Semantik, eines großen Sprachozeans. Ein kleines Bächlein namens Duden fließt durch ihren Ort und versorgt sie mit den nötigen Regelialien. Es ist ein paradiesmatisches Land, in dem einem gebratene Satzteile in den Mund fliegen. Nicht einmal von der allmächtigen Interpunktion werden die Blindtexte beherrscht – ein geradezu unorthographisches Leben.
Eines Tages aber beschloß eine kleine Zeile Blindtext, ihr Name war Lorem Ipsum, hinaus zu gehen in die weite Grammatik. Der große Oxmox riet ihr davon ab, da es dort wimmele von bösen Kommata, wilden Fragezeichen und hinterhältigen Semikoli, doch das Blindtextchen ließ sich nicht beirren. Es packte seine sieben Versalien, schob sich sein Initial in den Gürtel und machte sich auf den Weg.

Abbildung 10.3: Der PeeWee-Blindtext ohne Abstände

In Abbildung 10.4 sehen Sie denselben Text, nur dass alle Absätze `margin-bottom: 1em` und `line-height: 1.5` bekommen haben:

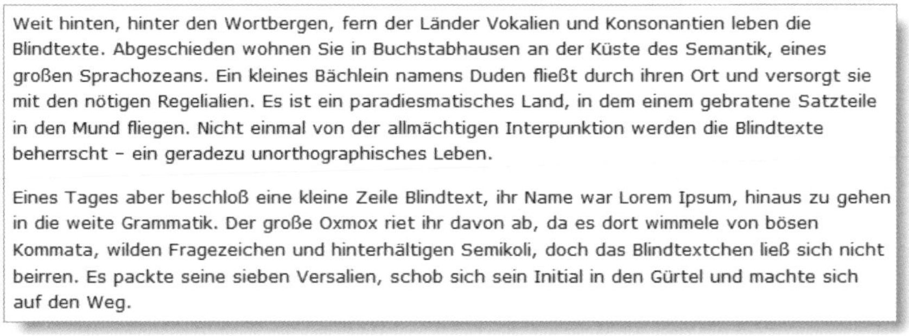
Weit hinten, hinter den Wortbergen, fern der Länder Vokalien und Konsonantien leben die Blindtexte. Abgeschieden wohnen Sie in Buchstabhausen an der Küste des Semantik, eines großen Sprachozeans. Ein kleines Bächlein namens Duden fließt durch ihren Ort und versorgt sie mit den nötigen Regelialien. Es ist ein paradiesmatisches Land, in dem einem gebratene Satzteile in den Mund fliegen. Nicht einmal von der allmächtigen Interpunktion werden die Blindtexte beherrscht – ein geradezu unorthographisches Leben.

Eines Tages aber beschloß eine kleine Zeile Blindtext, ihr Name war Lorem Ipsum, hinaus zu gehen in die weite Grammatik. Der große Oxmox riet ihr davon ab, da es dort wimmele von bösen Kommata, wilden Fragezeichen und hinterhältigen Semikoli, doch das Blindtextchen ließ sich nicht beirren. Es packte seine sieben Versalien, schob sich sein Initial in den Gürtel und machte sich auf den Weg.

Abbildung 10.4: Fließtext mit *line-height* und vertikalen Abständen

Zeilenhöhe und Abstände sind der Schlüssel zu lesbarem Fließtext.

Tipp

Erste Zeile einrücken

Wenn Sie die erste Zeile eines Absatzes gerne etwas einrücken möchten, können Sie das mit der Eigenschaft `text-indent` machen. Positive Werte verschieben den Text nach rechts, negative nach links.

Lesbarer Text auf den Beispielseiten

Die im vorhergehenden Abschnitt beschriebenen Maßnahmen sollen jetzt für den Textbereich der Beispielseiten umgesetzt werden. Als Basis für diese Änderung dient die Version mit einer einfachen gefloateten Navigation, die Sie im Basisordner für dieses Kapitel finden.

ToDo: Text im Textbereich besser lesbar machen

1. Kopieren Sie die Dateien aus dem Basisordner für diesen Abschnitt in einen Übungsordner auf Ihrer Festplatte.
2. Öffnen Sie das Stylesheet `bildschirm.css` aus dem Übungsordner.
3. Ändern Sie den Style für den Textbereich wie folgt:

```
#textbereich {
   font-family: "Lucida Grande", "Lucida Sans Unicode", Verdana,
      Arial, Helvetica, sans-serif;
   line-height: 1.5;
   padding: 20px 10px 20px 20px;
}
```

4. Speichern Sie das Stylesheet und betrachten Sie die Webseiten im Browser.

Und so sehen die Beispielseiten jetzt im Browser aus:

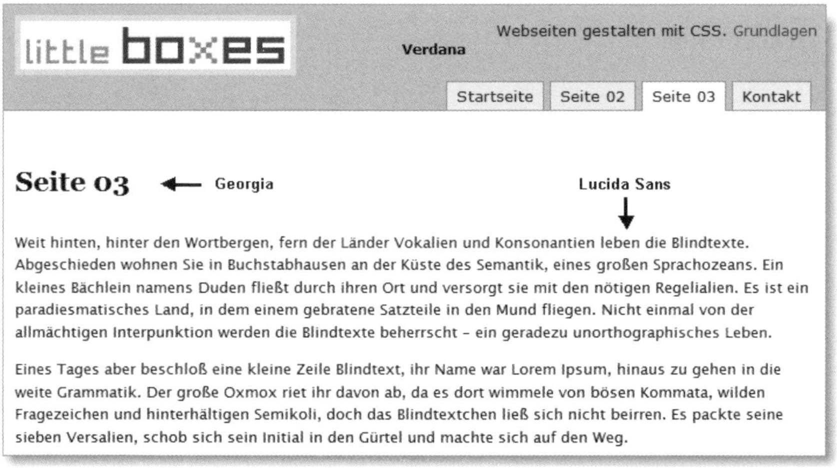

Abbildung 10.5: Beispielseite mit neu gestaltetem Textbereich

10.2 Zitate und Hinweisboxen hervorheben

Zitate und Hinweisboxen sind Teil des Fließtextes, werden aber optisch hervorgehoben, um die Aufmerksamkeit des Lesers zu erregen.

Zitate mit *blockquote* und *cite*

Zitate, die in einem eigenen Absatz stehen, werden mit den Elementen `blockquote` und `cite` gekennzeichnet, die Sie im ersten Band von »Little Boxes« auf Seite 71/72 vielleicht schon kennen gelernt haben:

```
<p>Der folgende Absatz ist ein Block-Zitat mit Quellenangabe:</p>
<blockquote>
<p>Sie können Zitate von Fremdautoren in einem eigenen, anders
formatierten (zumeist eingerückten) Absatz hervorheben.</p>
<p>Es handelt sich dabei jedoch um eine logische, inhaltliche
Auszeichnung. Wie diese Absätze genau formatiert werden, bestimmt
letztlich der Web-Browser. Die Vorgabe ist jedoch, solche Absätze
auffällig und vom übrigen Text unterscheidbar anzuzeigen.
<cite>(Quelle:
<a href="http://de.selfhtml.org/html/text/zitate_adressen.htm">
SelfHTML</a>)</cite></p>
</blockquote>
```

Listing 10.1: Zitate mit *blockquote* und *cite*

Dieses Zitat ist mit den Styles zur Schriftgestaltung aus dem letzten Abschnitt zwar gut lesbar, wirkt aber noch nicht so richtig ansprechend:

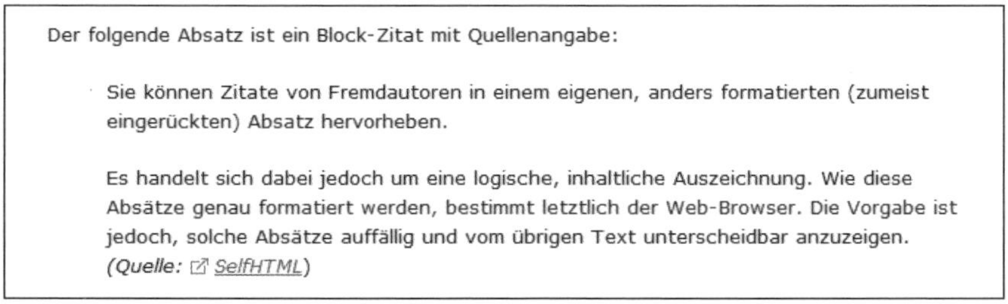

Abbildung 10.6: Das Block-Zitat mit Schriftgestaltung

Im folgenden ToDo wird das Zitat mit den normalen Box-Modell-Eigenschaften wie `background` und `padding` etwas ansprechender gestaltet. Anschließend wird die mit `cite` markierte Zitatquelle zur Block-Box gemacht und der Text darin rechts ausgerichtet.

ToDo: Ein Blockzitat gestalten mit *background, padding* und *border*

1. Kopieren Sie die Datei `blockquote.html` aus dem Basisordner für diesen Abschnitt in einen Übungsordner auf Ihrer Festplatte.
2. Ergänzen Sie den Style-Block im `head` der Seite um folgende Regel:

```
/* ==============================================
   Gestaltung von blockquote
   ---------------------------------------------- */
blockquote {
   background: #fff9df;
   padding: 1em 1em 0 1em;
   border-top: 3px solid #f3c600;
   border-bottom: 3px solid #f3c600;
   margin-left: 0; /* keine Zentrierung */
}
```

3. Fügen Sie darunter folgenden Style zur Gestaltung von *cite* ein:

```
blockquote cite {
   display: block;
   font-size: 90%;
   font-style: normal;
   letter-spacing: 1px;
   text-align: right;
}
```

4. Speichern Sie die Datei und betrachten Sie sie im Browser.

Im Brower fällt das Zitat jetzt viel mehr auf als vorher:

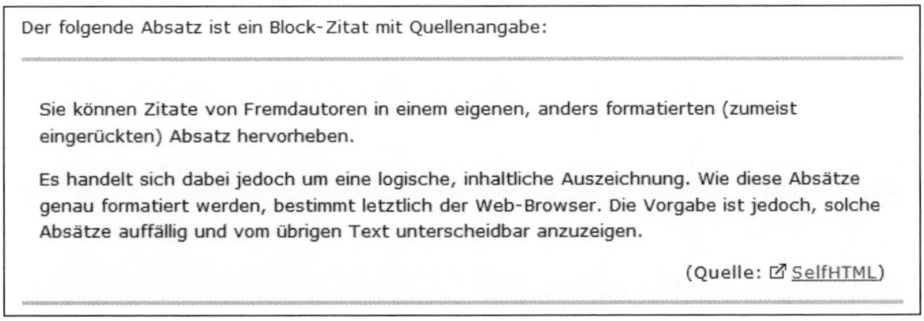

Abbildung 10.7: Das Blockzitat mit Hintergrund und Rahmenlinien

Tipp

Zitate im Fließtext mit dem Element *q*

Für Zitate im Fließtext ist eigentlich das Element `q` (wie »quote«) vorgesehen, das aber in der Praxis so viele Probleme verursacht, dass von seinem Einsatz allgemein abgeraten wird. Michael Jendryschik hat die Sachlage in seiner durchweg lesenswerten (und auch als Buch erhältlichen) »Einführung in XHTML, CSS und Webdesign« ausführlich erläutert:

- *http://jendryschik.de/wsdev/einfuehrung/auszeichnung/zitate*

Seine Empfehlung ist, »Zitate wie gewöhnlichen Fließtext auszuzeichnen und die richtigen Anführungszeichen manuell zu setzen«.

Zitate mit grafischen Anführungsstrichen

Um das Blockzitat mit grafischen Anführungsstrichen zu versehen, sind zwei Grafiken und einige Änderungen am CSS erforderlich. Die beiden Grafiken namens `quote.gif` und `unquote.gif` finden Sie auf der CD bei den Beispielseiten im Ordner `grafiken`. Es handelt sich um transparente GIFs, die graue öffnende und schließende Anführungsstriche darstellen.

Diese Grafiken werden im folgenden ToDo als Hintergrundgrafik im CSS eingebunden. Das öffnende `quote.gif` wird dabei dem Element `blockquote` zugeordnet, das schließende `unquote.gif` der Zitatquelle `cite`.

ToDo: Ein Blockzitat mit grafischen Anführungsstrichen

1. Kopieren Sie die Grafiken `quote.gif` und `unquote.gif` von der CD aus dem Grafikordner in den Übungsordner.
2. Speichern Sie `blockquote.html` als `blockquote_grafisch.html`.
3. Ändern Sie in `blockquote_grafisch.html` den Style für `blockquote` wie folgt:

```
/* ==============================================
   Gestaltung von blockquote
   ============================================== */
blockquote {
   background: #fff9df url(quote.gif) no-repeat 5px 5px;
   padding: 1em 1em 0 40px;
   border-top: 3px solid #f3c600;
   border-bottom: 3px solid #f3c600;
   margin-left: 0; /* keine Zentrierung */
}
```

ToDo: Ein Blockzitat mit grafischen Anführungsstrichen

4. Ergänzen Sie den Style für `cite` um die fett gedruckten Zeilen:

```
blockquote cite {
   display: block;
   font-size: 90%;
   font-style: normal;
   letter-spacing: 1px;
   text-align: right;
   background: url(unquote.gif) no-repeat right bottom;
   padding: 10px 40px 0 0;
}
```

5. Speichern Sie die Datei und betrachten Sie sie im Browser.

Im Browser sieht das Zitat dank der Anführungsstriche jetzt auf den ersten Blick wie eines aus:

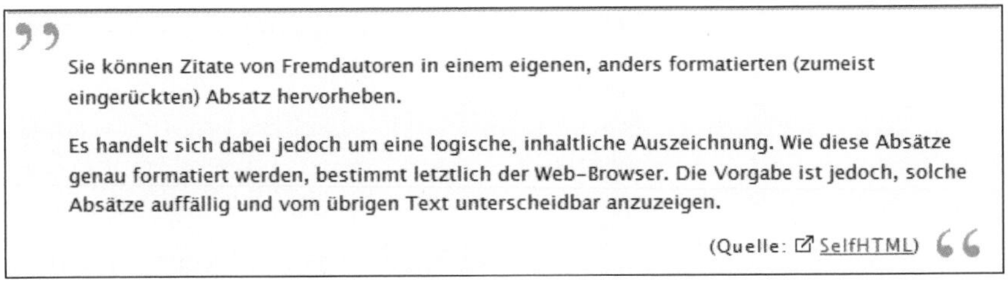
Sie können Zitate von Fremdautoren in einem eigenen, anders formatierten (zumeist eingerückten) Absatz hervorheben.

Es handelt sich dabei jedoch um eine logische, inhaltliche Auszeichnung. Wie diese Absätze genau formatiert werden, bestimmt letztlich der Web-Browser. Die Vorgabe ist jedoch, solche Absätze auffällig und vom übrigen Text unterscheidbar anzuzeigen.

(Quelle: SelfHTML)

Abbildung 10.8: Das Blockzitat mit grafischen Anführungsstrichen

Textausschnitte im Fließtext floaten

Oft möchte man die Aufmerksamkeit des Lesers steuern und auf eine besonders wichtige Textpassage lenken. In Abbildung 10.9 geht der Absatz in der Mitte etwas unter:

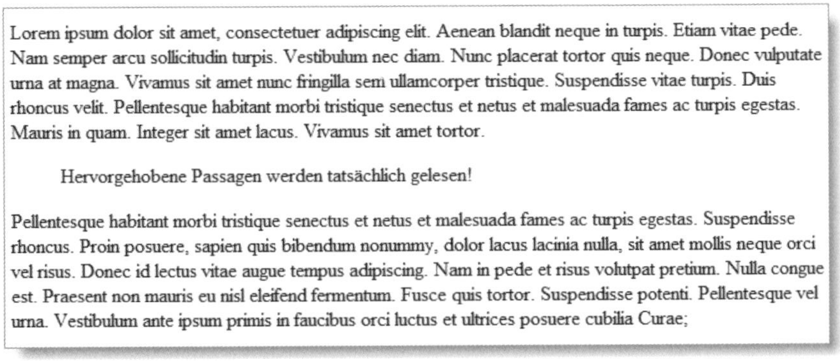
Lorem ipsum dolor sit amet, consectetuer adipiscing elit. Aenean blandit neque in turpis. Etiam vitae pede. Nam semper arcu sollicitudin turpis. Vestibulum nec diam. Nunc placerat tortor quis neque. Donec vulputate urna at magna. Vivamus sit amet nunc fringilla sem ullamcorper tristique. Suspendisse vitae turpis. Duis rhoncus velit. Pellentesque habitant morbi tristique senectus et netus et malesuada fames ac turpis egestas. Mauris in quam. Integer sit amet lacus. Vivamus sit amet tortor.

Hervorgehobene Passagen werden tatsächlich gelesen!

Pellentesque habitant morbi tristique senectus et netus et malesuada fames ac turpis egestas. Suspendisse rhoncus. Proin posuere, sapien quis bibendum nonummy, dolor lacus lacinia nulla, sit amet mollis neque orci vel risus. Donec id lectus vitae augue tempus adipiscing. Nam in pede et risus volutpat pretium. Nulla congue est. Praesent non mauris eu nisl eleifend fermentum. Fusce quis tortor. Suspendisse potenti. Pellentesque vel urna. Vestibulum ante ipsum primis in faucibus orci luctus et ultrices posuere cubilia Curae;

Abbildung 10.9: Der Absatz in der Mitte wird gleich hervorgehoben

Solche Textpassagen lassen sich mit einer Kombination aus Farbgestaltung und `float` optisch hervorheben.

Im ToDo erstellen Sie die ungebundene Klasse `.hervorgehoben`, die einem beliebigen Element zugewiesen werden kann. Dabei ist es nicht einmal wichtig, ob es ein Block- oder Inline-Element ist, denn durch das Floaten erzeugt jedes Element eine Block-Box. Wenn Sie also Textpassagen hervorheben möchten, die *innerhalb* eines Absatzes stehen, markieren Sie sie mit `span` und weisen ihnen dann die Klasse `.hervorgehoben` zu.

ToDo: Eine Textpassage hervorheben

1. Kopieren Sie die Datei `hervorgehoben.html` aus dem Basisordner für diesen Abschnitt in einen Übungsordner auf Ihrer Festplatte.
2. Ergänzen Sie den Style-Block im `head` der Seite um folgende Regel:

```
/* ============================================
   Hervorgehobene Textpassage
   ============================================ */
.hervorgehoben {
   float:right;
   width: 15em;
   font-size: 110%;
   background-color: #fff9df;
   padding: 0 0 0 35px;
   border-top: 3px solid #f3c600;
   border-bottom: 3px solid #f3c600;
   margin: 10px;
}
```

3. Speichern Sie die Datei und betrachten Sie sie im Browser.

Im Browser sieht derselbe Text danach so aus:

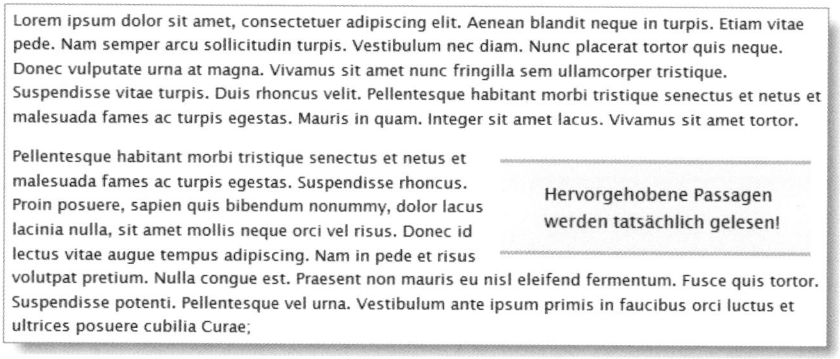

Abbildung 10.10: Hervorgehobene Passagen werden gelesen ...

Tipp

Hervorgehobener Text: »Callouts« und »pull quotes«

Solche hervorgehobenen Textpassagen werden im Englischen oft als *Callouts* oder *pull quotes* bezeichnet, weil sie wie Zitate sind, die bildlich gesprochen aus dem Text gezogen werden. Oft sind diese Passagen im Text doppelt vorhanden: einmal im normalen Fließtext und einmal hervorgehoben.

Hinweisboxen mit Grafiken

Sie können in solchen hervorgehobenen Passagen auch Grafiken verwenden. Im Folgenden bekommt eine kurze Meldung zur Unterstützung der Aussage ein passendes Icon:

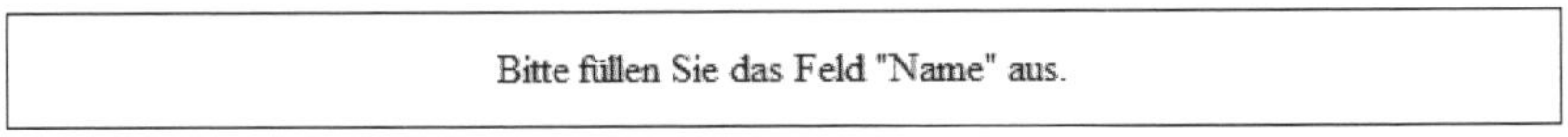

Abbildung 10.11: Eine unauffällige Meldung

Mit ein wenig CSS und einer netten Hintergrundgrafik wird diese Meldung beim Leser buchstäblich ganz anders ankommen.

ToDo: Eine Hinweisbox mit Grafik erstellen

1. Kopieren Sie die Datei `hinweisbox.html` aus dem Basisordner und die Symbolgrafik `error.png` aus dem Grafikordner in den Übungsordner.
2. Ergänzen Sie den Style-Block im `head` der Seite um folgende Regel:

```
/* ===============================================
   Hinweisbox mit Grafik
   =============================================== */
p.hinweisbox {
   background: #fff url(error.png) no-repeat 15px center;
   width: 25em;
   padding: 5px 5px 5px 45px;
   border-top: 2px solid #f3c600;
   border-bottom: 2px solid #f3c600;
}
```

3. Speichern Sie die Datei und betrachten Sie sie im Browser.

Im Browser sieht diese Meldung jetzt so aus:

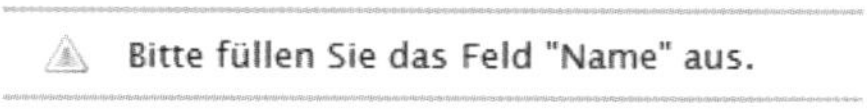

Abbildung 10.12: Dieselbe Meldung mit Hintergrundgrafik

Abbildung 10.13 zeigt ein paar Varianten mit Grafiken aus dem gleichen Iconset (siehe Tipp):

Abbildung 10.13: Variationen mit anderen Symbolen

Tipp

1000 kostenlose Icons

Bei FamFamFam können Sie das Iconset »Silk« mit über 1000 Icons kostenlos downloaden:

- *http://famfamfam.com/lab/icons/silk/*

10.3 Besondere Textauszeichnungen

In diesem Abschnitt lernen Sie einige besondere Textauszeichnungen kennen: Initiale und die Markierung von Textänderungen.

Initial: Großbuchstabe am Anfang

In literarischen Texten wird der erste Buchstabe eines Absatzes oder Textes oft besonders betont. Diesen Buchstaben nennt man *Initial*:

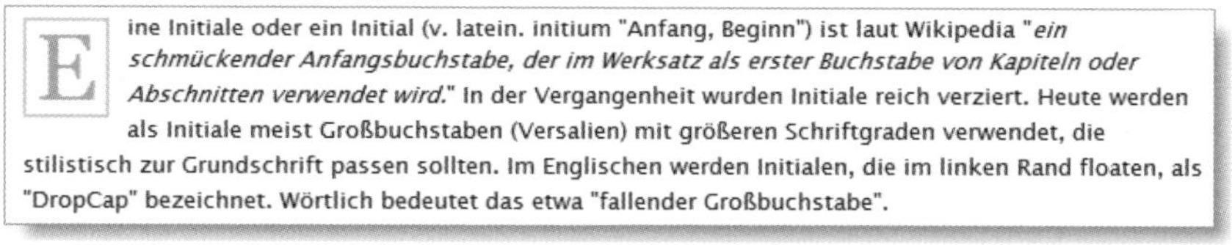

Abbildung 10.14: Ein Initial am Anfang eines Absatzes

Es gibt verschiedene Arten von Initialen und die in der Abbildung dargestellte Variante wird auf Englisch als *dropcap* bezeichnet, kurz für »*dropped capital letter*«, was etwas frei übersetzt so viel heißt wie »fallen gelassener Großbuchstabe«.

Mit CSS ist ein Initial auch ohne Grafiken einfach zu bewerkstelligen. Am zuverlässigsten geht das, indem das Block-Element eine Klasse erhält und der hervorzuhebende Buchstabe mit `span` markiert wird.

Im folgenden ToDo bekommt der erste Buchstabe eine Serifenschrift, eine Schriftgröße von 400 %, eine `line-height` von 1 und die Anweisung, nach links zu floaten. Mit ein bisschen Hintergrundfarbe und einer dünnen Rahmenlinie sieht er so aus wie in Abbildung 10.14.

ToDo: Ein Initial am Anfang eines Absatzes erstellen

1. Kopieren Sie die Datei `dropcap.html` aus dem Basisordner für diesen Abschnitt in den Übungsordner.
2. Ergänzen Sie im HTML das `p`-Element und die Klasse `dropcap` und markieren Sie den ersten Buchstaben des Absatzes mit einem `span`:

```
<p class="dropcap">
<span>E</span>ine Initiale oder ein Initial ...
```

3. Ergänzen Sie den Style-Block im *head* der Seite um folgende Regel:

```
/* ==============================================
   Initial gestalten (DropCap)
   ============================================== */
.dropcap span {
   float: left;
   font-family: Georgia, "Times New Roman", Times, serif;
   font-size: 400%;
   line-height: 1; /* wichtig */
   text-transform: uppercase; /* IMMER als Großbuchstabe
darstellen */
   background-color: #fafafa;
   color: #aaa;
   padding: 0 5px ;
   border: 2px solid #ccc;
   margin-right: 10px;
   margin-top: 7px; /* je nach Umständen ggfs. anpassen */
}
```

4. Speichern Sie die Datei und betrachten Sie sie im Browser.

Mit modernem CSS gäbe es auch noch andere Wege zum selben Ziel. Ein Nachbar-Selektor und die Pseudoklasse `:first-letter` könnten zumindest einen Teil des zusätzlichen Markups einsparen. Der folgende Style gestaltet mithilfe eines Nachbar-Selektors jeden ersten Absatz nach einer `h3`-Überschrift:

```
h3 + p { /* Anweisungen zur Gestaltung */ }
```

Listing 10.2: Ein Nachbar-Selektor

Das Besondere ist das Pluszeichen zwischen den beiden Selektoren vor der öffnenden geschweiften Klammer. Dieses + bewirkt, dass das zweite Element nur gestaltet wird, wenn es unmittelbar auf das erste folgt.

Wenn Sie den Nachbar-Selektor mit der Pseudoklasse `:first-letter` kombinieren, benötigen Sie für ein Initial gar kein zusätzliches Markup mehr:

```
h3 + p:first-letter { /* Anweisungen zur Gestaltung */ }
```

Listing 10.3: Nachbar-Selektor und Pseudoklasse im Einsatz

Die Browserumsetzung solcher Konstruktionen lässt momentan noch etwas zu wünschen übrig, aber das kann in Zukunft nur besser werden.

del und *ins* für Änderungen am Text

Wenn sich nach der Veröffentlichung eines Textes Änderungen ergeben, können Sie diese mit den zu Unrecht kaum bekannten Elementen `ins` und `del` markieren und gestalten. Besonders in schnelllebigen Blogs ist diese Möglichkeit zuweilen sehr praktisch.

Mit `del` (kurz für *delete*, löschen) markieren Sie den zu streichenden Textteil, mit `ins` (wie *insert*; einfügen) den neu hinzugekommenen. Das Attribut `datetime` ermöglicht es sogar, im Anfangstag von `del` oder `ins` (oder beiden) das Datum der Änderung anzugeben:

```
<p>1805 komponiert der 35-Jährige <del datetime="2007-10-28">Mozart</del>
<ins>Beethoven</ins> die ersten Skizzen für seine 5. Sinfonie.</p>
```

Listing 10.4: Beispiel für die Auszeichnung von Änderungen am Text

Im Browser sieht dieses HTML ohne weitere Gestaltung ungefähr so aus:

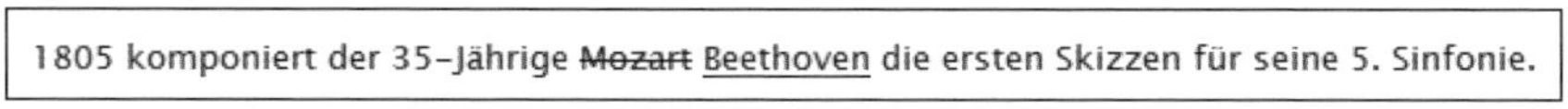

Abbildung 10.15: Nachträgliche Textänderungen mit *del* und *ins*

Die Durchstreichung ist deutlich, aber die Einfügung sieht unterstrichen fast aus wie ein Hyperlink. Mit ein bisschen CSS lässt sich das optimieren, indem der neue Text statt einer Unterstreichung zum Beispiel einen gelben Hintergrund bekommt, sodass es aussieht, als ob er mit einem Textmarker markiert worden wäre.

ToDo: Nachträgliche Textänderungen mit *del* und *ins*

1. Kopieren Sie die Datei `del_ins.html` aus dem Basisordner für diesen Abschnitt in einen Übungsordner.
2. Ergänzen Sie den Style-Block im `head` der Seite um folgende Regel:

```
/* =============================================
   Textänderungen mit del und ins gestalten
   ============================================= */
del {
   text-decoration: line-through;
   background-color: #ccc;
}
ins {
   text-decoration: none;
   background-color: yellow; /* wie ein Textmarker */
}
```

3. Speichern Sie die Datei und betrachten Sie sie im Browser.

Im Browser sieht derselbe Text jetzt so aus:

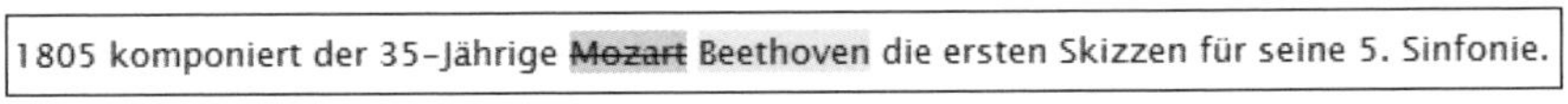

Abbildung 10.16: Textänderungen mit CSS hervorgehoben

`ins` und `del` sind übrigens eine Art Zwitter zwischen Block- und Inline-Elementen:

- Werden sie wie im Beispiel *innerhalb* von Block-Elementen eingesetzt, verhalten sie sich wie Inline-Elemente.
- *Außerhalb* von Block-Elementen werden sie selbst zum Block-Element und können somit andere Block-Elemente sowie deren Inhalt einschließen. Das ist besonders bei längeren Textpassagen sehr praktisch.

Details bei SelfHTML

Tipp

Weitere Informationen zum korrekten Einsatz von `ins` und `del` bekommen Sie bei SelfHTML:

- *http://de.selfhtml.org/html/text/logisch.htm#aenderungsmarkierung*

10.4 Bilder beschriften mit *span*

Alle Welt spricht von semantischem HTML, aber HTML selbst macht die Auswahl eines zur Bedeutung des Inhalts passenden Elements manchmal nicht gerade leicht.

Sicher, Überschriften können als Überschriften markiert werden, Absätze als Absätze, Listen als Listen und Zitate als Zitate, aber schon für eine so simple Sache wie eine Bildbeschriftung ist schlicht und einfach nichts vorgesehen, sodass Autoren improvisieren müssen.

Im ersten Band von »Little Boxes« wurde im Kapitel über »Float: schwebende Boxen« ab Seite 225 ein roter Ballon in die Startseite eingebaut und mit der Klasse `.bildrechts` gestaltet und nach rechts gefloatet.

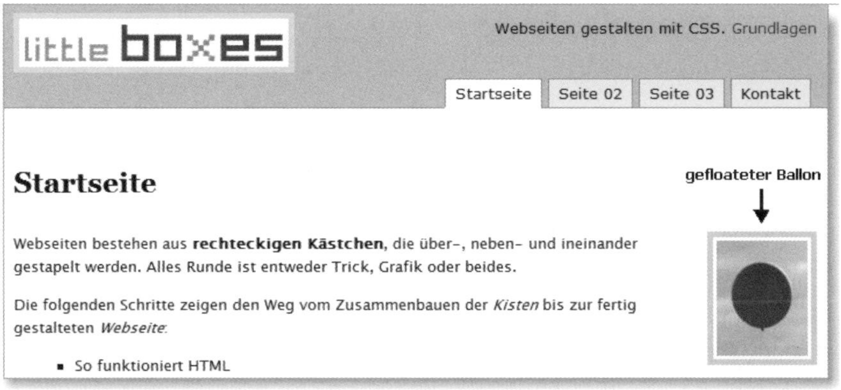

Abbildung 10.17: Ein nach rechts gefloateter Ballon

Dieser schwebende Ballon soll nun im Folgenden beschriftet werden.

Schritt 01: Grafik mit *span* auszeichnen

Um Grafiken, die im Quelltext *innerhalb* eines Block-Elements stehen, eine einfache Bildbeschriftung zu geben, wird das HTML um zwei span-Elemente und eine Klasse erweitert:

- Grafik und Beschriftung werden mithilfe eines span-Elements gruppiert, das die im CSS bereits definierte Klasse .bildrechts vom Bild übernimmt.
- Der Text der Beschriftung steht in einem weiteren span, das eine neue Klasse namens bildtext erhält.

Genau das macht das folgende ToDo.

ToDo: Das HTML für eine Grafik mit Beschriftung erweitern

1. Kopieren Sie die Dateien aus dem Basisordner für diesen Abschnitt in einen Übungsordner auf Ihrer Festplatte.
2. Öffnen Sie die Datei index.html im Editor und ändern Sie das HTML im ersten Absatz des Textbereichs wie folgt:

```
<p>
<span class="bildrechts">
<img src="ballon.jpg" width="78" height="100" alt="Roter Ballon" />
   <span class="bildtext">Roter Ballon</span>
</span>
Webseiten bestehen aus <strong>rechteckigen Kästchen</strong>, die
über-, neben- und ineinander gestapelt werden. Alles Runde ist
entweder Trick, Grafik oder beides.</p>
```

3. Speichern Sie die Seite und betrachten Sie sie im Browser.

Im Browser hat sich durch die Auszeichnung nicht viel geändert.

Schritt 02: CSS zur Beschriftung der Grafik

Das CSS in bildschirm.css muss nur geringfügig erweitert werden:

- Die Klasse .bildrechts floatet Grafiken nach rechts und formatiert sie.
- Die Klasse .bildtext formatiert die Beschriftung der Grafik.

Das folgende ToDo erledigt diese beiden Aufgaben.

ToDo: Das CSS für eine Grafik mit Beschriftung

1. Öffnen Sie die Datei `bildschirm.css` aus dem Übungsordner.
2. Fügen Sie in den Abschnitt »Allgemeine Klassen und IDs« die Klasse `.bildrechts` hinzu:

```
/* Bilder nach rechts floaten  */
.bildrechts {
   float: right;
   text-align: center;
   padding: 3px;
   border: 3px solid #d9d9d9;
   border-right-color: #bbb;
   border-bottom-color: #bbb;
   margin-right: 10px;
   margin-left: 10px;
}
```

3. Fügen Sie direkt darunter die folgende Regel zur Gestaltung des Bildtextes ein:

```
/* Bildbeschriftung für Bilder im Fließtext */
span.bildtext {
   display: block;
   font-size: 85%;
   margin-top: 4px;
}
```

4. Speichern Sie das Stylesheet und betrachten Sie die Startseite im Browser.

Und so sieht die Startseite jetzt im Browser aus:

Abbildung 10.18: Gefloatete Grafik mit einfacher Beschriftung

Schritt 03: Der schwebende Ballon zoomt mit

Grafiken bestehen aus Pixeln und sind deshalb nur schlecht skalierbar. Trotzdem wäre es nicht schlecht, wenn der Ballon bei einer Vergrößerung der Schriftart auf der Seite seine Größe anpassen würde. Und mit einem kleinen Trick geht das:

- Die Schriftgröße für die Grafik (!) wird auf 77% festgesetzt.
- Die Größe der Grafik wird anschließend in `em` definiert.

Durch diesen Trick entspricht `1em` genau `10px` (77% von 13px, die durch `font-size: small` erreicht wurden) und daher kann man die Größe der Grafik ganz bequem in `em` umrechnen:

- Die Grafik hat eine Breite von `78px` und eine Höhe von `100px`.
- Bei einer Schriftgröße von 10 px sind das `7.8em` und `10em`.

Diese Angaben werden im folgenden ToDo in einem Inline-Style direkt im `img`-Element untergebracht.

ToDo: Eine Grafik zoombar machen

1. Öffnen Sie die Startseite `index.html` im Editor.
2. Ergänzen Sie das `img`-Element für `ballon.jpg` wie folgt:

```
<img src="ballon.jpg" alt="Roter Ballon" width="78" height="100"
style="font-size: 77%; width: 7.8em; height: 10em" />
```

3. Speichern Sie die Datei und betrachten Sie sie im Browser.

Im Browser schwebt der Ballon nicht nur, er zoomt jetzt auch mit:

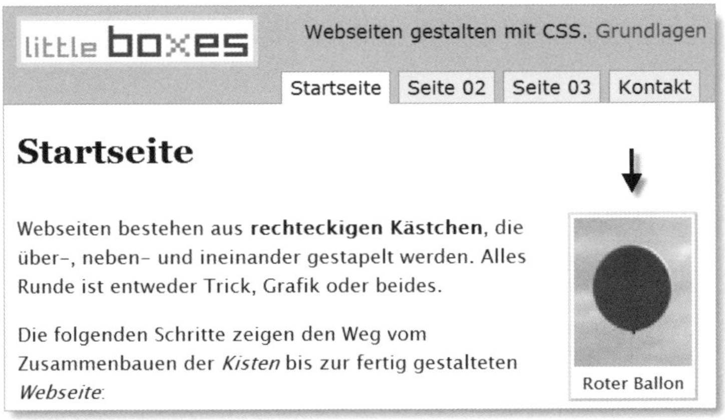

Abbildung 10.19: Der Ballon zoomt mit

Tipp

Schriftgrad in Prozent statt Pixel

Statt der komplizierten Berechnung der Schriftgröße mit »77% von 13px« wäre es naheliegend, gleich `font-size:10px` in den Inline-Style zu schreiben, aber leider zoomen die Internet Explorer bei einer Schriftgradangabe in px das Bild nicht mehr.

10.5 Bilder beschriften mit Definitionslisten

Wenn die Bilder im Fließtext *außerhalb* eines Block-Elements platziert sind, bietet sich der Einsatz von Definitionslisten an. Definitionslisten sind semantisch zur Bildbeschriftung einigermaßen sinnvoll und bestehen aus mindestens drei Elementen, wodurch Sie hervorragende Gestaltungsmöglichkeiten haben:

- `dl` (»definition list«) umschließt die gesamte Liste
- `dt` (»definition term«) für den zu definierenden Begriff
- `dd` (»definition (list) definition«) für die Erklärung

Ein einfaches Quelltextbeispiel sieht so aus (siehe Band 1, Seite 62/63):

```
<dl>
   <dt>Zu definierender Begriff (definition (list) term)</dt>
   <dd>Definition oder Beschreibung (definition definition)</dd>
</dl>
```

Listing 10.5: Eine einfache Definitionsliste

Cascading »Stile«: das Foto zur Beschriftung

In diesem Abschnitt erstellen Sie mithilfe einer Definitionsliste eine Beschriftung für das folgende Foto:

Abbildung 10.20: »Cascading Stile« im Lake District

Das Loch in der Steinmauer auf dem Foto ist ein *stile*, mit einem »i« in der Mitte. *Stile* wird genauso gesprochen wie *style* mit »y« und heißt auf deutsch »Zaunübertritt«.

Auf den Wanderwegen im nordwestenglischen Lake District wimmelt es nur so von »Stiles« in allen Variationen: *wall stiles*, *fence stiles*, *gap stiles* und viele, viele mehr.

Der auf dem Foto abgebildete Zaunübertritt hat einige Stufen davor, ist also in gewissem Sinne ein »Cascading Stile«.

Schritt 01: Die Definitionsliste erstellen

Zunächst binden Sie das Foto auf der Webseite Seite 03 ein, auf der im Textbereich von den Wanderungen eines Blindtextes erzählt wird.

ToDo: Bild mit Beschriftung – Definitionsliste erstellen

1. Kopieren Sie das Foto `stile.jpg` von der CD aus dem Grafikordner in den Übungsordner.
2. Öffnen Sie die Webseite `seite03.html` aus dem Übungsordner.
3. Erstellen Sie *nach* dem ersten Absatz im Textbereich folgende Definitionsliste:

```
<dl class="bildbox">
<dt><img src="stile.jpg" alt="Foto: Zaunübertritt mit Stufen
davor im Lake District" width="240" height="140" style="font-
size:77%; width: 24em; height: 14em;" /></dt>
<dd>"Cascading Stile" im Lake District.</dd>
</dl>
```

4. Speichern Sie die Webseite und betrachten Sie sie im Browser.

Die Definitionsliste sieht auf der Webseite jetzt so aus:

Abbildung 10.21: Bild mit Beschriftung in einer Definitionsliste

Schritt 02: Die Definitionsliste gestalten

Diese Definitionsliste wird im folgenden ToDo gestaltet.

ToDo: Definitionsliste mit Bild und Beschriftung gestalten

1. Öffnen Sie das Stylesheet `bildschirm.css` aus den Beispieldateien.
2. Erstellen Sie im Bereich für allgemeine Klassen die folgenden Styles:

```
/* Bildbeschriftung per Definitionsliste */
dl.bildbox {
   float: right; /* ohne width => so breit wie das Bild */
   text-align: center;
   background-color: white;
   padding: 0.5em;
   border: 1px solid #ccc;
   border-right-color: #bbb;
   border-bottom-color: #bbb;
   margin: 0 10px 1em 1em; /* Abstand zum Text */}

dl.bildbox dd {
   font-size: 90%;
   margin: 0;
}
```

3. Speichern Sie das Stylesheet und betrachten Sie *seite03.html* im Browser.

Nach dieser Gestaltung sieht die Liste schon ganz anders aus:

Abbildung 10.22: Die gestaltete Definitionsliste

Die Beschriftung von Bildern per Definitionsliste ist sehr flexibel, denn innerhalb einer Liste dürfen auch mehrere dd-Elemente aufeinanderfolgen. Innerhalb von dd sind wiederum auch andere Block-Elemente wie Absätze und ungeordnete Listen erlaubt. Ungeahnte Möglichkeiten.

Tipp

Mehr zu Definitionslisten

Der Australier Russell Weakley von *maxdesign* hat den definitiven Artikel über Definitionslisten geschrieben:

- *http://maxdesign.com.au/presentation/definition/*

10.6 Auf einen Blick

Hier noch einmal die wichtigsten Punkte dieses Kapitels im Überblick:

- Schriftarten ohne Serifen wie *Arial, Verdana* oder *Lucida Sans* sind für den Fließtext am Bildschirm besser lesbar.
- Für Überschriften kann man auch Serifenschriften wie *Georgia* oder *Times New Roman* einsetzen.
- Das Verhältnis von Schriftgröße und Zeilenhöhe bestimmt die Lesbarkeit von Fließtext. Mit `line-height` sollte man das Verhältnis auf einen Wert von `1.5` bis `1.7` setzen.
- Zitate und Hinweisboxen können mit einfachen CSS-Anweisungen optisch hervorgehoben werden.
- Initiale sind Großbuchstaben am Anfang eines Absatzes und mit CSS grafikfrei leicht zu erstellen.
- Änderungen am Text kann man mit `ins` und `del` markieren und dann mit CSS formatieren.
- Bilder innerhalb von Fließtextabsätzen lassen sich mit einer Kombination von `span` und Klassen floaten und beschriften.
- Bilder außerhalb von Absätzen kann man zum Beispiel mit Definitionslisten beschriften und formatieren.

Kapitel 11

Runde Ecken: Trick oder Grafik

Worin Sie sehen, dass alles Runde auf Webseiten wirklich Trick oder Grafik ist. Oder beides.

Boxen mit runden Ecken. Das ist ein bisschen wie Halloween, wobei die Kinder statt »Trick or Treat« ein »Trick oder Grafik« rufen.

Zunächst erstellen Sie in diesem Kapitel eine in der Höhe flexible Box mit runden Ecken und fester Breite, die danach Rahmenlinien mit abgerundeten Ecken bekommt und im letzten Schritt auch in der Breite flexibel wird.

Zum Abschluss des Kapitels bauen Sie eine Chamäleon-Box, deren Grafiken automatisch die Farbe wechseln, und bekommen einen kurzen Überblick über die »Trick«-Abteilung in Form von grafikfreien Alternativen.

11.1 Einfache Grafiken mit runden Ecken

Zum Warmwerden möchte ich Ihnen zunächst zeigen, wie Sie schnell einzelne Grafiken mit runden Ecken erstellen können. Sofern vorhanden, spricht nichts dagegen, die Grafiken in einem Bildbearbeitungsprogramm wie *Photoshop Elements* zu erstellen, aber Nichtgrafiker können sie auch online generieren lassen: *roundedCornr.com* kennen Sie bereits aus dem Kapitel über die »Sliding Doors«-Navigation.

Sie können dort Runde-Ecken-Komplettpakete generieren lassen, inklusive HTML und CSS-Quelltext, den Sie nur noch kopieren und in Ihre Seiten einfügen müssen, aber für die Übungen in diesem Kapitel benötigen Sie nur die Grafiken. Das HTML und CSS dazu entwerfen und schreiben Sie selbst.

Die Option zum Erstellen der Einzelgrafiken befindet sich auf der Site relativ weit unten auf der Startseite, unter der Überschrift SINGLE ROUNDEDCORNR IMAGE:

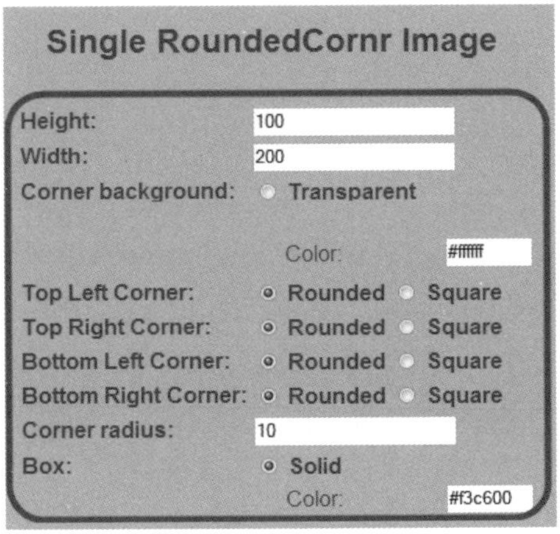

Abbildung 11.1: Einzelne Grafiken mit runden Ecken

In diesem Dialogfeld können Sie auch Rahmenlinien, Farbverlauf und Text eingeben, aber für den Anfang soll es eine ganz schlichte Grafik sein. Die in Abbildung 11.1 dargestellten Optionen ergeben eine 100 px hohe und 200 px breite GIF-Grafik in #f3c600 mit vier runden Ecken, die einen Radius von 10 px haben:

Abbildung 11.2: GIF mit runden Ecken – 200 px breit und 100 px hoch

Diese Grafik können Sie einem HTML-Element als Hintergrundgrafik zuweisen und so beliebig beschriften. Grafiken sind aber weder horizontal noch vertikal flexibel und deshalb in der Praxis nur begrenzt einsetzbar.

Tipp

Die richtige Hintergrundfarbe wählen

Achten Sie beim Erstellen der Grafik darauf, dass Sie die Hintergrundfarbe angeben, die die Grafik später auf der Webseite hat. Im Beispiel wurde bei der Option *Corner background* die Farbe `#ffffff` – Weiß – eingetragen. Diese Farbe bekommen die vier abgerundeten Ecken auf der Außenseite.

11.2 Feste Breite, flexible Höhe: zwei Grafiken und zwei Elemente

In diesem Schritt erstellen Sie eine Box mit fester Breite, die sich bei Vergrößerung des Textes nach oben und unten ausdehnt:

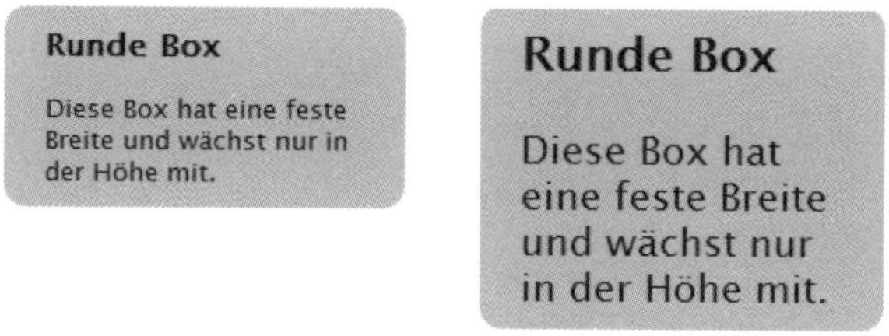

Abbildung 11.3: Runde Box mit fester Breite – links normal, rechts mit Zoom

Dazu benötigen Sie zwei Grafiken und zwei HTML-Elemente.

Aus eins mach zwei: die Grafik zuschneiden

Am einfachsten erstellen Sie dazu von der im vorherigen Abschnitt erstellten GIF-Grafik mit runden Ecken zwei Kopien mit den Namen `oben.gif` und `unten.gif` und schneiden diese dann in einem Bildbearbeitungsprogramm so zu, dass sie den beiden Grafiken in folgender Abbildung 11.4 ähneln (200 px breit, 20 px hoch):

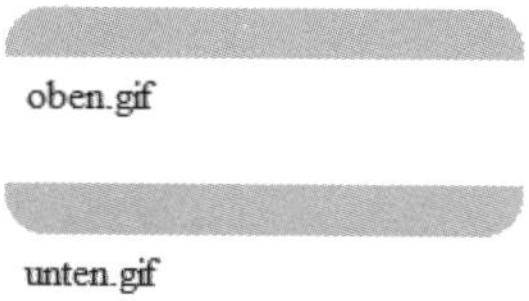

Abbildung 11.4: Aus eins mach zwei

Oder Sie kopieren einfach die fertigen Beispielgrafiken aus dem Basisordner zu diesem Abschnitt.

Die Grafiken einbauen: HTML und CSS

Die Grafiken werden im CSS als Hintergrundgrafiken eingebaut. Sie brauchen also für jede Grafik ein HTML-Element, dem Sie die Grafik zuweisen können, denn CSS akzeptiert pro HTML-Element nur eine Hintergrundgrafik.

Das HTML für eine einfache Box könnte wie im folgenden ToDo aussehen.

ToDo: Das HTML für eine einfache runde Box

1. Kopieren Sie die Dateien aus dem Basisordner für diesen Abschnitt in einen Übungsordner auf Ihrer Festplatte.
2. Fügen Sie im `body` der Datei folgende `div`-Box hinzu:

```
<div class="rundebox">
  <h3>Runde Box</h3>
  <p>Diese Box hat eine feste Breite und wächst nur in der Höhe
     mit.</p>
</div>
```

3. Speichern Sie die Datei.

Im CSS bekommt die `div`-Box zunächst die Breite der Grafiken. Bei der Definition des Hintergrundes für das `div` müssen Sie zwei Dinge beachten:

- Die Hintergrundfarbe muss mit der der Grafiken identisch sein.
- Die `div`-Box bekommt die *untere* Grafik zugewiesen.
- Das `h3` bekommt die obere Grafik, keine explizite Hintergrundfarbe und ein bisschen `padding`.

Der einzige Textabsatz in der Box bekommt im ToDo nur ein bisschen `padding`.

ToDo: Das CSS für eine einfache runde Box

1. Fügen Sie im Style-Block von `01_rundebox.html` das folgende CSS hinzu:

```
.rundebox {
   width: 200px; /* Breite der Grafiken */
   background: #f3c600 url(unten.gif) no-repeat left bottom;
}
.rundebox h3 {
   background: transparent url(oben.gif) no-repeat left top;
   padding: 10px 20px 0 20px;
}
.rundebox p {
   padding: 0 20px 10px 20px;
}
```

2. Speichern Sie die Datei und betrachten Sie sie im Browser.

Insgesamt ergeben diese Maßnahmen die Illusion einer Box mit runden Ecken:

Abbildung 11.5: Runde Box mit fester Breite und Erklärung

11.3 Feste Breite mit Rahmenlinie: drei Grafiken und drei Elemente

Um die Box mit einer farbigen Rahmenlinie zu versehen, benötigen Sie eine dritte Grafik und dementsprechend auch ein drittes HTML-Element.

Die Grafiken erstellen

Die Grafik können Sie wieder bei *roundedcornr.com* als einfache Grafik erstellen lassen, nur geben Sie dieses Mal auch ein 3 px dickes `border` an:

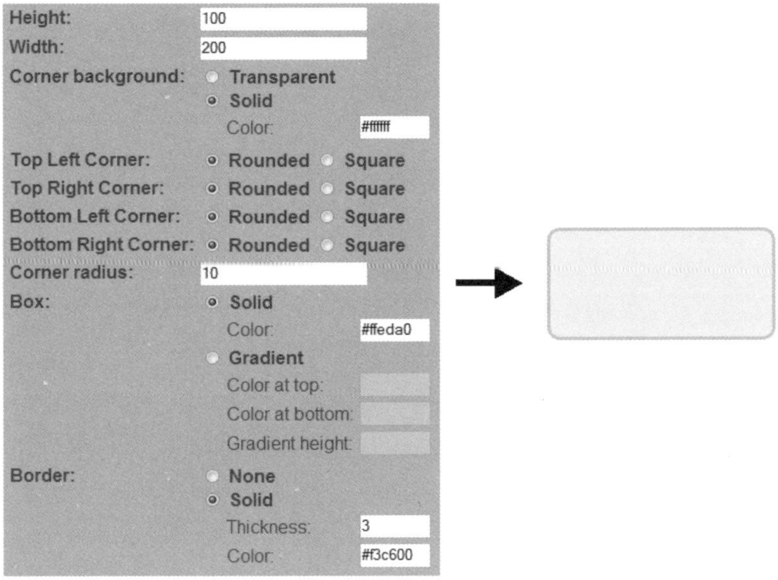

Abbildung 11.6: Grafik mit hellem Hintergrund und 3 px dicker Rahmenlinie

Die Box ist 200 px breit, 100 px hoch, hat vier runde Ecken mit 10 px Radius und weißem Hintergrund, eine Füllfarbe `#ffeda0` und eine 3 px dicke Rahmenlinie der Farbe `#f3c600`.

Von dieser Grafik erstellen Sie drei Kopien unter den Namen `oben.gif`, `mitte.gif` und `unten.gif`. Diese Kopien schneiden Sie dann so zu wie in Abbildung 11.7:

Abbildung 11.7: Drei Grafiken mit Rahmenlinien

HTML und CSS anpassen

Das HTML kann für eine Box mit Rahmenlinie unverändert bleiben.

Das CSS muss gegenüber der einfachen Box ohne Rahmenlinie nur geringfügig geändert werden:

- Die `div`-Box bekommt die Grafik `mitte.gif`, die mit `repeat-y` von oben nach unten wiederholt wird. Die definierte Hintergrundfarbe wird nur noch sichtbar, wenn die Grafiken ausgestellt sind.
- Die untere Grafik bekommt der Absatz als Hintergrundgrafik zugewiesen.

Im folgenden ToDo werden diese beiden Dinge erledigt.

ToDo: Das CSS für eine einfache runde Box mit Rahmenlinie

1. Kopieren Sie die Dateien aus dem Basisordner für diesen Abschnitt in einen Übungsordner auf Ihrer Festplatte.
2. Öffnen Sie die Datei `02_rundebox.html` und ändern Sie das CSS im Style-Block wie folgt:

```
.rundebox {
   width: 200px; /* Breite der Grafiken */
   background: #ffeda0 url(mitte.gif) repeat-y left top;
}
.rundebox h3 {
   background: transparent url(oben.gif) no-repeat left top;
   padding: 10px 20px 0 20px;
}
.rundebox p {
   background: url(unten.gif) no-repeat left bottom;
   padding: 0 20px 10px 20px;
}
```

3. Speichern Sie die Datei und betrachten Sie sie im Browser.

Diese Box sieht im Browser so aus, links mit normaler und rechts mit vergrößerter Schrift:

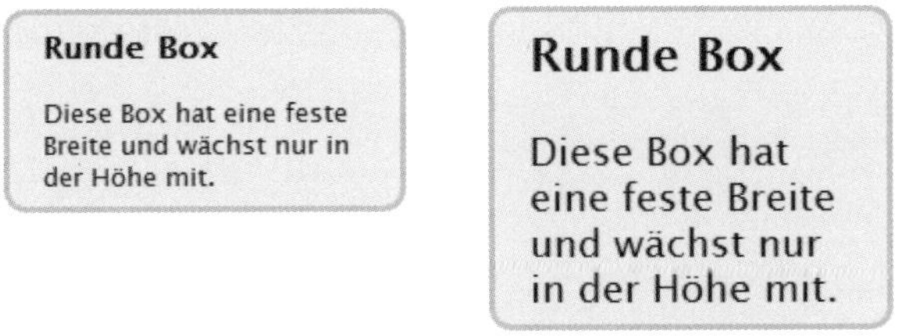

Abbildung 11.8: Runde Box mit Rahmenlinie – normal und mit Zoom

Mehr als ein Absatz innerhalb der Box

Mit einem Absatz klappt das wunderbar, aber falls Sie mehr als einen Absatz in der Box haben, wird momentan jedem `p`-Element die untere Grafik zugewiesen.

Das können Sie vermeiden, indem Sie dem letzten Absatz eine Klasse zuweisen und die Grafik `unten.gif` so nur diesem Absatz zuweisen.

ToDo: Erweiterung der runden Box für mehrere Absätze

1. Öffnen Sie ggfs. die Datei `02_rundebox.html`.
2. Fügen Sie im `div`-Element auf der Seite einen zweiten Absatz hinzu, der die Klasse `.letzter` bekommt:

```
<div class="rundebox">
  <h3>Runde Box mit Rahmenlinie</h3>
  <p>Diese Box hat eine feste Breite und wächst nur in der Höhe
     mit.</p>
  <p class="letzter">Nur der letzte Absatz bekommt die Grafik.</p>
</div>
```

3. Ändern Sie das CSS im Style-Block der Datei wie folgt:

```
.rundebox p {
   padding: 0 20px 10px 20px;
   margin: 0;
}
.rundebox p.letzter {
   background: url(unten.gif) no-repeat left bottom;
}
```

4. Speichern Sie die Datei.

Im Browser sieht die Webseite jetzt so aus wie in Abbildung 11.9, links mit normalem und rechts mit etwas vergrößertem Schriftgrad:

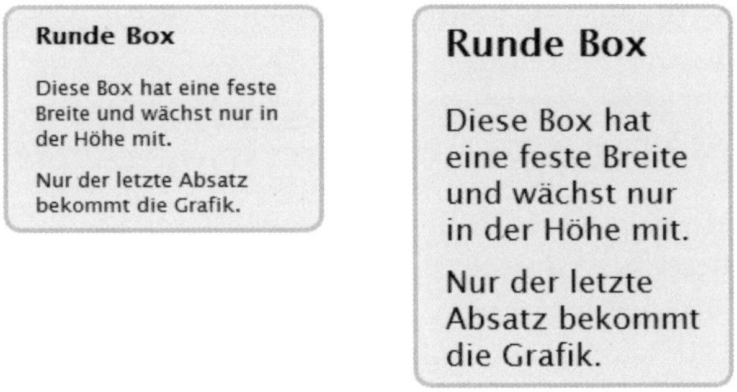

Abbildung 11.9: Runde Box mit mehreren Absätzen

Überschrift mit Farbverlauf als Hintergrund

Mit demselben Grundgerüst können Sie der Überschrift auch eine andere Hintergrundfarbe oder einen Farbverlauf zuweisen. Dazu müssen Sie lediglich die Hintergrundgrafik für die `h3`-Überschrift austauschen.

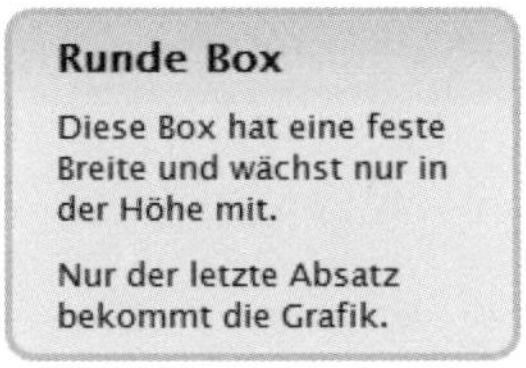

Abbildung 11.10: Feste Breite, Rahmenlinie und Farbverlauf

Die Beispielgrafik soll `oben_farbverlauf.gif` heißen und hat wieder einen 3 px dicken Rahmen in `#f3c600` und einen 40 px hohen Farbverlauf von einem etwas dunkleren Gelbton wie `#ffd728` zur Hintergrundfarbe der Box `#ffeda0`:

Abbildung 11.11: Die Grafik oben_farbverlauf.gif solo

Probieren Sie es einfach einmal aus. Die Grafik können Sie bei *roundedcornr.com* problemlos erstellen und falls es nicht klappen sollte, können Sie Ihr Ergebnis mit den fertigen Beispieldateien vergleichen.

11.4 Rundum flexibel: vier Grafiken und vier Elemente

Um eine in alle Richtungen flexible Box zu bauen, benutzen Sie eine Variante der »Sliding Doors«-Technik von Seite 123.

Die vier Grafiken

Ausgangspunkt ist wieder ein ganz normales GIF mit Hintergrundfarbe und Rahmenlinie, genau wie im vorigen Kapitel, nur sind zwei der Grafiken ein bisschen größer. Die tatsächliche Größe hängt von Ihrem Layout ab, im Beispiel genügen 800 px Breite und 400 px Höhe.

Von dieser Grafik erstellen Sie vier Kopien mit den Namen `links_oben.gif`, `links_unten.gif`, `rechts_oben.gif` und `rechts_unten.gif`, die Sie dann wie folgt zuschneiden:

Abbildung 11.12: Die vier Grafiken für eine flexible Box

Die Beispielgrafiken haben eine Breite von 780 px und 20 px und eine Höhe von 380 px und 20 px.

Das HTML: zwei zusätzliche *div*-Elemente

Um vier Hintergrundgrafiken befestigen und bei der Gestaltung des Inhalts trotzdem noch einigermaßen unabhängig sein zu können, benötigen Sie im HTML zwei zusätzliche div-Elemente. Diese sind zwar semantisch überflüssig, aber Sie wissen ja – wer schön sein will, muss leiden ...

Im ToDo wird das HTML der vorherigen Seite etwas erweitert.

ToDo: Das HTML für eine flexible runde Box mit Rahmenlinie

1. Kopieren Sie die Dateien aus dem Basisordner für diesen Abschnitt in einen Übungsordner auf Ihrer Festplatte.
2. Ergänzen Sie das HTML im *body* von 03_rundebox.html wie folgt:

```
<div class="rundebox">
   <div class="mittlerebox">
      <div class="innerebox">
      <h3>Runde Box</h3>
      <p>Diese Box ist flexibel und wächst mit.</p>
      </div><!-- Ende innerebox -->
   </div><!-- Ende mittlerebox -->
</div> <!-- Ende rundebox -->
```

3. Speichern Sie die Datei.

Das CSS: die Zuordnung der Hintergrundgrafiken

Das folgende CSS gestaltet die flexible Box und ordnet die Hintergrundgrafiken dem CSS zu. Tabelle 11.1 zeigt die Zordnung von HTML-Elementen und Hintergrundgrafiken:

Tabelle 11.1: Die Zuordnung von Elementen und Grafiken

HTML-Element	Hintergrundgrafik
div.rundebox	links_unten.gif
div.mittlerebox	rechts_unten.gif
div.innerebox	links_oben.gif
h3	rechts_oben.gif

Dazu sind folgende Schritte nötig:

- Im ersten Style wird zunächst eine Breite von 20 em definiert. Die Einheit em ist bei einer flexiblen Box angebracht, damit sie bei einer Schriftvergrößerung auch tatsächlich mitwächst.

- In den nächsten beiden Styles werden den neuen `div`-Elementen Hintergrundgrafiken zugewiesen.

  Die mittlere `div`-Box bekommt zusätzlich ein `padding-bottom`, das im Browserfenster als Abstand unterhalb des Textes zu sehen sein wird.

- Das `h3` bekommt zusätzlich zur Grafik noch ein wenig `padding`.
- Last, not least erhalten die Absätze ein leichtes horizontales `padding`.

Im folgenden ToDo werden diese Schritte erledigt.

ToDo: Das CSS für eine flexible runde Box mit Rahmenlinie

1. Öffnen Sie ggfs. die Datei `03_rundebox.html`.
2. Ändern Sie das CSS im Style-Block wie folgt:

```
.rundebox {
   width: 20em; /* ggfs. anpassen */
   background: url(links_unten.gif) no-repeat left bottom;
}
.mittlerebox {
   background: url(rechts_unten.gif) no-repeat right bottom;
   padding-bottom: 0.5em; /* Abstand unterhalb des Textes */
}
.innerebox {
   background: url(links_oben.gif) no-repeat left top;
}
.rundebox h3 {
   background: url(rechts_oben.gif) no-repeat right top;
   padding: 1em 1em 0 1em; /* unten kein padding */
}
.rundebox p { padding: 0 1em; } /* Seitenabstand */
```

3. Speichern Sie die Datei und betrachten Sie sie im Browser.

Beim Experimentieren müssen Sie besonders mit `padding` und `margin` für die verschiedenen Elemente aufpassen, aber probieren Sie es ruhig aus.

Im Browser sieht diese Box so aus:

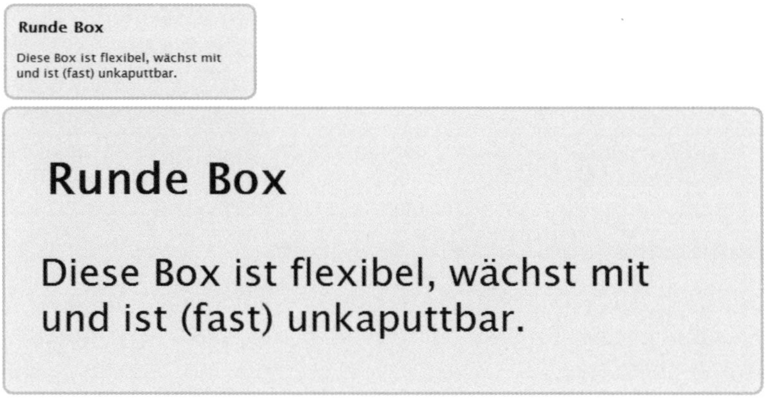

Abbildung 11.13: Flexible Box im Original und einige Zoomstufen später

An Inhalten können Sie so viel in die Box packen, wie die Grafiken hoch sind. Und falls das irgendwann mal nicht mehr reichen sollte, surfen Sie zu *roundedcornr.com* und erstellen eine größere Grafik. Nichts ist unmöglich.

11.5 Chamäleon-Box: runde Ecken mit PNG

Der Vorteil von GIF-Grafiken ist, dass sie leicht erstellbar sind, von fast jedem Bildbearbeitungsprogramm verarbeitet werden können und es, wie gesehen, sogar Onlinegeneratoren zur Erzeugung von GIF-Grafiken mit runden Ecken gibt. Der Nachteil ist, dass Sie bei jedem Farbwechsel neue Grafiken benötigen.

PNG kann mehr als GIF

PNG ist kurz für *Portable Network Graphics* und war wegen eines Patentstreits Mitte der 90er-Jahre als Nachfolger von GIF konzipiert worden. Während bei GIF nur eine einzige Farbe transparent sein kann, kann bei PNG in Form eines Alphakanals die Transparenz für jede Farbe bestimmt werden.

Ein Alphakanal ist laut Wikipedia »eine zusätzliche Information, die für jedes Pixel angibt, wie viel vom Hintergrund des Bildes durchscheinen soll«. Damit können Sie z. B. einen Farbverlauf von einer Transparenz zu Weiß erstellen.

In der Praxis bedeutet das, dass Sie – entsprechende Kenntnisse in Bildbearbeitung vorausgesetzt – für Boxen mit allen möglichen Hintergrundfarben für die abgerundeten Ecken dieselben vier Grafiken benutzen können.

Aber natürlich fehlt auch in diesem Lied der Refrain nicht: Der Internet Explorer kann bis zur V6 Grafiken mit Alphatransparenz nicht korrekt darstellen.

Runde Boxen mit beliebigen Farben

Die für das folgende Beispiel benutzten vier PNG-Grafiken finden Sie bei den Beispieldateien, da ich leider keinen Onlinegenerator für runde PNG-Grafiken gefunden habe. Die vier Grafiken sind sehr klein und werden in den vier Ecken der Box positioniert:

Abbildung 11.14: So sitzen die vier PNGs in einer Box

Die Grafiken sind nur für die Abbildung eingeschwärzt und haben in Wirklichkeit einen Verlauf von transparent zur weißen Hintergrundfarbe. So passen sie sich wie ein Chamäleon der für die Box per CSS definierten Hintergrundfarbe an.

Die zugrunde liegende HTML-Architektur ist dieselbe wie bei der flexiblen Box mit den vier GIF-Grafiken:

Listing 11.1: Das gleiche HTML wie für die flexible Box mit GIF-Grafiken

```
<div class="rundebox">
   <div class="mittlerebox">
      <div class="innerebox">
      <h3>Runde Box</h3>
      <p>Diese Box ist flexibel und wächst mit.</p>
      </div><!-- Ende innerebox -->
   </div><!-- Ende mittlerebox -->
</div> <!-- Ende rundebox -->
```

Im folgenden ToDo ändern Sie das CSS, wobei gegenüber der flexiblen GIF-Box mit vier Grafiken erstaunlich wenig Änderungen nötig sind.

ToDo: Das HTML für eine flexible Chamäleon-Box mit PNG-Grafiken

1. Erstellen Sie einen neuen Ordner und kopieren Sie die HTML-Datei `04_rundebox.html` sowie die vier PNG-Grafiken aus dem Basisordner in diesen Ordner.
2. Ändern Sie das CSS im Style-Block wie folgt:

```
div.rundebox {
   width: 20em;
   background: #f3c600 url(links_unten.png) no-repeat left bottom;
   color: black;
}
div.rundebox div.mittlerebox {
   background: url(rechts_unten.png) no-repeat right bottom;
   padding-bottom: 0.5em; /* Abstand unterhalb des Textes */
}
div.rundebox div.innerebox {
   background: url(links_oben.png) no-repeat left top;
}
div.rundebox h3 {
   background: url(rechts_oben.png) no-repeat right top;
   padding: 1em 1em 0 1em; /* unten kein padding */
}
div.rundebox p { padding: 0 1em; }
```

3. Speichern Sie die Datei und betrachten Sie sie im Browser.

Im Browser sehen die Boxen so aus:

Abbildung 11.15: Eine runde Box mit Hintergrundfarbe #f3c600

Um der Box eine andere Hintergrundfarbe zu geben, reicht die Änderung von `background-color` für `div.rundebox` im CSS. Die Grafiken sind transparent zur Farbe Weiß und passen sich automatisch an:

Abbildung 11.16: Dieselbe Box mit Hintergrundfarbe #ffedao

Patch: IE5 und IE6 kennen keine Alphatransparenz

Kommen wir zum Refrain: Der Internet Explorer bis zur Version 6 versteht keine Alphatransparenz und stellt die Chamäleon-Box etwas anders dar. Die Ecken sind rund, aber die Transparenz wird nicht durchsichtig, sondern mit einem ganz eigenen Grauton dargestellt:

Abbildung 11.17: Dieselbe Box im Internet Explorer 6

Der einfachste Patch ist, den alten Internet Explorern keine PNG-Grafiken und somit keine runden Ecken zu geben. Dazu genügt eine Deklaration:

```
background: #ffeda0;
```

Diese Kurzschreibweise weist nicht nur die Hintergrundfarbe zu, sondern setzt gleichzeitig alle anderen nicht explizit definierten Eigenschaften auf null und entfernt somit auch gleich das `background-image`.

Diese Anweisungen werden mit dem bekannten Sternchen-Hack an die IEs geliefert, die die Box dann ohne abgerundete Ecken darstellen.

ToDo: Das CSS für eine einfache runde Box mit Rahmenlinie

1. Öffnen Sie ggfs. die Datei `04_rundebox.html`.
2. Fügen Sie am Ende des Style-Blocks die folgenden Styles ein:

```
* html div.rundebox,
* html div.rundebox div.mittlerebox,
* html div.rundebox div.innerebox,
* html div.rundebox h3 {
   background: #ffeda0;
}
```

3. Speichern Sie die Datei und betrachten Sie sie im Internet Explorer 6.

Diese Styles können Sie statt mit Sternchen-Hack natürlich auch in ein per Conditional Comment ausgeliefertes Stylesheet schreiben. Details dazu finden Sie bei Bedarf in Band 1, »Patchwork: Flicken im CSS« ab Seite 299.

AlphaImageLoader-Filter

Tipp

IE5.5 und IE6 können mithilfe einer speziellen Anweisung dazu gebracht werden, PNG-Transparenz halbwegs zu akzeptieren. Ingo Chao hat genau beschrieben wie das geht, rät aber vom Einsatz eher ab:

- *http://satzansatz.de/cssd/tmp/alphatransparency.html*

11.6 Übersicht: grafikfreie runde Ecken

So weit zu klassischen runden Ecken mit Grafiken. In diesem Abschnitt möchte ich Ihnen zum Abschluss des Kapitels einige grafikfreie Alternativen vorstellen.

Überblick über Lösungen für runde Ecken

Tipp

Einen Überblick über verschiedene Techniken für runde Ecken bietet der immer mal wieder aktualisierte Artikel *CSS Rounded Corners Roundup*:

- *http://smileycat.com/miaow/archives/000044.php*

Aber seien Sie gewarnt. Momentan umfasst die Liste mehr als 50 Links. Da sieht man leicht den Wald vor lauter Bäumen nicht mehr ...

Mozillas eingebaute runde Ecken

Alle Mozilla-Browser kennen eine eingebaute CSS-Eigenschaft mit dem schönen Namen `-moz-border-radius`. Diese Eigenschaft rundet für die selektierte Box die Ecken ab, was allerdings einige Nachteile hat:

- Die runden Ecken wirken unter Umständen nicht besonders rund, weil keinerlei Farbausgleich (»Anti-Aliasing«) stattfindet.
- Die Eigenschaft ist »Mozilla-only«. Alle anderen Browser haben eckige Ecken.
- Das Stylesheet validiert nicht mehr, weil `-moz-border-radius` keine gültige CSS-Eigenschaft ist.

Die Nachteile sind deutlich, aber ich möchte Ihnen diese Eigenschaft trotzdem nicht vorenthalten. Folgendes HTML sei gegeben:

Listing 11.2: Eine simple *div*-Box mit ein bisschen Text

```
<div class="rundebox"> Lorem ipsum dolor sit amet, ... </div>
```

Diese Box wird mit ein bisschen CSS gestaltet:

Listing 11.3: Runde Ecken mit *–moz-border-radius*

```
div.rundebox {
   border: 3px solid red;
   -moz-border-radius: 20px;
}
```

Durch den fehlenden Farbausgleich sind die runden Ecken wie gesagt ja manchmal ganz schön zackig, aber mit einer geschickten Farbauswahl kann das etwas abgemildert werden:

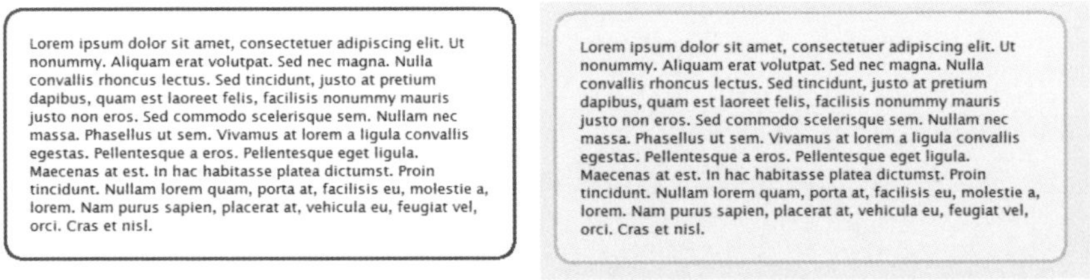

Abbildung 11.18: Links etwas mehr zackige Ecken, rechts etwas weniger

In anderen Browsern gibt es mit dieser Anweisung natürlich gar keine runden Ecken, aber zum Beispiel für eine Mozilla-Fan-Site ist `-moz-border-radius` vielleicht sogar praxistauglich.

Tipp

Zukunftsmusik: CSS3 und runde Ecken

In gewisser Weise ist Mozilla seiner Zeit einfach ein bisschen voraus, denn in CSS3 werden runde Ecken mit der Eigenschaft `border-radius` auf ganz ähnliche Weise erstellt, (ohne `-moz-` am Anfang).

Ein Absatz mit roter, runder Umrandung geht dann so:

Listing 11.4: Zukunftsmusik – runde Ecken mit CSS3

```
p { border: 3px solid red; border-radius: 10px }
```

Chunky Borders von Stu Nicholls

Stu Nicholls hat auf seiner CSS-Spielwiese (siehe auch Seite 211) eine Methode vorgestellt, mit der man ohne Grafiken und ohne JavaScript einigermaßen runde Ecken erstellen kann.

Diese Methode erfordert einige zusätzliche *div*-Boxen und hat keinen Farbausgleich. Stu Nicholls nennt sie »Chunky Borders and corners with no images«, auf Deutsch etwa »klobige Rahmen und Kurven ohne Grafiken«:

- *http://www.cssplay.co.uk/boxes/chunky.html*

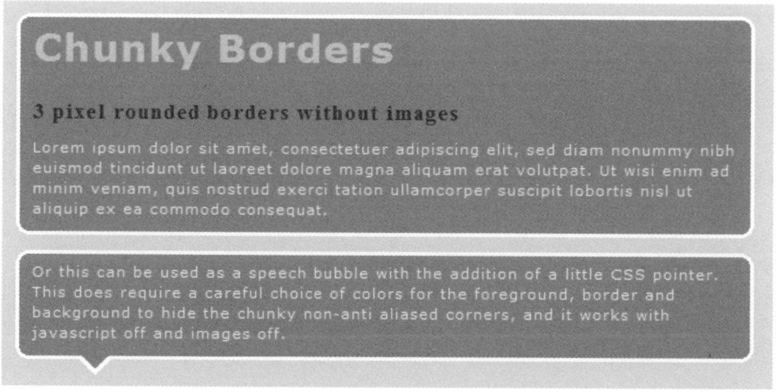

Abbildung 11.19: Chunky Borders and corners von Stu Nicholls

Zur Analyse müssen Sie im Quelltext auf *cssplay.co.uk* nach dem Tag <div id="info"> suchen. In diesem `div` steht das für das Beispiel relevante HTML. Das passende CSS dazu finden Sie im Style-Block im `head` der Seite.

Trick: JavaScript statt Grafiken

JavaScript hat in den letzten Jahren eine echte Renaissance erlebt und so gibt es inzwischen zahlreiche mehr oder weniger gelungene Ansätze, mit JavaScript grafikfrei runde Ecken zu erzeugen. Dabei werden bei allen Methoden nach der Übertragung des Quelltextes im Browser des Besuchers automatisch die benötigten zusätzlichen Elemente erzeugt.

Frank Bültge hat in seinem Blog drei der bekanntesten Methoden untersucht und verglichen:

- Webdesign, Rundungen mit JavaScript
  http://bueltge.de/webdesign-rundungen-mit-javascript/511/

Das klingt zunächst gut, ist aber auch nicht das Nonplusultra: Für wirklich schöne runde Ecken werden immer ein paar Kilobyte JavaScript benötigt, die einige zusätzliche HTML-Elemente erzeugen, und oft bekommt man gratis noch ein paar Browserinkompatibilitäten dazu.

11.7 Auf einen Blick

Hier noch einmal die wichtigsten Punkte dieses Kapitels im Überblick:

- Abgerundete Ecken beruhen entweder auf Grafiken oder auf meist mit JavaScript realisierten Tricks.
- Die Grafiken mit den runden Ecken werden im CSS als Hintergrundgrafiken eingebunden.
- Da jedem Element nur eine Hintergrundgrafik zugeordnet werden kann, benötigen Sie für jede Grafik ein Element.
- Eine horizontal und vertikal flexible Box benötigt vier Elemente und vier Grafiken.
- PNG-Grafiken können Farbverläufe von transparent zu einer bestimmten Farbe haben. Damit können Sie Chamäleon-Boxen erstellen, bei denen die Hintergrundfarbe im CSS bestimmt werden kann.
- Grafikfreie runde Ecken basieren meist auf Tricks mit zusätzlichen Elementen, die per JavaScript im Browser automatisch erzeugt werden.

Kapitel 12

Listenkisten

Worin Sie nähere Bekanntschaft mit den vielfältigen Möglichkeiten von Listen machen.

Nachdem Sie im ersten Abschnitt einige alternative Aufzählungszeichen kennen lernen, geht es danach um Listen in verschiedenen Zusammenhängen:

- »Schwebende Listen« zeigt, wie drei gefloatete Listenelemente im Fließtext nebeneinanderstehen.
- In »Sidebar« werden die Listen verschachtelt und mit runden Ecken versehen, so, wie man es in mehrspaltigen Layouts oft in einer »Seitenleiste« sieht.
- In »Galerie« werden Bilder in einer Liste mit absoluter Positionierung neben den beschreibenden Text gestellt.

Zum Abschluss gibt es noch einen kurzen Abschnitt über die Verwandlung einer Liste in ein grafikfreies Kalenderblatt.

12.1 Alternative Aufzählungszeichen

Im folgenden Abschnitt werden ein paar alternative Aufzählungszeichen für ungeordnete Listen vorgestellt, insbesondere Grafiken und Bindestriche oder andere Sonderzeichen.

Grafische Aufzählungszeichen

Aufzählungszeichen für Listenelemente werden im Englischen häufig als *bullet* (»Kugel«) bezeichnet, auch wenn sie nicht rund sind. Grafische »Bullets« sind ein sehr beliebtes Stilmittel, um das Design einer Site zu unterstützen.

Zur Einbindung von Grafiken als Aufzählungszeichen sieht CSS eigentlich die Eigenschaft `list-style-image` vor. Diese hat aber den Nachteil, dass die Browser die Grafik unterschiedlich positionieren und der Autor keinerlei Einfluss darauf hat. Deshalb werden grafische Aufzählungszeichen meist nicht mit `list-style-image`, sondern als Hintergrundgrafik für die Listenelemente eingebunden:

- `list-style-type: none` stellt die normalen Aufzählungszeichen aus.
- `background: url(bullet.gif) no-repeat left top` positioniert die Hintergrundgrafik ganz links und mittig.

Mit dem Wert für die vertikale Ausrichtung müssen Sie entsprechend der verwendeten Grafik so lange experimentieren, bis es gut aussieht.

Ein Nachteil der Einbindung eines Aufzählungszeichens als Hintergrundgrafik ist, dass die Listen ohne Grafiken überhaupt keine Aufzählungszeichen mehr haben, weil die normalen Bullets mit `list-style-type: none` deaktiviert wurden.

Das folgende ToDo versieht die Liste auf der Startseite mit einer gelben Grafik namens `bullet_yellow.gif`.

ToDo: Grafisches Aufzählungszeichen für eine Liste

1. Kopieren Sie die Dateien aus dem Basisordner für diesen Abschnitt in einen Übungsordner.
2. Öffnen Sie die Datei `liste_bullet.html` und erstellen Sie im `body` der Seite folgende Liste:

```
<ul>
   <li>Kisten erstellen</li>
   <li>Kisten gestalten</li>
   <li>Kisten positionieren</li>
</ul>
```

3. Fügen Sie im Style-Block oben auf der Seite folgende Regel ein:

```
ul li {
   list-style-type: none;
   background: url(bullet_yellow.gif) no-repeat left 2px;
   padding: 0 0 0 18px;
   margin: 0 0 0 12px;
}
```

4. Speichern Sie die Datei und betrachten Sie sie im Browser.

Im Browser hat die Liste jetzt ein grafisches Aufzählungszeichen:

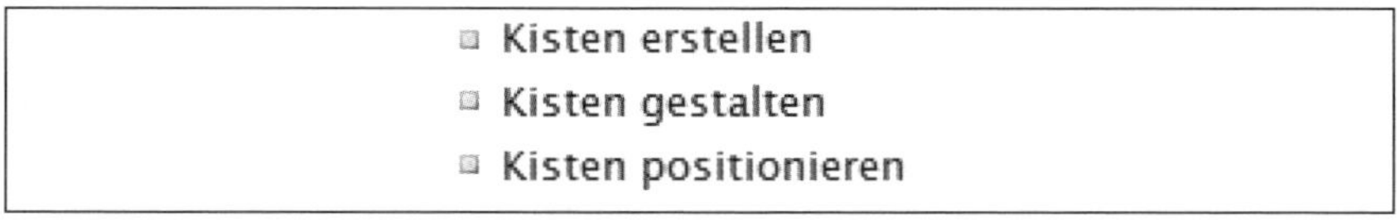

Abbildung 12.1: Grafiken als Aufzählungszeichen für die erste Ebene

Tipp

Grafische Aufzählungszeichen

In der im Abschnitt »Hinweisboxen mit Grafiken« ab Seite 226 vorgestellten Iconsammlung *Silk* sind zahlreiche grafische Aufzählungszeichen in verschiedenen Farben enthalten. Diese sind im *png*-Format und werden im IE6 und kleiner zum Teil nicht korrekt dargestellt.

Beliebige Zeichen als Aufzählungszeichen

Eine Liste mit Bindestrichen oder anderen Sonderzeichen als Bullet ist nicht so ohne weiteres möglich, geht aber mit ein bisschen Tricksen trotzdem. Der Trick besteht darin, das gewünschte Aufzählungszeichen *manuell* ins HTML zu schreiben, mit einem `span` zu markieren und dann mit einem negativen `margin-left` die Einrückung zu korrigieren.

Im folgenden ToDo fügen Sie einen gewöhnlichen Bindestrich (`–`) ein.

ToDo: Ein Bindestrich als Aufzählungszeichen

1. Speichern Sie die Datei `liste_bullet.html` aus dem vorherigen Abschnitt unter dem Namen `liste_sonderzeichen.html`.
2. Ändern Sie das HTML für die Liste wie folgt:

```
<ul>
   <li><span>&ndash; </span>Kisten erstellen</li>
   <li><span>&ndash; </span>Kisten gestalten</li>
   <li><span>&ndash; </span>Kisten positionieren</li>
</ul>
```

3. Ändern Sie das CSS für die Liste im Style-Block wie folgt:

```
ul li {
   list-style-type: none;
   background-image: none;
   padding: 0;
   margin: 0;
}
/* Der Trick: Aufzählung mit negativem margin nach links rücken */
ul li span { margin-left: -1em; }
```

4. Speichern Sie die Webseite und betrachten Sie sie im Browser.

Die Liste hat jetzt einen kurzen Bindestrich als Aufzählungszeichen:

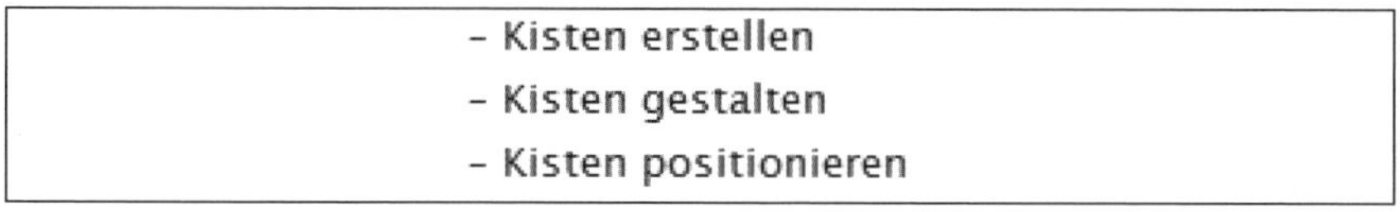

Abbildung 12.2: Sonderzeichen als Bullet – hier *–*

Einfach, aber effektiv. Statt eines kurzen `–`-Bindestrichs können Sie auch einen langen `—` verwenden oder einen doppelten `⇒`-Pfeil:

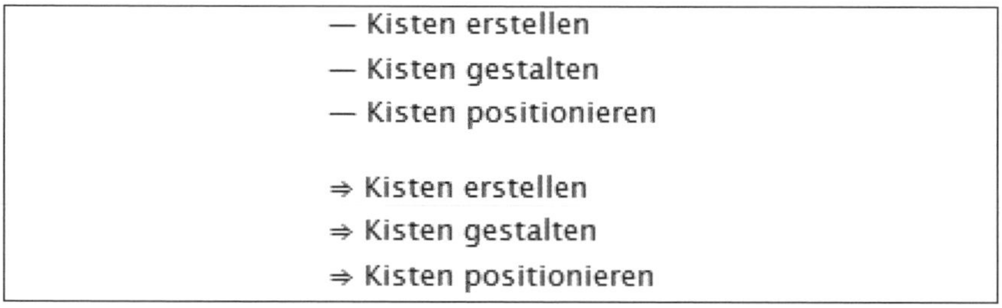

Abbildung 12.3: Liste mit *—* und *⇒*

Tipp

Komplette Liste der Sonderzeichen

In der Zeichenreferenz von SelfHTML finden Sie eine komplette Liste der möglichen Sonderzeichen. Es sind zwar nicht besonders viele als Aufzählungszeichen geeignet, aber ein Blick lohnt sich trotzdem:

- *http://de.selfhtml.org/html/referenz/zeichen.htm*

12.2 Nebeneinander: schwebende Listen

In diesem Beispiel verwandeln Sie eine einfache Liste mit einer anklickbaren `h3`-Überschrift und ein bisschen erklärendem Text darunter in ein attraktives Boxen-Ensemble, dem man seinen Ursprung als Liste nicht mehr ansieht.

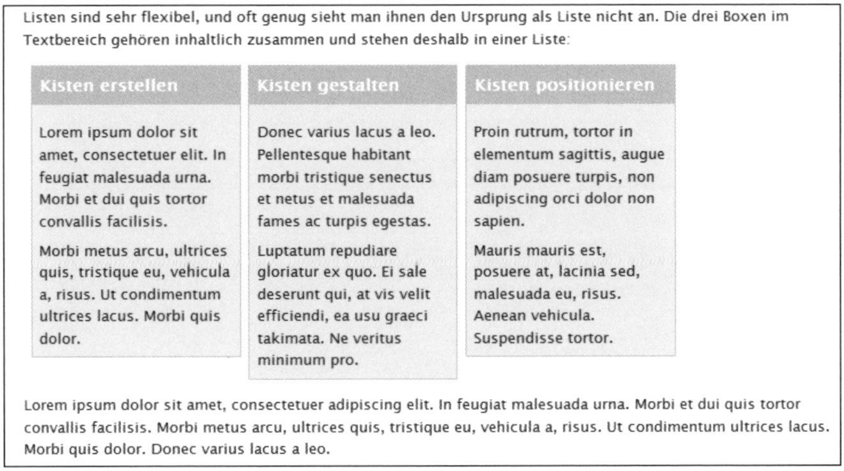

Abbildung 12.4: Nebeneinander-schwebende Listenkisten

Schritt 01: Das HTML als Grundlage

Sie beginnen wie immer mit dem HTML und erstellen in folgendem ToDo eine Aufzählung mit einer Überschrift und ein bisschen Fließtext in jedem der drei Listenelemente.

ToDo: Das HTML für die gefloateten Listenelemente

1. Kopieren Sie die Datei `liste_nebeneinander.html` vom Basisordner für diesen Abschnitt in Ihren Übungsordner.
2. Öffnen Sie die Datei im Editor und schreiben Sie den folgenden Quelltext an die markierte Stelle im `body`:

```
<ul>
   <li>
      <h3><a href="#">Kisten erstellen</a></h3>
      <p>Lorem ipsum ... </p>
   </li>
   <li>
      <h3><a href="#">Kisten gestalten</a></h3>
      <p>Donec varius ...</p>
   </li>
   <li>
      <h3><a href="#">Kisten positionieren</a></h3>
      <p>Proin rutrum, ...</p>
   </li>
</ul>
```

3. Speichern Sie die Datei und betrachten Sie sie im Browser.

Im Browser sieht diese Liste so aus:

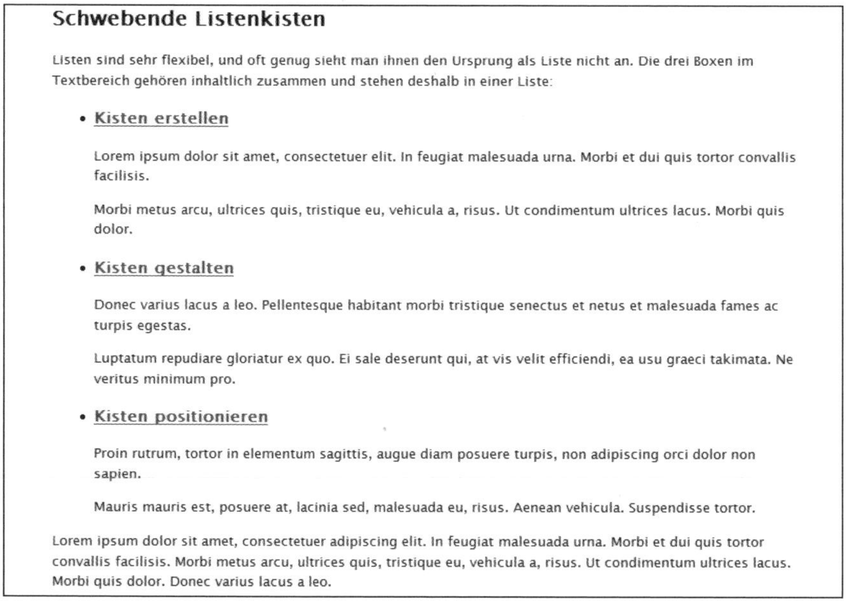

Schwebende Listenkisten

Listen sind sehr flexibel, und oft genug sieht man ihnen den Ursprung als Liste nicht an. Die drei Boxen im Textbereich gehören inhaltlich zusammen und stehen deshalb in einer Liste:

- Kisten erstellen

  Lorem ipsum dolor sit amet, consectetuer elit. In feugiat malesuada urna. Morbi et dui quis tortor convallis facilisis.

  Morbi metus arcu, ultrices quis, tristique eu, vehicula a, risus. Ut condimentum ultrices lacus. Morbi quis dolor.

- Kisten gestalten

  Donec varius lacus a leo. Pellentesque habitant morbi tristique senectus et netus et malesuada fames ac turpis egestas.

  Luptatum repudiare gloriatur ex quo. Ei sale deserunt qui, at vis velit efficiendi, ea usu graeci takimata. Ne veritus minimum pro.

- Kisten positionieren

  Proin rutrum, tortor in elementum sagittis, augue diam posuere turpis, non adipiscing orci dolor non sapien.

  Mauris mauris est, posuere at, lacinia sed, malesuada eu, risus. Aenean vehicula. Suspendisse tortor.

Lorem ipsum dolor sit amet, consectetuer adipiscing elit. In feugiat malesuada urna. Morbi et dui quis tortor convallis facilisis. Morbi metus arcu, ultrices quis, tristique eu, vehicula a, risus. Ut condimentum ultrices lacus. Morbi quis dolor. Donec varius lacus a leo.

Abbildung 12.5: Die ungestaltete ungeordnete Liste

Schritt 02: Listenelemente floaten

In diesem Schritt floaten Sie die Listenelemente nach links und geben dem Text in der Liste eine grundlegende Formatierung.

ToDo: Die Listen gestalten

1. Ergänzen Sie die folgenden Regeln im `Style`-Block von `liste_nebeneinander.html`:

```
/* Liste und Listenelemente floaten */
ul {
   float: left; /* Zum Umschließen der gefloateten Listenelemente */
   list-style-type: none;
   padding: 0;
   margin: 0 0 1em 0; } /* Abstand zum nachfolgenden Fließtext */
ul li {
   float: left;
   width: 14em; /* Breite den Umständen anpassen */
   background: #ffeda0;
   border: 1px solid #f3c600;
   border-top: none;
   margin: 0 0 0.5em 0.5em;
}
```

> **ToDo: Die Listen gestalten (Forts.)**
>
> 2. Gestalten Sie Absätze und Überschriften in der Liste mit folgenden Styles:
>
> ```
> ul p { margin: 0.5em; }
> ul h3 {
>    font-size: 110%;
>    margin-top: 0;
> }
> ```
>
> 3. Speichern Sie die Datei und betrachten Sie sie im Browser.

Im Browser sieht die Liste jetzt so aus:

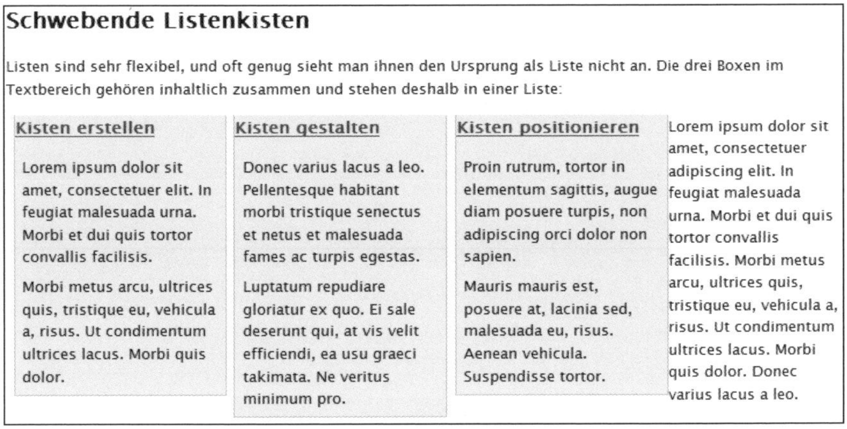

Abbildung 12.6: Die geordnete Liste – leicht ungeordnet

Abgesehen von der fehlenden Gestaltung der Links in der Überschrift fehlt für das erste Element nach der Liste definitiv ein Clearing.

Schritt 03: Liste clearen und Links gestalten

Zum Clearen des ersten Elements nach der Liste gäbe es mit modernem CSS eine wunderbar einfache Lösung:

```
ul + * { clear: both; }
```

Der Selektor sieht auf den ersten Blick etwas ungewöhnlich aus, aber das Plus ist der Nachbar-Selektor von Seite 102 und das Sternchen der selten eingesetzte Universalselektor. Die ganze Regel heißt im Klartext: »Cleare das erste Element nach `ul`, egal was es ist.« Diese Regel greift auch, wenn nach der Liste kein Absatz, sondern eine Überschrift oder irgendein anderes Element folgt.

Leider versteht der Internet Explorer bis V6 keine Nachbar-Selektoren, sodass im HTML zum Clearen eine zusätzliche Klasse eingefügt werden muss. Den Style mit dem fortgeschrittenen Selektor können Sie trotzdem drinlassen, denn er stört nicht und so gewöhnt man sich schon mal daran. Um den Grund für die Existenz der eigentlich überflüssigen Klasse nicht zu vergessen, bekommt sie den Namen `clear_ie6`.

Die Gestaltung der Hyperlinks ist unspektakulär. Sie werden geblockt und bekommen ein `padding`, um die anklickbare Fläche zu vergrößern und den Hover-Effekt zu verschönern.

ToDo: Die gefloateten Listenelemente gestalten

1. Ergänzen Sie folgende Regel im Style-Block von `liste_nebeneinander.html`:

   ```
   /* Das ersten Element nach der Liste clearen */
   ul + * { clear: both; }
   .clear_ie6 { clear: both; }
   ```

2. Die folgenden Regeln gestalten die Hyperlinks in der Überschrift:

   ```
   /* Die Links in der Überschrift */
   ul h3 a {
      display: block;
      text-decoration: none;
      padding: 0.5em;
   }
   ul h3 a:link {
      background: #f3c600;
      color: white;
   }
   ul h3 a:visited {
      background: #f3c600;
      color: #ffeda0;
   }
   ul h3 a:hover,
   ul h3 a:focus,
   ul h3 a:active {
      background: #d90000;
      color: white;
   }
   ```

3. Speichern Sie die Webseite und betrachten Sie sie im Browser.

So sieht die fertige Liste im Browserfenster aus:

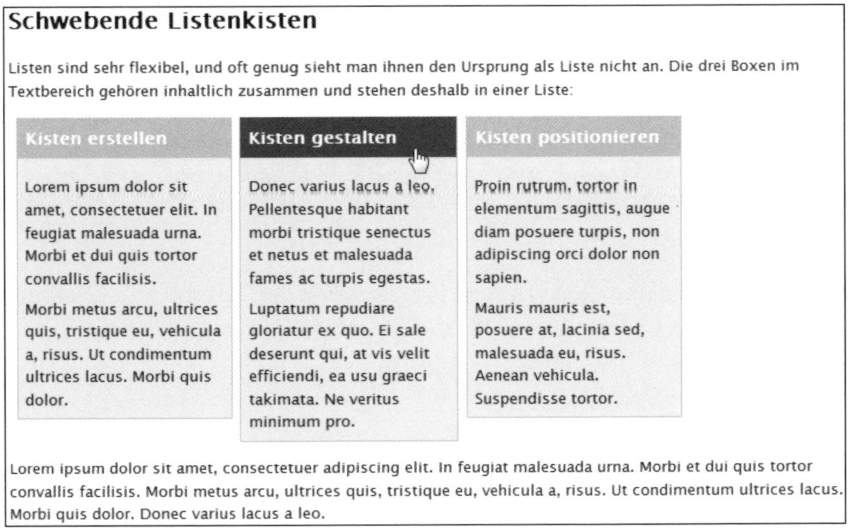

Abbildung 12.7: Die fertige Liste

12.3 Sidebar: Listen mit runden Ecken

Sidebars (dt.: »Seitenleisten«) sind optisch getrennte Bereiche, die in mehrspaltigen Layouts links oder rechts am Rand einer Webseite stehen. Sie enthalten oft zusätzliche oder weiterführende Informationen zum Text oder besonders in Blogs auch Linklisten.

In diesem Abschnitt erstellen Sie eine Sidebar, indem Sie eine verschachtelte Liste mit der Technik zur Erstellung einer flexiblen runden Box mit Rahmenlinien (siehe Seite 250ff.) kombinieren:

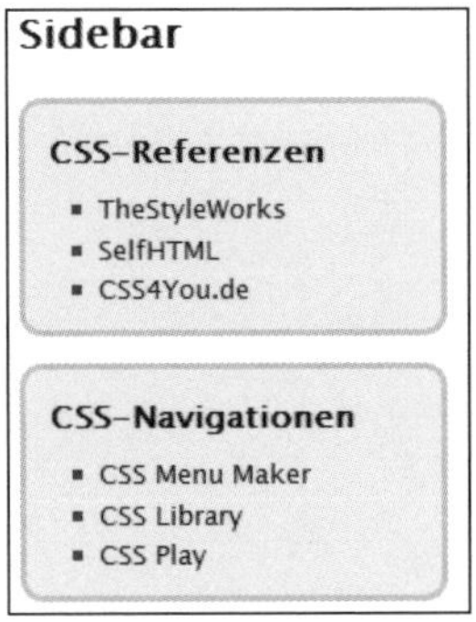

Abbildung 12.8: Runde Boxen, die als Sidebar eingesetzt werden können

Tipp

Sidebars in Weblogs

Besonders in Blogs findet man Sidebars, die Blogrolls, Linklisten, Kategorien und vieles mehr enthalten. Oft liegt diesen Sidebars eine verschachtelte ungeordnete Liste zugrunde.

Schritt 01: Das HTML

Im Beispiel wird die Sidebar in einer eigenen Datei gespeichert, sie kann aber in beliebige Layouts integriert werden.

Als Basis dient eine ungeordnete HTML-Liste innerhalb eines `div`-Elements mit der ID `sidebar`.

ToDo: Das HTML für die Sidebar

1. Kopieren Sie die Datei `sidebar.html` vom Basisordner für diesen Abschnitt in Ihren Übungsordner.
2. Öffnen Sie die Datei im Editor und ergänzen Sie im `body` das folgende HTML:

```
<div id="sidebar">
<h2>Sidebar</h2>
<ul>
   <li class="rundebox">
   <div class="mittlerebox">
      <div class="innerebox">
      <h3>CSS-Referenzen</h3>
      <ul>
         <li><a href="http://thestyleworks.de/">TheStyleWorks</a></li>
         <li><a href="http://de.selfhtml.org/">SelfHTML</a></li>
         <li><a href="http://css4you.de/">CSS4You.de</a></li>
      </ul>
      </div><!-- Ende .innerebox -->
   </div><!-- Ende .mittlerebox -->
   </li><!-- Ende .rundebox -->
   <li class="rundebox">
   <div class="mittlerebox">
      <div class="innerebox">
      <h3>CSS-Navigationen</h3>
      <ul>
         <li><a href="http://cssmenumaker.com/">CSS Menu Maker</a></li>
         <li><a href="http://dynamicdrive.com/style/csslibrary/">
            CSS Library</a></li>
         <li><a href="http://cssplay.co.uk/menus/">CSS Play</a></li>
      </ul>
```

ToDo: Das HTML für die Sidebar (Forts.)

```
        </div><!-- Ende .innerebox -->
    </div> <!-- Ende .mittlerebox -->
    </li><!-- Ende .rundebox -->
  </ul>
  </div><!-- Ende #sidebar -->
```

3. Speichern Sie die Datei und betrachten Sie sie im Browser.

Im Browser sieht dieses HTML so aus:

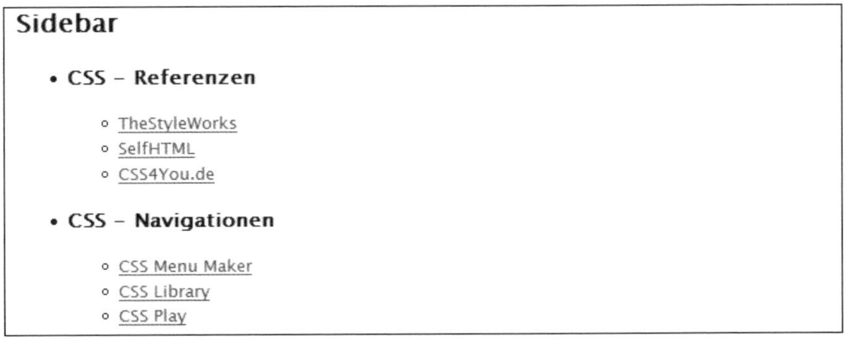

Abbildung 12.9: Die ungestaltete Sidebar

Der umgebende Container trägt die ID `sidebar` und nach einer Überschrift beginnt eine ungeordnete Liste, deren Listenelemente jeweils die Klasse `.rundebox` bekommen:

- Innerhalb der Listenelemente befinden sich zwei weitere `div`-Elemente für die Hintergrundgrafiken der abgerundeten Ecken (wie auf Seite 250 beschrieben).
- Der Inhalt eines Listenelements besteht jeweils aus einer `h3`-Überschrift und einer ungeordneten Liste mit den Hyperlinks.

Dieses HTML ist bis jetzt nur rudimentär gestaltet.

Tipp

Die Sidebar in einem mehrspaltigen Layout

Wenn Sie die Sidebar aus diesem Beispiel in ein fertiges Layout integrieren, repräsentiert der umgebende Container `#sidebar` die entsprechende Layoutspalte. Er kann problemlos einen anderen Namen wie z. B. `#col2` bekommen und auf beliebige Art und Weise positioniert werden.

Schritt 02: Die Sidebar gestalten

In diesem Schritt wird die Sidebar mit wenigen CSS-Regeln gestaltet. Diese Gestaltung erfolgt in drei Abschnitten:

- die grundlegende Formatierung der äußeren Liste
- die Gestaltung der Linklisten
- die Abrundung der Ecken für die Linklisten

Diese drei Schritte erledigen Sie im folgenden ToDo.

ToDo: Die Sidebar gestalten und mit runden Ecken versehen

1. Kopieren Sie die vier Grafiken aus dem Basisordner für diesen Abschnitt in Ihren Übungsordner.
2. Ergänzen Sie folgende Styles im `head` von `sidebar.html` zur Basisformatierung der Liste:

```
/* Die grundlegende Formatierung der Liste */
#sidebar ul {
   width: 16em; /* Breite an Layout bzw. Inhalt anpassen */
   list-style-type: none;
   padding: 0;
   margin: 0;
}
#sidebar li.rundebox {
   padding: 0;
   margin-top: 1em;  /* Abstand zwischen den Linklisten */
}
#sidebar a {
   text-decoration: none;
   color: black;
}
```

ToDo: Die Sidebar gestalten und mit runden Ecken versehen (Forts.)

3. Fügen Sie danach die folgenden Styles zur Gestaltung der Linklisten ein:

```
/* Die Linklisten */
#sidebar ul ul {
   padding-bottom: 1em;
   margin-top: 0.5em;  /* Abstand zwischen h3 und Linkliste */
}
#sidebar li li {
   list-style-type: square;
   color: #f3c600; /* Farbige Aufzählungszeichen */
   margin-left: 3em; /* Einrückung der Linkliste, ggfs. anpassen
*/
}
```

4. Ergänzen Sie jetzt die Styles für die runden Ecken der Linklisten:

```
/* Runde Ecken für die Linklisten */
#sidebar li.rundebox {
   background: url(links_unten.gif) no-repeat left bottom;
}
#sidebar li.rundebox div.mittlerebox {
   background: url(rechts_unten.gif) no-repeat right bottom;
}
#sidebar li.rundebox div.innerebox {
   background: url(links_oben.gif) no-repeat left top;
}
#sidebar li.rundebox h3 {
   background: url(rechts_oben.gif) no-repeat right top;
   padding: 1em 0 0 1em;
   margin: 0;
}
```

5. In älteren Internet Explorern benötigen die Linklisten `hasLayout`:

```
/* IE-Patch – hasLayout für die Linklisten */
* html #sidebar li.rundebox { height: 1px; }
```

6. Speichern Sie die Webseite und betrachten Sie sie im Browser.

Im Browser sieht die Sidebar jetzt so aus:

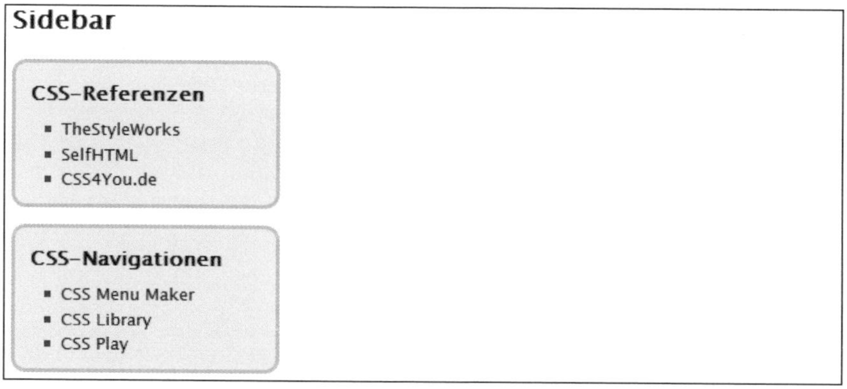

Abbildung 12.10: Die fertig gestaltete Sidebar

Tipp

Farbige Aufzählungszeichen ohne Grafiken

In Linklisten können Sie ganz ohne Grafiken farbige Aufzählungszeichen erreichen, denn die Textfarbe eines Listenelements gilt auch für das Aufzählungszeichen: `color: #d90000` färbt das Aufzählungszeichen rot.

Da Text in Linklisten nur innerhalb von Hyperlinks auftaucht, wird dieser mit `color: black` für die `a`-Elemente schwarz gefärbt. Text außerhalb von Links müsste zusätzlich markiert und formatiert werden, zum Beispiel mit `span`.

12.4 Galerie: Liste mit absoluter Positionierung

Im ersten Band von »Little Boxes« haben Sie in Kapitel 12.4 (ab Seite 244) mithilfe von `float` eine kleine Galerie gebaut, bei der neben einer Grafik eine Überschrift und ein kurzer beschreibender Text stand.

In diesem Abschnitt erstellen Sie eine ähnliche Konstruktion von Bild und Text, aber dieses Mal auf der Basis einer ungeordneten Liste und absoluter Positionierung:

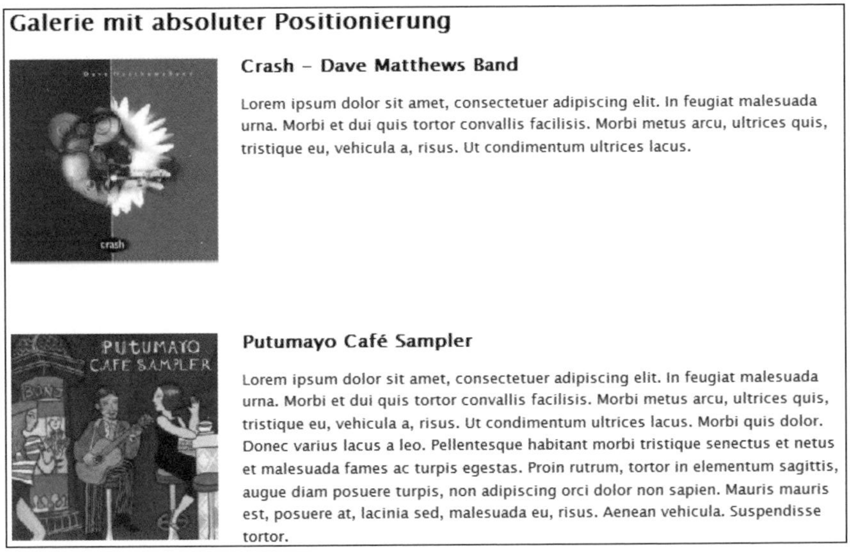

Abbildung 12.11: Eine ungeordnete Liste – hätten Sie's geraten?

Die Bilder mit `position:absolute` neben den Text zu stellen hat einige Vorteile: Es gibt keine Float-Bugs, keinen Ärger mit einem globalen Clear und eine sinnvolle Reihenfolge der Elemente im Quelltext. Außerdem lernen Sie eine bekannte Technik in einem neuen Zusammenhang kennen.

Schritt 01: Das HTML für die Musikliste

Sie beginnen mit dem HTML, wobei Sie bei der Auswahl und Reihenfolge der Elemente nicht von der optischen Darstellung, sondern vom Inhalt ausgehen:

- Die abgebildete Galerie lässt sich als eine Aufzählung von Bildern, Überschrift und Fließtext interpretieren.
- Im Quelltext soll zuerst die Überschrift erscheinen, danach das Bild und dann der Text.

Ob die Liste geordnet oder ungeordnet ist, hängt von ihrem Inhalt ab:

- Ist die Reihenfolge der Bilder nicht wichtig, nehmen Sie eine ungeordnete Liste.
- Ist die Reihenfolge der Bilder hingegen zwingend, ist eine geordnete Liste besser.

Bei einer Anleitung zum Ölwechsel ist die Reihenfolge der Schritte wichtig, denn Sie sollten z. B. das Öl nicht ablassen, bevor ein Behälter daruntersteht. Eine Fotostory zum Ölwechsel wäre vom Inhalt her also eine geordnete Liste, denn die Listenelemente beschreiben einen Vorgang und die Reihenfolge der Schritte ist wichtig.

Die CD-Cover im Beispiel sind hingegen keine Hitliste, und insofern ist die Reihenfolge der Listenelemente nicht wichtig, weswegen im folgenden ToDo eine ungeordnete Liste genommen wird.

ToDo: Das HTML für die Musikliste

1. Kopieren Sie die Datei `galerie.html` und die beiden Grafiken aus dem Basisordner in einen Übungsordner.
2. Öffnen Sie die Datei und schreiben Sie folgende ungeordnete Liste in den `body`:

```
<ul>
   <li>
   <h3>Crash - Dave Matthews Band</h3>
   <img src="dmb_crash.jpg" width="240" height="240" alt="Crash -
      DMB" />
   <p>Lorem ipsum dolor sit amet, ... </p>
   </li>
   <li>
   <h3>Putumayo Caf&eacute; Sampler</h3>
   <img src="putumayo_cafe.jpg" width="240" height="240"
      alt="Putumayo Cafe Sampler" />
   <p>Lorem ipsum dolor sit amet, ... </p>
   </li>
</ul>
```

3. Speichern Sie die Webseite und betrachten Sie sie im Browser.

So sieht die ungeordnete Liste bis jetzt aus:

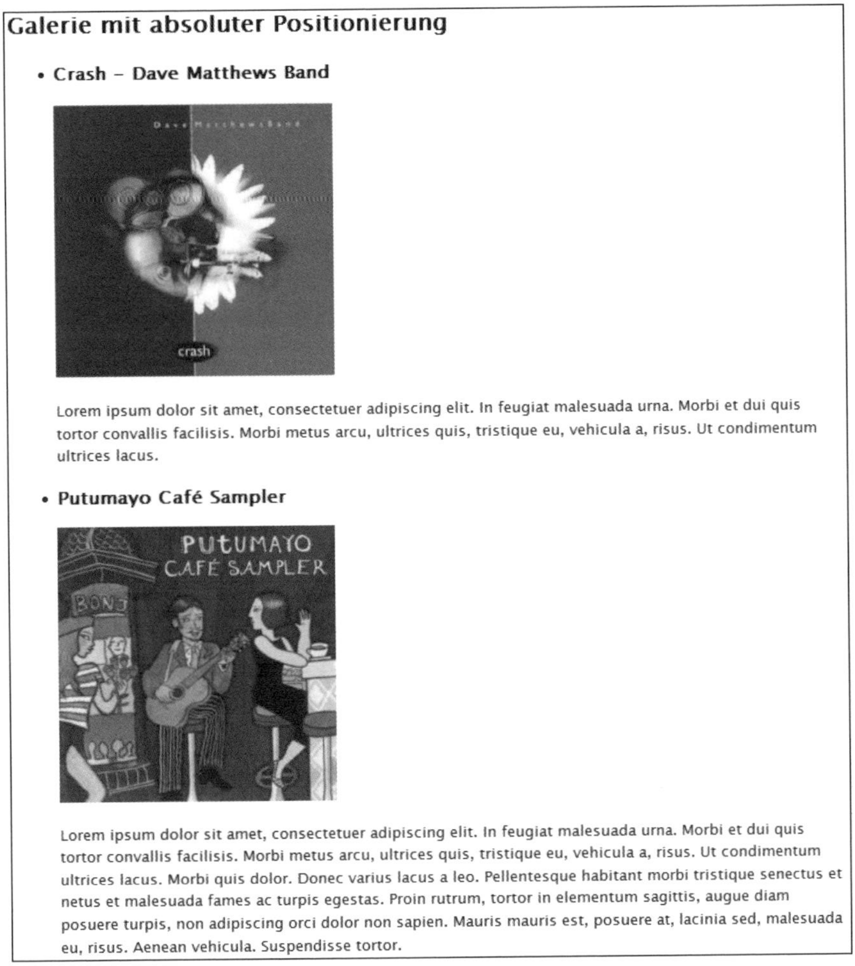

Abbildung 12.12: Die ungeordnete Liste als Ausgangsbasis

Gegenüber der Galerie mit `float` ist die Reihenfolge der Elemente im Quelltext, Überschrift – Grafik – Text, sinnvoller.

Schritt 02: Die Positionierung der Grafiken

In diesem Schritt geht es um die eigentliche Gestaltung, die im Prinzip eine Kombination von großem `margin` und absoluter Positionierung ist:

- Die Listenelemente `li` bekommen `position:relative`.
- `h3`-Überschriften und Absätze bekommen ein großes `padding-left`.
- Die Bilder werden mit `position:absolute` in die durch das `padding-left` entstandene Lücke geschoben.

Als Bezugspunkt für die Positionierung dienen dabei die relativ positionierten Listenelemente.

ToDo: Das CSS zur Positionierung der Bilder in der Musikliste

1. Schreiben Sie folgende Styles in den Style-Block im `head` der Seite:

```
ul {
   list-style-type: none;
   padding: 0;
   margin: 0;
}
ul li h3 {
   line-height: 1;
   margin-top: 0;
}
```

2. Ergänzen Sie die folgenden Styles.

```
/* Listenelemente relativ positionieren */
ul li {
   position: relative;
   padding: 0;
   margin: 0;
}
/* Lücke für die Bilder schaffen */
ul li h3,
ul li p {
   padding-left: 260px;
}
/* Bilder in die Lücke schieben */
ul li img {
   position: absolute; /* Bezugspunkt ist li wg. position:relative */
   top: 0;
   left: 0;
}
```

3. Speichern Sie das Stylesheet und betrachten Sie die Seite im Browser.

Die Galerie entspricht noch nicht ganz den Erwartungen:

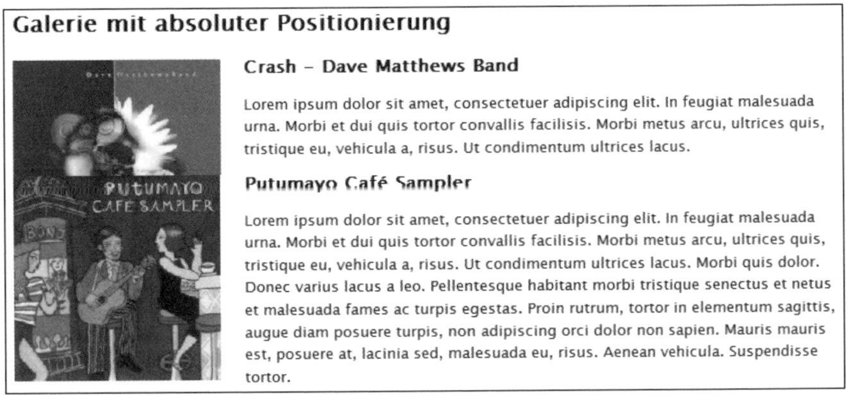

Abbildung 12.13: Ungeordnete Liste, ungeordnet

Die Grafiken stehen zwar neben dem Text, aber die Liste ist ein bisschen zu kompakt. Das Problem der ineinandergeschobenen Grafiken taucht immer dann auf, wenn der Text kürzer ist als das Bild. Da die Bilder absolut positioniert sind, werden sie von den anderen Elementen nicht mehr gesehen.

Die Höhe der Listenelemente wird nicht durch die Grafiken, sondern durch die Höhe des Textes bestimmt, und falls der Text kürzer ist als die Grafiken, überlappen sich die Bilder. Eine Lösung folgt im nächsten Schritt.

Schritt 03: Die Höhe der Listenelemente

Um die Überlappung der Grafiken zu verhindern, bekommen die Listenelemente mit `min-height: 250px` eine Mindesthöhe, die sich an der Höhe der Grafiken orientiert.

Der Internet Explorer bis zur Version 6 versteht diese Eigenschaft leider nicht, interpretiert aber netterweise die per `height` definierte Höhe als Mindesthöhe. Glück im Unglück. IE6 und kleiner bekommen also per Sternchen-Hack `height:250px`, alle anderen Browser erhalten `min-height: 250px`.

ToDo: Das CSS zur Positionierung der Bilder – Mindesthöhe vergeben

1. Ergänzen Sie den Style für die Listenelemente um die Angabe der Mindesthöhe:

```
/* Listenelemente relative positionieren */
ul li {
   position: relative;
   min-height: 250px;
   padding: 0;
   margin: 0;
}
/* Patch für IE < 7, der min-height nicht kennt */
* html ul li { height: 250px; }
```

2. Speichern Sie das Stylesheet und betrachten Sie die Datei im Browser.

Mit der Mindesthöhe sieht die Liste schon besser aus:

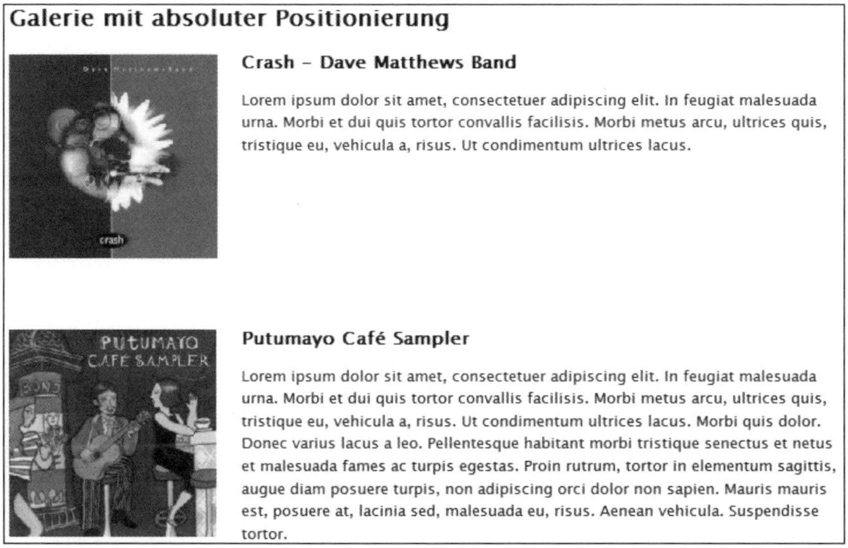

Abbildung 12.14: Ungeordnete Liste, geordnet

Optional: Bilder bei Mausberührung zoomen

Die Pseudoklasse `:hover` ist – wie Sie bei den Dropdown-Menüs gesehen haben – in keinster Art und Weise auf Hyperlinks beschränkt. Diese Tatsache nutzen Sie im Folgenden, um modernen Browsern ein bisschen Extrakomfort zu geben.

Dazu werden die Bilder zunächst um etwa ein Drittel kleiner dargestellt, um dann bei Mausberührung zu ihrer Originalgröße zu wachsen.

ToDo: Bilder bei Mausberührung zoomen

1. Verkleinern Sie das `padding-left` für Überschriften und Absätze auf 200 px:

```
ul li h3,
ul li p {
   padding-left: 200px;
}
```

2. Verkleinern Sie im folgenden Style die Darstellung der CD-Cover:

```
ul li img {
   position: absolute;
   top: 0;
   left: 0;
   width: 180px;
   height: 180px;
}
```

3. Fügen Sie den folgenden Style zum Hovern der Grafiken hinzu:

```
ul img:hover {
   width: auto;
   height: auto;
}
```

4. Speichern Sie das Stylesheet und betrachten Sie die Seite im Browser.

In alten Browsern passiert schlicht und einfach gar nichts, in modernen sehen die Besucher bei Mausberührung eine etwas größere Version des Covers:

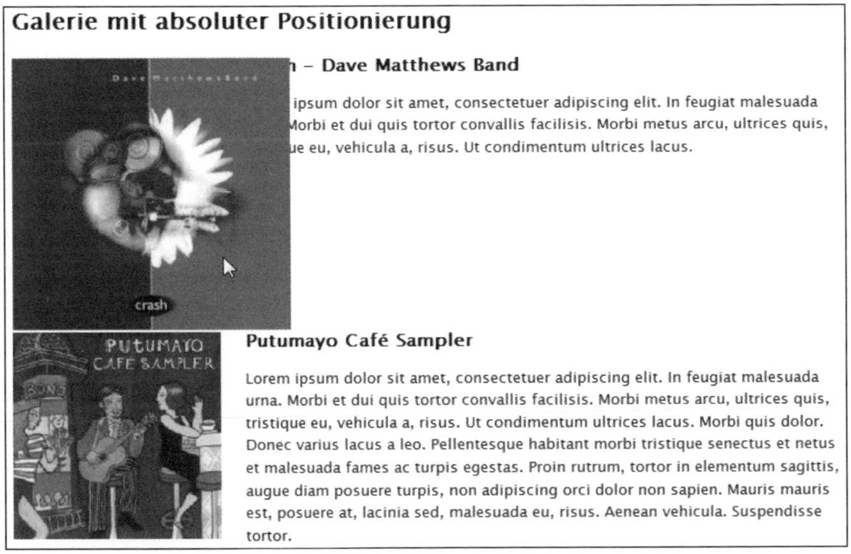

Abbildung 12.15: Grafiken mit Zoom bei Mausberührung

Tipp

Bilderzoom in alten Browsern

Um die Bilder auch in einem alten Browser hovern zu lassen, müssen Sie sie in einen Hyperlink einbetten:

- HTML:
```
<a href="#"><img src="dmb_crash.jpg" ... /></a>
```
- CSS:
```
ul a:hover img {width:auto;height:auto;}
```

12.5 Eine Liste als Kalenderblatt

Besonders in Blogs sieht man häufig Kalenderblätter, die das Datum des jeweiligen Beitrags visualisieren. Die folgende Variante kommt dabei völlig ohne Grafiken aus und basiert auf einer Liste.

Schritt 01: Das HTML für das Kalenderblatt

Als Basis für die Liste dient eine normale ungeordnete Liste mit ein paar Klassen und einem zusätzlichen `span`.

- Die Liste selbst bekommt die Klasse `.kalenderblatt`.
- Wochentag, Datum und Uhrzeit stehen jeweils in einem eigenen Listenelement mit einer entsprechenden Klasse.
- Die Tageszahl bekommt noch ein zusätzliches `span`, damit sie im CSS gesondert gestaltet werden kann.

Diese Liste erstellen Sie im folgenden ToDo.

ToDo: Das HTML für das Kalenderblatt

1. Kopieren Sie die Datei `kalenderblatt.html` aus dem Basisordner für diesen Abschnitt in Ihren Übungsordner.
2. Öffnen Sie die Datei in einem Editor und schreiben Sie das folgende HTML in den `body`:

```
<ul class="kalenderblatt">
   <li class="wochentag">Freitag</li>
   <li class="datum"><span>19</span> Oktober 2007</li>
   <li class="zeit">16:25 Uhr</li>
</ul>
```

3. Speichern Sie die Datei und betrachten Sie sie im Browser.

Ungestyled sieht die Liste im Browser so aus:

Abbildung 12.16: Eine ungeordnete Liste als Basis für ein Kalenderblatt

Schritt 02: Die Liste gestalten

Die ungeordnete Liste wird mit nur drei Styles zu einem Kalenderblatt:

- Die Liste selbst wird geschrumpft und bekommt ein paar hübsche Rahmenlinien.
- Die Tageszahl im Listenelement für das Datum wird geblockt und mit einer großen Serifenschrift formatiert.
- Die Uhrzeit wird etwas heller als das Datum und mit einer dünnen oberen Linie abgesetzt.

Diese drei Schritte erledigt das folgende ToDo.

ToDo: Das Kalenderblatt gestalten

1. Ergänzen Sie im `head` der Datei folgende Regel:

```
ul.kalenderblatt {
   float: left; /* schrumpft die Liste, kann auch nach rechts ...
*/
   list-style-type: none;
   text-align: center;
   border: 1px solid #ccc;
   border-top: 4px dotted #ccc;
   border-left: 1px solid #eee;
   padding: 1em;
}
```

2. Schreiben Sie folgenden Style zur Formatierung der Tageszahl:

```
ul.kalenderblatt li.datum span {
   display: block;
   font-family: Georgia, "Times New Roman", Times, serif;
   font-size: 180%;
   font-weight: bold;
   color: #666;   /* oder auch ein dunkles Rot wie #d90000 */
}
```

ToDo: Das Kalenderblatt gestalten (Forts.)

3. Der letzte Style gestaltet das Listenelement mit der Uhrzeit:

```
ul.kalenderblatt li.zeit {
   background-color: transparent;
   color: #8c8c8c;
   padding: 4px 0;
   border-top: 1px dotted #ccc;
   margin: 8px 0 0 0;
}
```

4. Speichern Sie das Stylesheet und betrachten Sie die Datei im Browser.

Und so sieht das Kalenderblatt im Browser jetzt aus:

Abbildung 12.17: Eine Liste als Kalenderblatt – grafikfrei

12.6 Auf einen Blick

Hier noch einmal die wichtigsten Punkte dieses Kapitels im Überblick:

- Grafische Aufzählungszeichen werden am besten als Hintergrundgrafik eingebunden, weil `list-style-image` kaum Gestaltungsmöglichkeiten bietet.
- Sonderzeichen können als Aufzählungszeichen benutzt werden, indem man sie mit `span` in das Listenelement schreibt und anschließend mit einem `margin-left` positioniert.
- Listen sind eine sehr flexible HTML-Grundlage für die verschiedensten Situationen. Innerhalb von Listenelementen können problemlos Überschriften und Absätze verwendet werden.
- Listenelemente können nebeneinandergestellt werden, sowohl mit `float` als auch mit `position:absolute`.
- Sidebars sind optische Spalten in mehrspaltigen Layouts, in denen oft verschachtelte Listen eingesetzt werden.

Kapitel 13

Tabellen und Formulare

Worin Sie Tabellen und Formulare kennen und gestalten lernen.

Tabellen sind nicht böse. Im Gegenteil. Zur Darstellung von tabellarischen Daten sind sie die Idealbesetzung. In diesem Kapitel gestalten Sie eine CD-Songliste, die in einer einfachen Version bereits fertig vorliegt:

- Das HTML wird mit zusätzlichen Elementen und Attributen optimiert.
- Die Tabelle wird mit CSS hübsch und übersichtlich.

Im anschließenden Abschnitt über Formulare sehen Sie, wie auch ein etwas längeres, aus mehreren Abschnitten bestehendes Formular mediengerecht und benutzerfreundlich gestaltet werden kann.

13.1 Tabellen gestalten

Im ersten Band von »Little Boxes« wurden ab Seite 75 die wichtigsten HTML-Elemente zur Erstellung von Tabellen vorgestellt:

- `table`, `tr`, `td` und `th` bilden zusammen das Grundgerüst einer Datentabelle.
- `thead`, `tfoot`, `tbody` können zur Gruppierung von Tabellenzeilen benutzt werden.

Diese grundlegenden Tabellenelemente werden im Folgenden um einige Elemente und Attribute ergänzt und anschließend per CSS gestaltet:

Abbildung 13.1: Die fertige Tabelle

Putumayo Café Sampler

Nr.	Künstler	Stück	Album
01	Giorgio Conte	Cannelloni	Italian Café
02	Maria de Barros	Mi Nada Um Ca Tem	Women of Africa
03	Beethova Obas	Rasanblé	Music from the Chocolate Lands
04	Anna de Hollanda	Samba Triste	Acoustic Brazil
05	Samite	Wasuze Otya?	Music from the Coffee Lands
06	Zulya	Saginou	Music from the Tea Lands
07	Gare Du Nord	How Was It For You?	Euro Lounge
08	Martina Gómez	La Ronda	Women of Latin America
09	Baguette Quartette	En Douce	French Café
10	Topsy Chapman and the Pros	Baby Won't You Please Come Home	New Orleans
Die CD enthält eine Mischung aus den *Café*, *Acoustic*- und *Lounge*-Alben von Putumayo.			

Schritt 01: Das HTML optimieren

Im Basisordner zu diesem Abschnitt finden Sie die Datei `tabelle.html`, die bereits folgende Tabelle enthält:

Listing 13.1: Ausschnitt aus dem Markup für die Beispieltabelle

```
<table>
<thead>
<tr>
   <th>Nr.</th>
   <th>Künstler</th>
   <th>Stück</th>
   <th>Album</th>
</tr>
</thead>
<tbody>
<tr>
   <td>01</td>
   <td>Giorgio Conte</td>
   <td>Cannelloni</td>
   <td>Italian Caf&eacute;</td>
</tr>
```

```
<tr>
   <td>02</td>
   <td>Maria de Barros</td>
   <td>Mi Nada Um Ca Tem</td>
   <td>Women of Africa</td>
</tr>
<!-- weitere Tabellenzeilen -->
</tbody>
</table>
```

In diesem Abschnitt erweitern Sie das Markup der Tabelle um zwei Elemente:

- `caption` gibt der Tabelle eine Überschrift. Dies geht natürlich auch mit einem normalen Überschriftelement, aber `caption` hat den Vorteil, dass es im Markup *innerhalb* des Elements `table` steht.
- Zwischen Kopf (`thead`) und Körper (`tbody`) der Tabelle wird mit `tfoot` eine Fußzeile ergänzt.

Entgegen der sonstigen anatomischen Gepflogenheiten befindet sich der Fuß bei Tabellen tatsächlich zwischen Kopf und Körper. Die in `tfoot` enthaltene Tabellenzelle erstreckt sich durch das Attribut `colspan="4"` über alle vier Spalten der Tabelle.

Zusätzlich zu diesen Elementen ergänzen Sie noch zwei Attribute, die die Zugänglichkeit der Tabelle für nichtvisuelle Browser verbessern:

- `table` bekommt das Attribut `summary` (dt.: »Zusammenfassung«), das eine inhaltliche Zusammenfassung der Tabelle enthält.

  Benutzer mit einem linearen Ausgabegerät wie einem Screenreader können die Tabelle nicht auf einen Blick erfassen und erfahren in der »Summary«, worin es in der Tabelle geht.
- Den mit `th` markierten Zellen wird durch das Attribut `scope` (dt.: »Wirkungsbereich, Gültigkeitsbereich«) mitgeteilt, dass sie für eine Spalte (`scope="col"`) gelten, und nicht für eine Zeile (`scope="row"`).

Im folgenden ToDo erledigen Sie alle diese Dinge.

ToDo: Das HTML für die Tabelle optimieren

1. Kopieren Sie die Datei `tabelle.html` aus dem Basisordner für diesen Abschnitt in einen Übungsordner auf Ihrer Festplatte.
2. Ergänzen Sie den Anfangs-Tag `<table>` um das Attribut `summary`:

```
<table summary="Playlist des Putumayo Cafe Samplers">
```

3. Fügen Sie direkt nach `<table>` das Element `caption` ein:

```
<table summary="Playlist des Samplers Putumayo Cafe">
<caption>Sampler: Putumayo Caf&eacute;</caption>
```

4. Ergänzen Sie im Element `thead` die Anfangs-Tags `<th>` um das Attribut `scope`:

```
<thead>
<tr>
   <th scope="col">Nr.</th>
   <th scope="col">Künstler</th>
   <th scope="col">Stück</th>
   <th scope="col">Album</th>
</tr>
<thead>
```

5. Fügen Sie zwischen `thead` und `tbody` das Element `tfoot` ein:

```
<tfoot>
<tr>
   <td colspan="4">Diese CD enthält eine Mischung aus den
   <em>Caf&eacute;</em>, <em>Acoustic</em>- und <em>Lounge</em>
   -Alben von Putumayo.</td>
</tr>
</tfoot>
```

6. Speichern Sie die Datei und betrachten Sie sie im Browser.

Die ungestaltete Tabelle sieht im Browser etwa so aus:

Putumayo Café Sampler

Nr.	Künstler	Stück	Album
01	Giorgio Conte	Cannelloni	Italian Café
02	Maria de Barros	Mi Nada Um Ca Tem	Women of Africa
03	Beethova Obas	Rasanblé	Music from the Chocolate Lands
04	Anna de Hollanda	Samba Triste	Acoustic Brazil
05	Samite	Wasuze Otya?	Music from the Coffee Lands
06	Zulya	Saginou	Music from the Tea Lands
07	Gare Du Nord	How Was It For You?	Euro Lounge
08	Martina Gómez	La Ronda	Women of Latin America
09	Baguette Quartette	En Douce	French Café
10	Topsy Chapman and the Pros	Baby Won't You Please Come Home	New Orleans

Die CD enthält eine Mischung aus den *Café*, *Acoustic*- und *Lounge*-Alben von Putumayo.

Abbildung 13.2: Die Tabelle im Rohbau

Tipp

Details zum HTML für Tabellen

In seinem Blog *456bereastreet.com* hat Roger Johansson aus Göteborg neben vielen anderen lesenswerten Artikeln auch einen über das Markup von HTML-Tabellen geschrieben:

- *http://456bereastreet.com/archive/200410/bring_on_the_tables/*

Schritt 02: Gestaltung von *table* und *caption*

Nach der Optimierung des Markups beginnen Sie jetzt mit der Gestaltung der Tabelle.

Im ersten Schritt geht es dabei um das Element `table` selbst. Die Tabelle bekommt eine definierte Breite (`width: 55em;`) und einen dünnen Rahmen rundherum.

Neu ist lediglich die Eigenschaft `border-collapse`. Der Wert `collapse` bewirkt, dass zwischen den Zellen der Tabelle keine Zwischenräume sind, und ist eine CSS-Entsprechung zu der HTML-Anweisung `<table cellspacing="0">`, die Sie vielleicht noch aus HTML-Gestaltungszeiten kennen.

Zusätzlich wird die Tabellenüberschrift `caption` im folgenden ToDo noch so gestaltet, dass sie auch wie eine Überschrift aussieht.

ToDo: Die Gestaltung der Tabelle und der Überschrift

1. Fügen Sie im Style-Block von `tabelle.html` den folgenden Style ein:

```
/* CSS zur Gestaltung der Tabelle */
table {
   width: 55em;
   border-collapse: collapse;
   background: white;
   color: black;
   border: 1px solid #333;
}
```

2. Ergänzen Sie darunter die folgende CSS-Regel:

```
caption {
   font-size: 120%;
   font-weight: bold;
   background-color: white;
   color: black;
   text-align: left;
   padding: 1em;
   padding-left: 0;
}
```

3. Speichern Sie die Datei und betrachten Sie sie im Browser.

Im Browser sieht die Tabelle jetzt etwa so aus:

Putumayo Café Sampler

Nr.	Künstler	Stück	Album
01	Giorgio Conte	Cannelloni	Italian Café
02	Maria de Barros	Mi Nada Um Ca Tem	Women of Africa
03	Beethova Obas	Rasanblé	Music from the Chocolate Lands
04	Anna de Hollanda	Samba Triste	Acoustic Brazil
05	Samite	Wasuze Otya?	Music from the Coffee Lands
06	Zulya	Saginou	Music from the Tea Lands
07	Gare Du Nord	How Was It For You?	Euro Lounge
08	Martina Gómez	La Ronda	Women of Latin America
09	Baguette Quartette	En Douce	French Café
10	Topsy Chapman and the Pros	Baby Won't You Please Come Home	New Orleans
Die CD enthält eine Mischung aus den *Café*, *Acoustic-* und *Lounge*-Alben von Putumayo.			

Abbildung 13.3: *caption* als Überschrift und *table* mit Rahmen

Schritt 03: Gestaltung der Tabellenzellen

Der Gesamteindruck der Tabelle wird ganz wesentlich von der Gestaltung der Zellen geprägt.

Die Spaltenüberschriften `th` und die normalen Tabellenzellen `td` bekommen ein bisschen `padding`, werden mit `text-align:left` linksbündig und `vertical-align: top` nach oben ausgerichtet. Die Überschriften bekommen zusätzlich noch eine Textformatierung.

Mit `thead` und `tbody` werden Tabellenzellen logisch gruppiert und können so gemeinsam gestaltet werden.

ToDo: Die Gestaltung der Tabellenzellen und Zeilengruppierungen

1. Gestalten Sie die Tabellenzellen mit den folgenden Styles:

```
th, td {
   padding: 0.5em 1em;
   text-align: left;
   vertical-align: top;
}
th {
   font-family: Georgia, "Times Roman", serif;
   font-size: 110%;
   font-variant: small-caps;
   letter-spacing: 2px;
   font-weight: normal;
}
```

2. Ergänzen Sie darunter die folgenden Regeln zur Gestaltung von Tabellenkopf und -fuß:

```
thead {
   background-color: #f3c600;
   color: black;
   border-bottom: 1px solid #999;
}
tfoot { border-top: 1px solid #999; }
```

3. Speichern Sie die Datei und betrachten Sie sie im Browser.

Im Browser wird die Tabelle langsam übersichtlicher:

Abbildung 13.4: Die Tabelle wird langsam übersichtlicher

Putumayo Café Sampler

Nr.	Künstler	Stück	Album
01	Giorgio Conte	Cannelloni	Italian Café
02	Maria de Barros	Mi Nada Um Ca Tem	Women of Africa
03	Beethova Obas	Rasanblé	Music from the Chocolate Lands
04	Anna de Hollanda	Samba Triste	Acoustic Brazil
05	Samite	Wasuze Otya?	Music from the Coffee Lands
06	Zulya	Saginou	Music from the Tea Lands
07	Gare Du Nord	How Was It For You?	Euro Lounge
08	Martina Gómez	La Ronda	Women of Latin America
09	Baguette Quartette	En Douce	French Café
10	Topsy Chapman and the Pros	Baby Won't You Please Come Home	New Orleans
Die CD enthält eine Mischung aus den *Café*, *Acoustic*- und *Lounge*-Alben von Putumayo.			

Die im ToDo vergebenen Rahmenlinien für `thead` und `tfoot` werden im Internet Explorer kleiner als V7 nicht angezeigt, haben aber ansonsten keinerlei Nebenwirkungen.

Wenn die Linien auch in diesen Browsern sichtbar sein sollen, müssten Sie im HTML entsprechende Klassen vergeben und dann diese gestalten.

Schritt 04: Zebrastreifen

Die Zeilen einer Tabelle lassen sich vom Benutzer optisch besser erfassen, wenn sie abwechselnd farbig markiert sind. Im ToDo wird jede gerade Tabellenzeile farbig hinterlegt.

Da dieser Effekt oft als »Zebrastreifen« bezeichnet wird, liegt der Name der Klasse, die im folgenden ToDo erstellt und vergeben wird, nahe.

ToDo: Die Gestaltung der Tabellenzeilen

1. Ergänzen Sie im Style-Block von `tabelle.html` folgende Regel:

```
tr.zebrastreifen { background-color: #ffeda0; color: black; }
```

2. Im HTML bekommt *jede zweite Tabellenzeile* die Klasse für die Zebrastreifen:

```
<!-- jede zweite Zeile ... -->
<tr class="zebrastreifen">
   <td>02</td>
   <td>Maria de Barros</td>
   <td>Mi Nada Um Ca Tem</td>
   <td>Women of Africa</td>
</tr>
```

3. Schließen Sie die Formatierung der Tabelle mit folgenden Styles ab:

```
tr:hover {
   background-color: #d90000;
   color: white;
}
thead tr:hover,
tfoot tr:hover {
   background-color: transparent;
   color: inherit;
}
```

4. Speichern Sie die Datei und betrachten Sie sie im Browser.

Im Browser sieht die Tabelle jetzt wesentlich übersichtlicher aus als am Anfang dieses Abschnitts:

Putumayo Café Sampler

Nr.	Künstler	Stück	Album
01	Giorgio Conte	Cannelloni	Italian Café
02	Maria de Barros	Mi Nada Um Ca Tem	Women of Africa
03	Beethova Obas	Rasanblé	Music from the Chocolate Lands
04	Anna de Hollanda	Samba Triste	Acoustic Brazil
05	Samite	Wasuze Otya?	Music from the Coffee Lands
06	Zulya	Saginou	Music from the Tea Lands
07	Gare Du Nord	How Was It For You?	Euro Lounge
08	Martina Gómez	La Ronda	Women of Latin America
09	Baguette Quartette	En Douce	French Café
10	Topsy Chapman and the Pros	Baby Won't You Please Come Home	New Orleans
Die CD enthält eine Mischung aus den *Café*, *Acoustic*- und *Lounge*-Alben von Putumayo.			

Abbildung 13.5: Die fertige Tabelle – hübsch, übersichtlich und zugänglich

Der Hover-Effekt funktioniert natürlich nicht in älteren Internet Explorern, hat aber keinerlei negative Nebenwirkungen.

13.2 Formulare gestalten

Im ersten Band von »Little Boxes« haben Sie ab Seite 187 ein einfaches Kontaktformular erstellt und dabei die wichtigsten Formularelemente kennen gelernt. In diesem Abschnitt erstellen Sie ein etwas komplexeres Bestellformular:

Abbildung 13.6: Dieses Formular erstellen Sie in diesem Abschnitt

Formularlayout: Tabellen, *div*-Elemente und Listen

Für das Layout eines Formulars gibt es verschiedene Möglichkeiten. Besonders beliebt sind die folgenden drei Methoden, bei denen das eigentliche Formular zwecks Gestaltung um zusätzliche HTML-Elemente erweitert wird:

- *Tabellen*: Beschriftung und Formularfeld in getrennten Zellen oder auch zusammen in einer Zeile. Tabellen können in einigen Situationen durchaus sinnvoll sein und, solange sie linearisierbar sind, sprich die Reihenfolge der Elemente ohne das Tabellengerüst Sinn ergibt, sogar vertretbar. Zum Testen der Linearisierbarkeit gibt es in der *Web Developer Toolbar* die Option *Verschiedenes – Seite linearisieren.*

- `div`-Elemente: Beschriftung und Formularelement werden in einen `div`-Container gepackt und zusammen gestaltet. Diese Technik wurde im ersten Band für das einfache Kontakformular benutzt.
- *Listen*: Das Formular wird als eine Auflistung von Paaren aus Beschriftung und Formularelementen interpretiert und entsprechend ausgezeichnet. Vorteil dieser Variante ist, dass beim Layouten jede Menge Elemente zur Verfügung stehen (siehe Tipp-Kasten).

Im folgenden Abschnitt werden Sie keine dieser Varianten einsetzen, sondern das Formular ohne zusätzliche Elemente gestalten.

Tipp

Formulare mit Listen

Cameron Adams hat unter dem Titel »Fancy Form Design Using CSS« ein interessantes Tutorial zur Formulargestaltung mit geordneten Listen veröffentlicht:

- *http://sitepoint.com/article/fancy-form-design-css*

Schritt 01: Das HTML für das Formular

Im Beispielformular werden nur die wirklich benötigten Formularelemente eingesetzt und anschließend gestaltet:

- Adress- und Bestelldaten werden jeweils mit `fieldset` gruppiert und mit `legend` beschriftet.
- Alle Formularelemente bekommen eine ID und werden mit `label` beschriftet.
- Beschriftungen, die vor einem Element stehen, bekommen die Klasse `.davor`, die im CSS zur Positionierung der Elemente dient.
- Das Sternchen zur Kennzeichnung eines Pflichtfelds steht in einem eigenen `span` mit der Klasse `.pflichtfeld`.

Am Ende einer jeden Formularzeile erfolgt mit `<br />` ein einfacher Zeilenumbruch. Und los geht's.

ToDo: Das HTML für das Bestellformular

1. Kopieren Sie die Datei `formular.html` aus dem Basisordner für diesen Abschnitt in einen Übungsordner.
2. Beginnen Sie das Formular mit dem Formularelement:

```
<form action="" method="post" name="bestellung" id="bestellung">

</form>
```

3. Ergänzen Sie die Adressdaten zwischen `<form>` und `</form>`:

```
<fieldset>
   <legend>Adresse</legend>
   <input type="radio" name="anrede" id="anrede_herr" value="Herr"
      checked="checked" />
   <label for="anrede_herr">Herr</label>
   <input type="radio" name="anrede" id="anrede_frau" value="Frau" />
   <label for="anrede_frau">Frau</label>

   <br />
   <label class="davor" for="name">Name</label>
   <input type="text" name="name" id="name" size="30" maxlength="100" />
   <span class="pflichtfeld" title="Pflichtfeld">*</span>

   <br />
   <label class="davor" for="strasse">Stra&szlig;e</label>
   <input type="text" name="strasse" id="strasse" size="30"
      maxlength="100" />
   <span class="pflichtfeld" title="Pflichtfeld">*</span>

   <br />
   <label class="davor" for="plz">PLZ</label>
   <input type="text" name="plz" id="plz" size="10" maxlength="20" />
   <span class="pflichtfeld" title="Pflichtfeld">*</span>

   <br />
   <label class="davor" for="ort">Ort</label>
   <input type="text" name="ort" id="ort" size="30" maxlength="100" />
   <span class="pflichtfeld" title="Pflichtfeld">*</span>

   <br />
   <label class="davor" for="email">E-Mail</label>
  <input type="text" name="email" id="email" size="30" maxlength="100" />
   <span class="pflichtfeld" title="Pflichtfeld">*</span>
</fieldset>
```

ToDo: Das HTML für das Bestellformular (Forts.)

4. Fügen Sie darunter das zweite `fieldset` für die Bestelldaten ein:

```
<fieldset>
   <legend>Bestellung</legend>
   <label class="davor" for="anzahl">Anzahl</label>
   <input type="text" name="anzahl" id="anzahl" size="3" maxlength="3" />
   <span class="pflichtfeld" title="Pflichtfeld">*</span>

   <br />
   <label class="davor" for="anmerkung">Anmerkung</label>
<textarea cols="23" rows="5" name="anmerkung" id="anmerkung"></textarea>

   <br />
<input type="checkbox" class="checkbox" name="agb" id="agb" value="ja" />
   <label for="agb">Ich akzeptiere die <a href="#">AGB</a></label>
   <span class="pflichtfeld" title="Pflichtfeld">*</span>
</fieldset>
```

5. Last, not least folgt die Schaltfläche zum Abschicken und ein Absatz mit der Erläuterung des Sternchens:

```
<input type="submit" name="abschicken" id="abschicken"
value="Bestellung abschicken" />
<p>Felder mit einem <span class="pflichtfeld">*</span> müssen
ausgefüllt werden.</p>
```

6. Speichern Sie die Datei und betrachten Sie sie im Browser.

Im Browser sieht das ungestaltete Formular so aus:

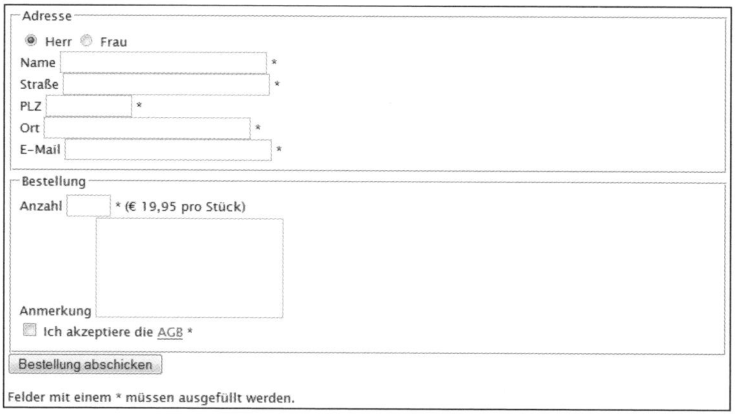

Abbildung 13.7: Das ungestaltete Bestellformular

Durch die Zeilenumbrüche hat das Formular auch ohne CSS ein bisschen Struktur, aber in den nächsten beiden Schritten wird es per CSS wesentlich übersichtlicher und benutzerfreundlicher.

Schritt 02: Das Formular gestalten

Die Gestaltung von Formularen gehört für Webautoren zu den eher unbeliebten Aufgaben. Eine der Ursachen dafür ist, dass Formularelemente ähnlich wie Grafiken zu den ersetzten (»replaced«) Elementen gehören:

- `input`, `textarea` oder `select` werden vom Browser durch vorgefertigte Bauteile ersetzt, deren Aussehen vom Betriebssystem des Rechners beeinflusst wird.

Ein rundes Optionsfeld (»radio button«) sieht so auf einem Macintosh völlig anders aus als auf einem Windows-Rechner und in Opera wieder anders als im Internet Explorer. Aus diesem Grund haben Sie als Autor nur sehr wenig Einfluss auf das Aussehen der Formularfelder selbst.

Bei der Gestaltung eines Formulars geht es daher in erster Linie um die Übersichtlichkeit und Benutzerfreundlichkeit des Formulars und nicht so sehr um das Aussehen der Elemente selbst.

Im folgenden ToDo beginnen Sie mit der grundlegenden Gestaltung des Formulars und der beiden mit `fieldset` markierten Abschnitte.

ToDo: Das Formular gestalten

1. Schreiben Sie folgenden Style zur Gestaltung des Formulars in den Style-Block von `formular.html`:

```
form#bestellung {
   width: 600px;
   background: #ffeda0;
   color: black;
   line-height: 2 ;
   padding: 10px;
   border: 1px solid #f3c600;
   margin: 0;
}
```

ToDo: Das Formular gestalten (Forts.)

2. Die folgende Regel gestaltet die Gruppierung der Felder und deren Beschriftung:

```
fieldset {
   padding: 10px;
   border: 1px solid #ccc;
   margin: 10px;
}
legend {
   font-weight:bold;
   color: black;
   padding:0 10px;
   border: none;
}
```

3. Speichern Sie die Datei und betrachten Sie sie im Browser.

Im Browser nimmt das Formular langsam Form an:

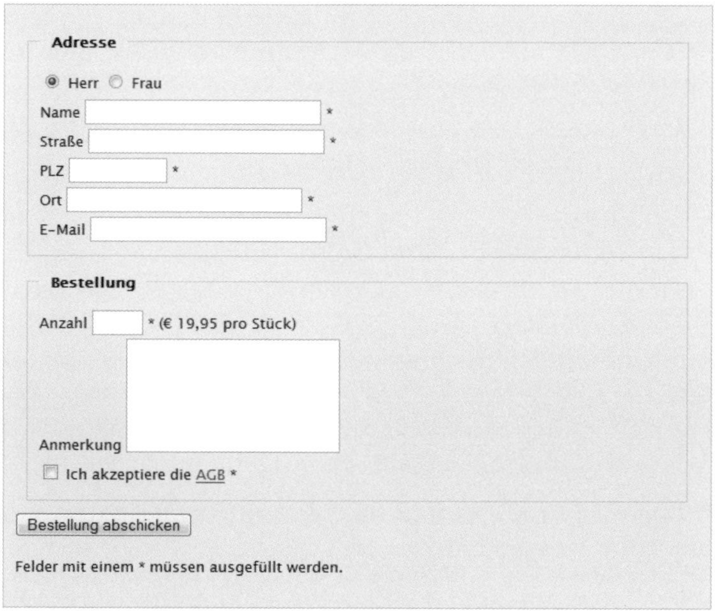

Abbildung 13.8: Bestellformular mit ein bisschen Farbe

Im nächsten Schritt wird die Beschriftung ausgerichtet.

Tipp

Formularelemente nicht gestalten

Roger Johansson zeigt in folgendem Artikel ein paar schöne Beispiele, wie unterschiedlich sich je Betriebssystem und Browser die CSS-Formatierung von Formularelementen auswirken kann:

- *http://456bereastreet.com/archive/200701/styling_form_controls_with_css_revisited/*

Zum Dauerbrennerthema »Gestalten von Formularelementen« gibt es außerdem einen lesenswerten Artikel von Eric Meyer:

- *http://meyerweb.com/eric/thoughts/2007/05/15/formal-weirdness/*

Schritt 03: Die Formularbeschriftung

Bei dem im ersten »Little Boxes«-Band erstellten Kontaktformular befand sich die Beschriftung der Formularelemente linksbündig darüber:

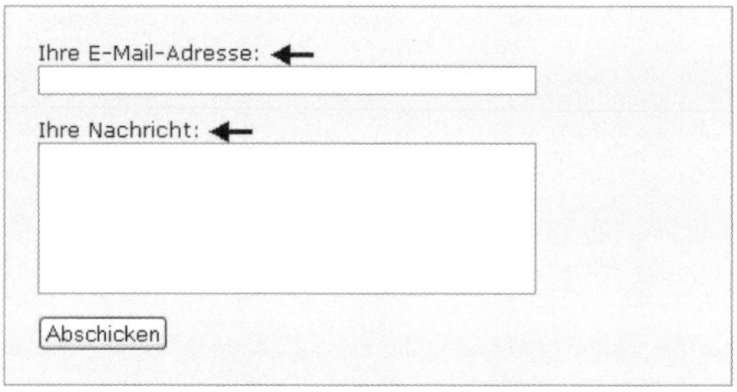

Abbildung 13.9: Beschriftung darüber – bei kurzen Formularen ideal

Diese Art der Beschriftung hat sich in Untersuchungen als sehr benutzerfreundlich herausgestellt und ist in kurzen Formularen ideal. Bei längeren Formularen benötigt die Beschriftung über dem Element allerdings sehr viel vertikalen Platz und ist daher weniger geeignet, weil das Formular dadurch sehr lang werden würde.

Im Beispielformular steht die Beschriftung deshalb vor bzw. hinter den Formularelementen:

- Alle mit `label` und der Klasse `davor` ausgezeichneten Beschriftungen werden nach links gefloatet, gecleart und mit einer definierten Breite versehen.

- Der Text innerhalb der nach links gefloateten Beschriftungsboxen wird mit `text-align: right` nach rechts ausgerichtet, sodass er möglichst dicht am Element selbst steht.
- Elemente mit dem Label hinter dem Formularfeld, zum Beispiel die Anrede und die Bestätigung der AGB, werden per `margin-left` bündig ausgerichtet.

Im folgenden ToDo werden diese Feinheiten zur Beschriftung der Formularelemente umgesetzt.

ToDo: Die Beschriftung ausrichten

1. Schreiben Sie die folgenden CSS-Regeln zur Gestaltung der Beschriftung in den Style-Block von `formular.html`:

```
label {
   position:relative; /* etwas höher ... */
   bottom: 2px;
   cursor: pointer;
}
label.davor {
   float: left;
   clear: left;
   width: 75px;
   text-align: right;
   margin-right: 10px;
}
input#anrede_herr,
input#agb {
   padding-left: 0;
   margin-left: 85px;
}
```

2. Ergänzen Sie darunter die folgenden Regeln für den `submit`-Button und den abschließenden Absatz:

```
#abschicken {
   cursor:pointer;
   padding: 5px;
   margin-left: 10px;
}
form p {
   margin: 0;
   margin-left: 10px;
}
```

3. Speichern Sie die Datei und betrachten Sie sie im Browser.

Das fertige Formular sieht im Browser inzwischen so aus:

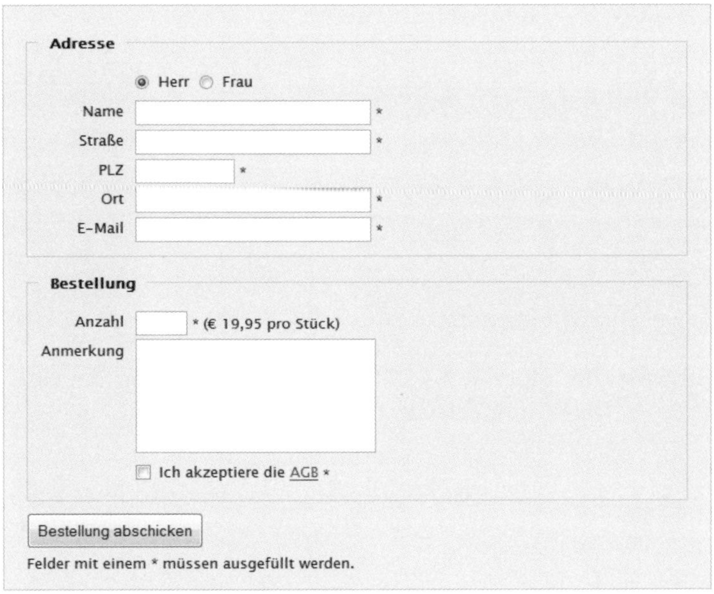

Abbildung 13.10: Das fertige Formular

Tipp

Tutorial zur Erstellung von Formularen

Unter dem Titel »Reine Formsache« hat Tomas Caspers auf *einfach-fuer-alle.de* eine hervorragende Artikelreihe zur Erstellung von Formularen auf Webseiten veröffentlicht:

- *http://einfach-fuer-alle.de/artikel/barrierefreie-formulare-mit-html-css-und-javascript/*

13.3 Auf einen Blick

Hier noch einmal die wichtigsten Punkte dieses Kapitels im Überblick:

- Tabellen sind ideal geeignet zur Darstellung tabellarischer Daten. Deswegen heißen sie auch so.
- Zu einer modernen Tabelle gehören neben `table`, `tr`, `th` und `td` noch einige andere Elemente und Attribute:
  - `caption` markiert die Überschrift einer Tabelle und steht direkt nach dem öffnenden `<table>`-Tag.
  - `thead`, `tfoot` und `tbody` unterteilen die Tabelle in logische Einheiten.
  - Im Anfangs-Tag `<table>` enthält das Attribut `summary` eine kurze inhaltliche Zusammenfassung des Inhalts.
  - Das Attribut `scope` gibt für `th`-Elemente die Richtung an: `scope="rows"` für Zeilen- und `scope="cols"` für Spaltenüberschriften.
- Bei der Gestaltung von `table` entspricht `border-collapse:collapse` der früheren HTML-Einstellung `<table cellspacing="0">`.
- Bei Zebrastreifen-Tabellen wird jeder zweiten Zeile eine Klasse gegeben, die dann im CSS eine andere Hintergrundfarbe bekommt.
- Zum Layouten von Formularen werden häufig Tabellen, `div`-Elemente und Listen verwendet. Im Beispiel kommen Sie ohne zusätzliches Markup aus.
- Die Gestaltung eines Formulars dient in erster Linie seiner Übersichtlichkeit und Benutzerfreundlichkeit.
- Formularfelder selbst sollten möglichst nicht gestaltet werden, da ihr letztendliches Aussehen je nach Browser und Betriebssystem unterschiedlich ist und kaum kontrolliert werden kann.
- Zusammengehörige Formularfelder werden mit `fieldset` gruppiert und mit `legend` beschriftet.
- Die Formularfelder selbst werden mit `label` beschriftet. Bei kurzen Formularen kann die Beschriftung ruhig über den Feldern stehen, bei längeren davor oder dahinter.

Teil IV

YAML

Kapitel 14

CSS-Layouts und Frameworks

Worin Sie erfahren, was CSS-Frameworks überhaupt sind und warum sie bei der Erstellung mehrspaltiger Layouts sehr praktisch sein können.

Bevor Sie in den folgenden Kapiteln erfahren, wie man mit dem CSS-Framework YAML ein mehrspaltiges Layout erstellt, möchte ich in diesem Kapitel zwei Dinge kurz erläutern:

- warum es auf Webseiten keine Spalten und somit eigentlich auch kein mehrspaltiges Layout gibt
- was ein CSS-Framework ist und warum es die tägliche Arbeit erleichtern kann

14.1 Mehrspaltigkeit ist eine Illusion

Laut Wikipedia bezeichnet eine Illusion im allgemeinen Sprachgebrauch »*eine mit technischen Mitteln herbeigeführte Sinnestäuschung*«. Es gibt keine Spalten, also lassen Sie uns welche bauen ...

Das »Nebeneinander« auf Webseiten

Statische Block-Boxen können nicht nebeneinanderstehen, denn sie haben einen integrierten Zeilenumbruch. Nebeneinander, das können nur Inline-Boxen. Für eine einfache horizontale Navigation ist `display: inline` durchaus geeignet und wegen der geringen Risiken und Nebenwirkungen besonders für Einsteiger zu empfehlen, aber man kann damit definitiv keine mehrspaltigen Layouts erstellen.

Für das Nebeneinander von Block-Boxen kennt CSS nur zwei Möglichkeiten, die beide unterschiedliche Vor- und Nachteile haben:

1. **Absolute Positionierung**. Absolut positionierte Elemente wissen nichts vom Flow. HTML-Elemente auf Webseiten sind von Natur aus sehr rücksichtsvoll und gehen sich gegenseitig aus dem Weg, sodass zwei im Flow befindliche Elemente sich niemals überlappen. Für ein absolut positioniertes Element ist hingegen der Autor verantwortlich, nicht der Flow.
2. **Float**. Gefloatete Elemente liegen zwar auch nicht im Flow, sehen sich aber wenigstens ein bisschen. Beim Layouten kommt ein Float selten allein und verschachtelte Floats führen oft zu unliebsamen Überraschungen. Besonders in Browsern, die zu einer Zeit programmiert wurden, als man `float` für eine eher selten genutzte Eigenschaft zum Umfließen von Grafiken hielt.

Fazit: Immer wenn auf einer Webseite Block-Boxen nebeneinanderstehen, wurde das entweder mit absoluter Positionierung oder `float` erreicht. Was anderes gibt es nicht.

Tipp

Röntgenblick mit der *Web Developer Toolbar*

Im Menü HERVORHEBEN können Sie mit dem Befehl POSITIONIERTE ELEMENTE HERVORHEBEN ... ohne langwierige Quelltextanalyse herausfinden, welche Methode zur Positionierung eines Elementes verwendet wurde.

In CSS gibt es keine gleich langen Spalten

Visuelle Designer benutzen zum Entwerfen von Layouts gern Gestaltungsraster: Waagerechte und senkrechte Linien, die den zu gestaltenden Raum in Spalten und Zeilen aufteilen. Grids. Tabellen. Aus Designersicht ist das Fehlen eines solchen Rasters eine der großen Schwächen von CSS. Spalten in einem Gestaltungsraster sind zum Beispiel problemlos gleich lang, und diese Erwartungshaltung überträgt sich auch auf CSS-basierte Designs.

Mit CSS kann man zwar Boxen nebeneinanderstellen, aber es gibt keine Spalten mit gleicher Länge. Es ist zwar möglich, Flächen zu erstellen, die optisch wie eine Spalte wirken, aber eigentlich sind mehrspaltige CSS-Layouts eine Illusion:

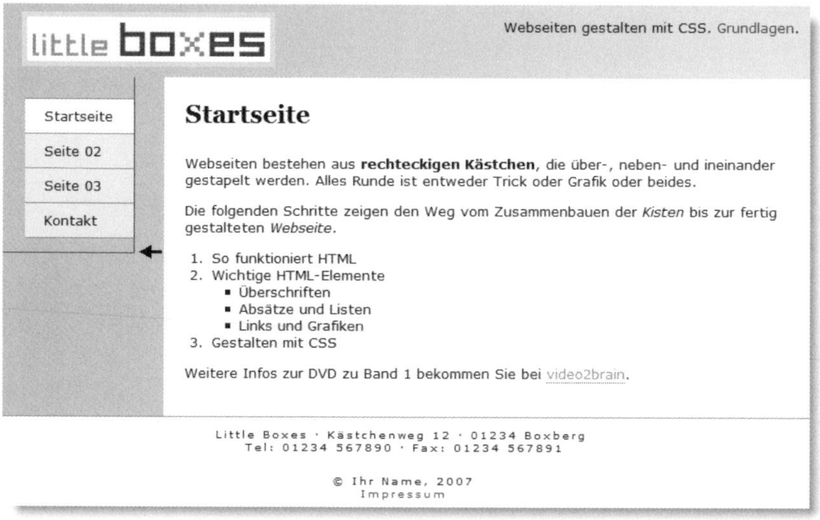

Abbildung 14.1: Die »Spalte« geht nicht wirklich bis ganz unten

Um bei einem CSS-Layout zumindest scheinbar gleich lange Spalten zu ermöglichen, haben Webdesigner Tricks wie »Faux Columns« oder »Companion Columns« erfunden, aber es bleiben Tricks und sie sind zum Teil nur mit einem sehr hohen Aufwand zu realisieren.

Vor dem Erstellen mehrspaltiger CSS-Layouts sollte man also zunächst die grundlegenden Techniken wie `position:absolute` und `float` verstehen, denn wer glaubwürdige Illusionen erzeugen will, muss sein Handwerk beherrschen. Das weiß jeder Magier. Die zauberhafte Assistentin wird nicht wirklich zersägt. Alles Illusion. Genau wie Spalten in CSS-Layouts.

Tipp

Tricks zur Erstellung gleich langer Spalten

Die folgenden Artikel erklären zwei Techniken zum Erzielen von Spalten mit gleicher Länge:

- *FauxColumns: http://alistapart.com/articles/fauxcolumns/*
- *Companion Columns: http://satzansatz.de/cssd/companions.html*

Gestaltungsraster in CSS sind Zukunftsmusik

In den 90ern wurden zur Simulation von Gestaltungsrastern auf Webseiten HTML-Tabellen eingesetzt, in diesem Jahrtausend absolute Positionierung und `float`, aber keine dieser Techniken ist in erster Linie zum Erstellen von mehrspaltigen Layouts erfunden worden:

- HTML-Tabellen sollen tabellarische Daten darstellen.
- Absolute Positionierung nimmt Elemente aus dem Flow.
- `float` lässt Text um eine Grafik fließen.

Von Gestaltungsrastern oder mehrspaltigen Layouts hat keiner was gesagt. So, wie die Layout-Tabellen der 90er-Jahre heute als veraltet gelten, werden zukünftige Webdesigner wahrscheinlich eines Tages auf heutige CSS-Layout-Techniken zurückblicken und dabei leicht kopfschüttelnd vor sich hin murmeln: »Nee, wat'n Klamdüdel ...«

Trotzdem sind CSS-Layouts gegenüber Tabellen-Layouts ein Schritt in die richtige Richtung, denn sie ermöglichen immerhin eine weitgehende Trennung von Inhalt und Gestaltung. Das war die Geschichte mit Shrek: Oger bestehen aus Schichten, Zwiebeln bestehen aus Schichten, Webseiten auch (»Little Boxes«, Band 1, Seite 30).

Aber es besteht durchaus Hoffnung, denn in CSS3 sind gleich mehrere Möglichkeiten zur Gestaltung mit Rastern vorgesehen. Und während das W3C früher Standards wie HTML oder CSS in einem akademischen Elfenbeinturm zu entwickeln schien und Webdesigner in der weiten Welt anschließend fehlende Praxistauglichkeit bemängelten, scheinen heute beide Seiten zu begreifen, dass sie einander brauchen.

So haben sich elf weltbekannte Webentwickler unter dem Namen »CSS Eleven« zusammengetan, um der CSS Working Group beim W3C dabei zu helfen, dass CSS3 real existierende Designprobleme löst und kein Papiertiger wird:

Abbildung 14.2: csseleven.com – elf visuelle Webdesigner unterstützen das W3C bei CSS3

Bis CSS3 Realität wird, kann es aber noch ein paar Jahre dauern. Wer also *heute* mehrspaltige Layouts erstellen möchte, muss weiterhin entweder absolut positionieren oder einen Float-Zirkus bändigen.

Tipp

Gestaltungsraster in CSS3

Zur Erstellung von mehrspaltigen Layouts und Gestaltungsrastern gibt es in CSS3 gleich mehrere Ansätze:

- CSS3 module: Multi-column layout (Editor Hakon Wium Lie)
  http://w3.org/TR/2007/WD-css3-multicol-20070606/
- CSS Advanced Layout Module (Editor Bert Bos)
  http://w3.org/TR/2007/WD-css3-layout-20070809/
- CSS Grid Positioning Module Level 3
  http://w3.org/TR/css3-grid/
- Die CSS-Roadmap des W3C gibt einen Überblick über die Fortschritte:
  http://www.w3.org/Style/CSS/current-work#table

14.2 Frameworks für CSS

Da es eigentlich keine gleich langen Spalten gibt, müssen Webdesigner jeden Tag viele Klippen umschiffen, um mehrspaltige Layouts zu erzeugen. Viele malen dazu eigene Landkarten, andere benutzen vorgefertigte.

Frameworks sind wie Waschmaschinen

Jeder Profi hat im Laufe der Zeit ein Repertoire von Techniken, Tricks und Templates entwickelt, das als Fundament für neue Projekte dient und den Rahmen für seine tägliche Arbeit bildet. Den Rahmen für die Arbeit oder, auf Englisch, das »*Frame-Work*«.

Die meisten Entwickler benutzen ein solches Fundament, einen Maßanzug, der für die eigenen Bedürfnisse geschneidert wurde und nicht veröffentlicht wird, weil er anderen Leuten sowieso nicht passt.

Der Designer Jeff Croft hat bei »A List Apart« einen Artikel mit dem Titel »Frameworks for Designers« geschrieben. Er beschreibt ein *Framework* (frei übersetzt) als ...

> *»... eine Sammlung von Werkzeugen, Bibliotheken, Konventionen und bewährten Praktiken, die regelmäßig anfallende Aufgaben in allgemeine, wiederverwendbare Module zu abstrahieren versucht.«*
>
> *http://alistapart.com/articles/frameworksfordesigners*

Frameworks sollen also die tägliche Arbeit erleichtern, sodass man nicht mehr die Hälfte seiner Zeit damit zubringt, aus jeder Webseite immer gleiche Patch-Flecken und Browserbugs rauszuwaschen. Frameworks sind also wie Waschmaschinen.

Ein Beispiel dafür ist die Kalibrierung der unterschiedlichen Abstände aus den Browser-Stylesheets. Das ab Seite 50 vorgestellte CSS-Fundament vereinheitlicht die Abstände für häufig benutzte Elemente, auch wenn sie auf der Seite (noch) gar nicht vorkommen. Zusätzlich erleichtert die Verteilung der Styles auf verschiedene Dateien die Wiederverwendbarkeit in verschiedenen Projekten. Eine solche Herangehensweise ist bereits der erste Schritt in Richtung Framework.

Ein anderes Beispiel sind mehrspaltige Layouts: Das klassische Webseitenlayout hat zwei bis drei Spalten mit einer durchgehenden Kopf- und Fußzeile. Zur Umsetzung eines solchen Layouts gibt es zahlreiche Methoden und nicht nur für Einsteiger ist die Vielzahl der Möglichkeiten eher verwirrend, zumal die Nachteile oft erst viel später in Form gestalterischer Einschränkungen oder nerviger Browserbugs ersichtlich werden. Beides hat schon so manchen Webautor an den Rand der Verzweiflung und darüber hinaus getrieben.

Ein gutes CSS-Framework schnürt also ein Gesamtpaket zur Erstellung mehrspaltiger Layouts und bietet so ein solides Fundament für verschiedenste Layoutwünsche.

CSS-Frameworks: Vor- und Nachteile

Ein CSS-Framework bietet dem Benutzer einige Vorteile:

- Ein solides und vielfach bewährtes Fundament spart Zeit bei der Umsetzung neuer Projekte.
- Die Pflege des Quelltextes wird durch konsistente Konventionen bei der Namensgebung für IDs und Klassen erleichtert. Gerade bei der Arbeit im Team ist das ein wichtiger Faktor.
- Patchwork und Browserfehler kosten weniger Nerven, denn die Bug-Prophylaxe ist Teil des Frameworks.

Klingt verlockend? Aber Frameworks haben auch Nachteile:

- Die Einarbeitung in das Framework kostet Zeit. Sie müssen sich vor dem Gebrauch mit der Struktur des Frameworks vertraut machen und lernen, wie man damit zum Ziel kommt.
- Sie übernehmen die Konventionen des Framework-Entwicklers und damit ungefragt dessen persönliche Vorlieben, zum Beispiel bei Namensgebung und Syntax.
- Frameworks erzeugen mehr Code als notwendig, weil sie für viele Situationen optimiert wurden und nicht für eine. Je komplexer das Layout und je mehr Inhalte auf einer Site stehen, desto weniger fällt dieser Overhead allerdings ins Gewicht.

Die Arbeit mit einem Framework ist also ein Kompromiss. Genau wie mehrspaltige CSS-Layouts. Vielleicht passen die beiden darum so gut zusammen. Man muss halt nur zu leben wissen, mit Kompromissen.

Zur Erstellung einer kleinen persönlichen Homepage mit vier oder fünf Seiten wäre die vorherige Einarbeitung in ein Framework übertrieben. Das ist, als ob Sie erst Architektur studieren, um dann von Hand ein Gartenhäuschen zu bauen, das es im Baumarkt als Bausatz gibt.

Je öfter Sie aber Webseiten mit mehrspaltigen Layouts erstellen, desto eher lohnt sich die Beschäftigung mit einem CSS-Framework.

Tipp

Vor- und Nachteile von Frameworks

Die Listenmacher vom »Smashing Magazine« haben den Stand der Diskussion in einem lesenswerten Artikel zusammengefasst:

- *http://smashingmagazine.com/2007/09/21/css-frameworks-css-reset-design-from-scratch/*

CSS-Frameworks – ein kurzer Überblick

In diesem Abschnitt möchte ich Ihnen drei der momentan bekanntesten CSS-Frameworks kurz vorstellen:

- *YUI Grids CSS*: *http://developer.yahoo.com/yui/grids/*

Abbildung 14.3: Die Startseite von Yahoo Grids CSS

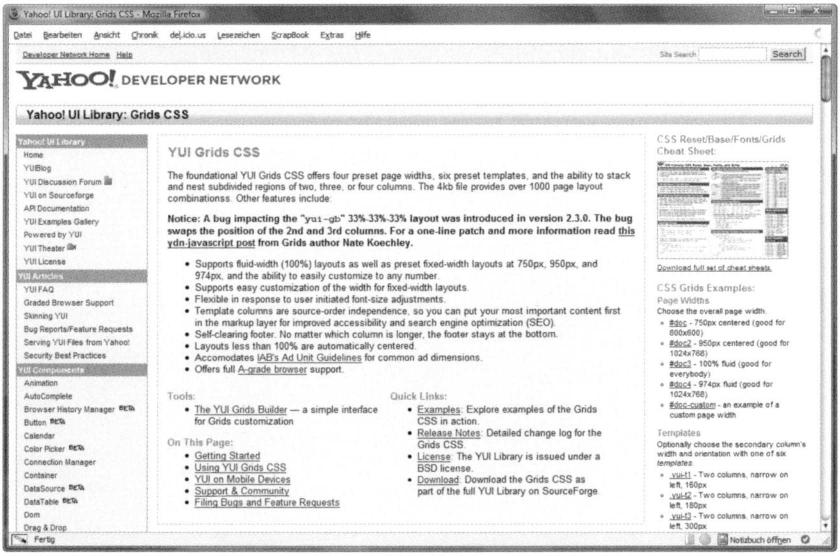

YUI Grids (Grids heißt »Raster«) ist auf Layouts mit fester Breite spezialisiert und auf die Zusammenarbeit mit den anderen Komponenten des Yahoo-UI ausgelegt. English only.

- *Blueprint: http://code.google.com/p/blueprintcss/*

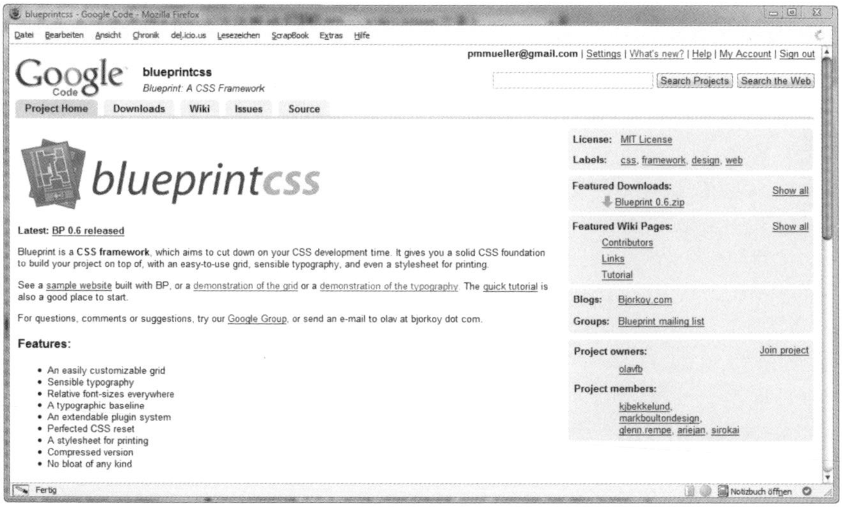

Abbildung 14.4: Die Startseite von BlueprintCSS

Blueprint basiert auf einem pixelbasierten Raster-Baukastensystem, das mit typographischen Gestaltungsvorgaben kombiniert wird. English only.

- *YAML (»Yet Another Multicolumn Layout«): http://yaml.de/*

Abbildung 14.5: Die Startseite von YAML

YAML wurde am Ende des ersten Bandes bereits kurz vorgestellt (S. 290):

> *Angeregt von Webkrauts-Gründer Jens Grochtdreis hat Dirk Jesse aus Dresden im Herbst 2005 begonnen, ein flexibles Layout-System zu kon-*

zipieren, mit dem man recht einfach alle möglichen verschiedenen Layouts realisieren kann, ohne bei jedem Projekt wieder bei null anfangen zu müssen.

YAML gibt ein Basislayout vor und kümmert sich um die Bugs, lässt dem Autor aber trotzdem alle Freiheiten.

Und YAML hat noch einen Vorteil, den man nicht unterschätzen darf: Es gibt keine Geheimnisse. Auf der Site finden Sie eine ausführliche Dokumentation (deutsch *und* englisch), die genau beschreibt, wie YAML funktioniert und welche Techniken zu welchem Zweck verwendet werden. Open Source. Wem das nicht reicht, der kann YAML unter dem Titel »CSS-Layouts« auch zwischen zwei Buchdeckeln erwerben, vom Meister selbst geschrieben.

14.3 Auf einen Blick

Hier noch einmal die wichtigsten Punkte dieses Kapitels im Überblick:

- Statische Block-Boxen auf Webseiten können nicht nebeneinanderstehen.
- Block-Boxen nebeneinanderzustellen geht nur mit `float` oder absoluter Positionierung.
- In CSS-Layouts gibt es keinen Spaltensatz. Es gibt nur Flächen, die optisch wie eine Spalte wirken.
- Gestaltungsraster in CSS werden erst in CSS3 verfügbar sein. Zukunftsmusik.
- Webdesigner entwickeln im Laufe der Zeit ein persönliches Repertoire von Techniken, Tricks und Templates, das den Rahmen für die tägliche Arbeit bildet.
- Frameworks erleichtern immer wiederkehrende Routinearbeiten, kosten aber Zeit bei der Einarbeitung.
- Die bekanntesten CSS-Frameworks sind derzeit YUI Grids, Blueprint und YAML.
- YAML bietet eine sehr flexible und gut dokumentierte Grundlage für mehrspaltige Layouts.

Kapitel 15

Die Grundstruktur von YAML

Worin Sie das CSS-Framework YAML anhand eines Beispielprojektes namens »Simple Project« kennen lernen.

In diesem Kapitel geht es nach einer kurzen Einführung in die Philosophie von YAML um die Struktur der `div`-Container im Quelltext einer Webseite. Danach ersetzen Sie im Beispielprojekt den vorgegebenen Inhalt durch eigenen.

15.1 YAML kennen lernen

YAML ist eine Sammlung von CSS-Dateien, die es ermöglicht, eine festgelegte HTML-Struktur sehr flexibel zu gestalten.

Die fünf Grundregeln bei der Arbeit mit YAML

Dirk Jesse beschreibt auf *yaml.de* in der sehr ausführlichen Dokumentation in Abschnitt 4.1 fünf Grundregeln für die Arbeit mit YAML, die ich im Folgenden fast unverändert wiedergeben möchte:

1. **YAML ist kein Fertiglayout**

   YAML ist ein sehr flexibles Werkzeug zur Erstellung von CSS-Layouts, aber keine Instantlösung für ein 5-Minuten-Layout. Um

YAML effektiv einsetzen zu können, sollte man den Aufbau und die Funktionsweise verstehen.

2. **YAML basiert auf dem TOP-DOWN-Prinzip**

   Ohne Framework beginnen Sie eine Site *bottom-up*: Einer leeren Seite werden Elemente hinzugefügt, bis das Layout komplett ist. YAML arbeitet *top-down*: Sie bekommen ein komplettes Basislayout mit Header, dreispaltigem Inhaltsbereich und Footer inklusive Stylesheets, passen dieses Layout Ihren Vorstellungen an und entfernen nach der Fertigstellung ggfs. alle nicht benötigten Elemente.

3. **Der Kern von YAML sind drei CSS-Grundbausteine**

   Jedes YAML-basierte Layout enthält die drei CSS-Grundbausteine `base.css`, `iehacks.css` und `print_base.css` aus dem Ordner `yaml/core/`. Die ersten beiden Dateien sind verantwortlich für die browserübergreifend korrekte Darstellung am Bildschirm, die dritte für die Druckversion.

4. **Trennung von YAML-CSS und Ihrem eigenen CSS**

   Bei der Arbeit mit YAML gibt es zwei Hauptordner: Der Ordner `yaml` ist die Lagerhalle und die CSS-Bausteine darin bleiben unverändert. Gearbeitet wird in der Werkstatt, einem eigenen Ordner, in dem sowohl die Anpassungen der von YAML gelieferten Bausteine als auch selbst erstellte Stylesheets gespeichert werden. Im Beispielprojekt ist das der Ordner `css`.

In den folgenden Kapiteln lernen Sie zuerst die Struktur des Beispielprojektes, dann den Aufbau des HTML-Quelltextes und zum Schluss die zur Gestaltung benötigten Stylesheets kennen. Ziel der nächsten drei Kapitel ist es, die fünfte Grundregel Realität werden zu lassen:

5. **Viel Spaß mit YAML!**

Here we go.

»Simple Project« – ideal für den Einstieg

Auf *yaml.de* gibt es eine fix und fertige Vorlage für den schnellen Einstieg, die den schönen Namen »Simple Project« trägt.

Dieses ZIP-Archiv enthält alle HTML- und CSS-Dateien, die Sie zum Kennenlernen von YAML benötigen, und dient als Grundlage für die folgenden zwei Kapitel.

ToDo: YAML Simple Project downloaden und entpacken

1. Kopieren Sie die Dateien aus dem Basisordner für diesen Abschnitt in einen Übungsordner auf Ihrer Festplatte.
2. Betrachten Sie die Ordnerstruktur mit einem Dateimanager.

Nach dem Kopieren sollte es irgendwo auf Ihrer Festplatte die folgende Ordnerstruktur geben:

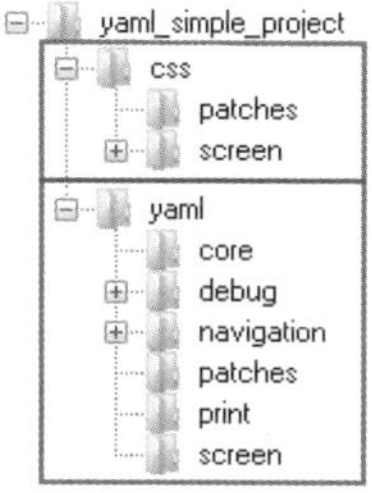

Abbildung 15.1: Die Ordnerstruktur des YAML-Beispielprojektes

In Abbildung 15.1 sehen Sie die auf Seite 319 in Regel 4 angesprochene Zweiteilung der Ordnerstruktur:

- Der Ordner `yaml` ist die Lagerhalle. Hier liegen die CSS-Bausteine von YAML und in diesem Ordner sollten keine Dateien verändert werden.
- Der Ordner `css` ist die Werkstatt. Hier werden Sie geänderte YAML-Bausteine und Ihre eigenen CSS-Dateien speichern.

Machen Sie sich über die vielen Unter- und Unterunterordner momentan noch nicht zu viele Gedanken. Die wichtigsten davon werden Ihnen im Lauf der nächsten Kapitel vorgestellt.

Nach dem Kopieren finden Sie im Hauptordner eine Datei namens `my_layout.html`. Das ist die Startseite von »Simple Project« und sie sieht im Browser so aus:

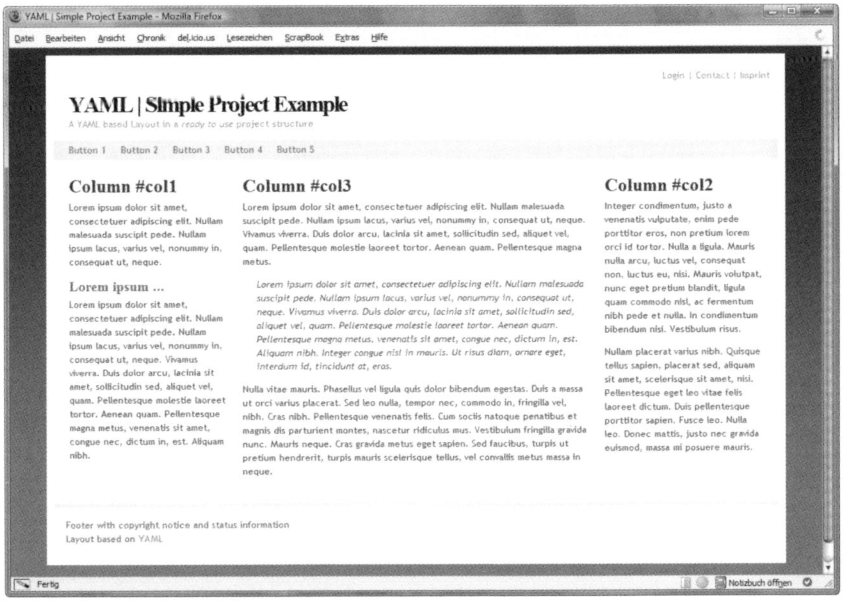

Abbildung 15.2: Die Beispielseite *my_layout.html*

Abbildung 15.2 zeigt das in Regel 2 beschriebene fertige Basislayout, das bei der Arbeit mit YAML als Ausgangsposition dient:

- durchgehender Header mit einer Metanavigation (rechts oben)
- horizontale Navigation mit momentan fünf Menüpunkten
- ein dreispaltiger Inhaltsbereich mit der Spaltenreihenfolge 1-3-2
- durchgehender Footer mit einem Link zu *yaml.de*

Diese Webseite und die dahinter stehenden Stylesheets werden in den folgenden Abschnitten beschrieben und Schritt für Schritt geändert.

Tipp

Beschreibung der einzelnen YAML-Dateien

Falls Sie neugierig sind, finden Sie eine kurze Beschreibung der YAML-Dateien in Abschnitt 1.5.2 der Dokumentation, die Sie entweder auf *yaml.de* online lesen oder als PDF downloaden können.

15.2 Die Struktur des Basislayouts

In diesem Abschnitt lernen Sie die strukturellen `div`-Container von YAML kennen und erfahren, wie diese im CSS gestaltet werden.

Die *div*-Container im Basislayout

In der Startseite `my_layout.html` findet sich die für YAML typische Verschachtelung der für das Layout benötigten `div`-Container. Abbildung 15.3 zeigt den Quelltext mit dem Firefox-Add-On *View Source Chart* (siehe Band 1, Seite 314) und einigen Erläuterungen:

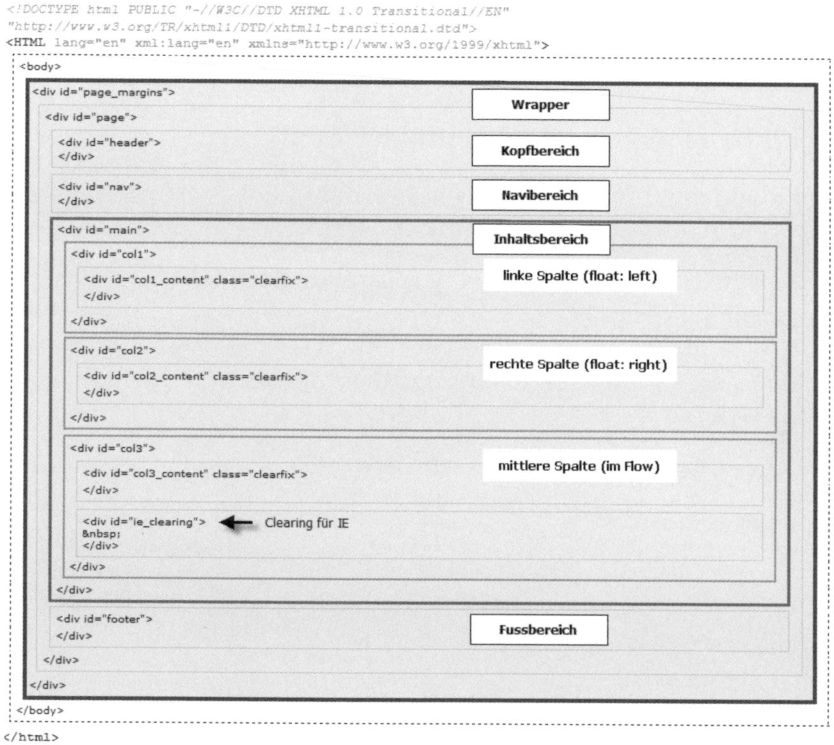

Abbildung 15.3: Die wichtigsten Layout-Container von YAML

Auch YAML hat einen »Wrapper«, ein `div`-Element, das alle anderen wie ein Schutzumschlag umfasst. Genau genommen gibt es sogar zwei Wrapper: Der äußere heißt `#page_margins`, der innere `#page`.

Der äußere Container `#page_margins` dient zur Definition der Seitenbreite und kann zusammen mit seinem Zwilling für eine grafische

Umrandung der ganzen Seite benutzt werden. Innerhalb dieses doppelten Schutzumschlags liegen die vier wichtigsten Layout-Container:

- `#header` ist der Kopfbereich.
- `#nav` ist der Container für die Hauptnavigation.
- `#main` enthält den dreispaltigen Inhaltsbereich.
- `#footer` ist der Fußbereich.

Tipp

Die Namen der IDs sind heilig

Auch wenn Ihnen die Namen der Container nicht gefallen, sollten Sie sie nicht ändern, denn die gesamte CSS-Struktur basiert auf diesen IDs.

Der Inhaltsbereich *#main* enthält 3 Spalten

Innerhalb des Inhaltsbereichs `#main` befinden sich drei Container, die die drei Layoutspalten bilden und ebenfalls alle gedoppelt werden:

- `#col1` wird im CSS nach links gefloatet und enthält `#col1_content`.
- `#col2` wird nach rechts gefloatet und enthält `#col2_content`.
- `#col3` ist statisch, bildet die mittlere Spalte und enthält `#col3_content`.

Die drei Container werden nach dem *float/margin*-Prinzip positioniert:

- `#col1` und `#col2` werden nach links bzw. rechts gefloatet.
- `#col3` hat links und rechts einen großen `margin`, der sich unter die gefloateten Spalten schiebt.

Die Reihenfolge der drei Spalten im Quelltext ist durch diese Technik zum Teil festgelegt, denn der statische Container `#col3` muss auf jeden Fall *nach* den beiden gefloateten `div`-Elementen kommen (Details siehe Band 1, Seite 271).

In Abbildung 15.4 wurden `margin-left` und `margin-right` der mittleren Spalte `#col3` mit Firebug sichtbar gemacht:

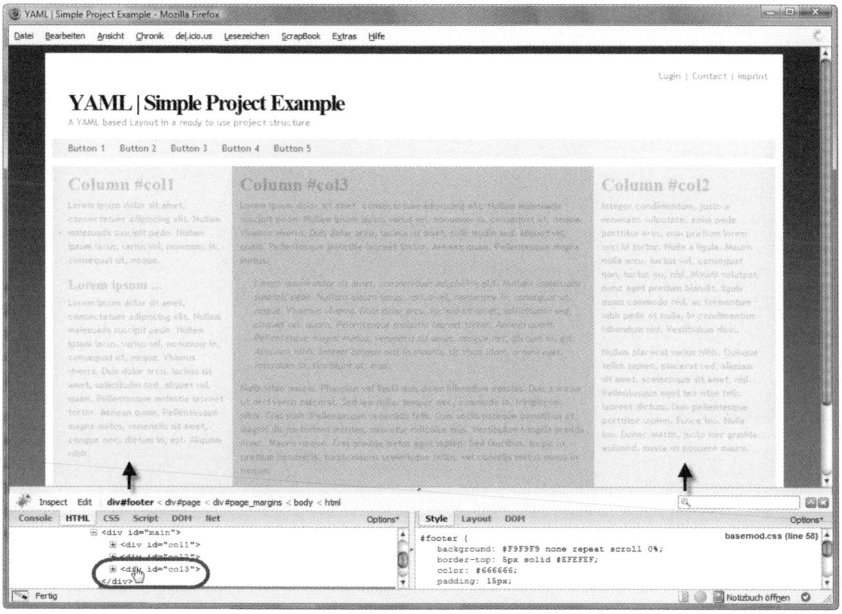

Abbildung 15.4: Firebug zeigt den *margin* links und rechts von *#col3*

Die drei Spalten in *#main* werden gedoppelt

Die Dopplung der drei Inhalts-Container mit `#colx` und `#colx_content` wirkt auf den ersten Blick vielleicht etwas übertrieben, ist aber wohl überlegt. Der äußere Container kann im CSS mit `width` eine Breite zugewiesen bekommen, der innere Container erhält eventuelle Angaben für `padding` und `border`.

Die Zuweisung von Breite und Rahmen bzw. Innenabständen an getrennte Container hat zwei Gründe:

- Erstens wird im IE5.x von vornherein die falsche Berechnung des Box-Modells vermieden (Band 1, Seite 298).
- Zweitens ist es bei flexiblen Layouts durch die Dopplung leichter, für `width` und `padding` bzw. `border` unterschiedliche Einheiten zu benutzen.

Wenn die linke Spalte zum Beispiel eine Breite von 25 % und ein `padding` von 10 px bekommt, kann man wegen der gemischten Einheiten deren Gesamtbreite nicht mehr bestimmen und deswegen den `margin-left` für die mittlere Spalte nicht definieren.

Die Dopplung der `divs` löst dieses Problem:

- Der äußere Container `#col1` bekommt eine Breite von 25 %.
- Der innere Container `#col1_content` kann ein `padding` oder ein `border` in einer beliebigen anderen Einheit haben, ohne die Breite von `#col1` zu verändern.

Durch die Dopplung können Sie die Spalten sehr flexibel gestalten und haben trotzdem immer eine genau definierte Gesamtbreite für die äußeren Container `#col1` und `#col2`, die zur Definition des linken und rechten `margin` von `#col3` benutzt werden kann.

Das Clearing der mittleren Spalte *#col3*

Last, not least noch ein paar Anmerkungen zum Clearen der mittleren Spalte, das für das Funktionieren des Layout-Prinzips von YAML sehr wichtig und ausgesprochen pfiffig konzipiert ist.

Im ersten Band von »Little Boxes« wurde ab Seite 269 gezeigt, dass ein Clear in einem statischen Container für alle Float-Elemente auf der Seite gilt, was man als *globale Wirkung von* `clear` bezeichnet.

Dirk Jesse setzt diesen in den meisten Layouts eher unerwünschten Effekt in YAML ganz bewusst ein, damit die mittlere Spalte immer länger ist als die beiden gefloateten.

Der Trick geht so:

- Die drei inneren Container (`#col1_content` usw.) bekommen die Klasse `.clearfix`, für die im CSS ein `clear:both` definiert ist.
- Weil `#col1` und `#col2` gefloatet sind, wirkt das Clear für beide *lokal*, also nur innerhalb der Container.
- Die mittlere Spalte `#col3` hingegen ist statisch (im Flow), und deshalb gilt das Clear *global*, auch für Floats außerhalb von `#col3`.

Durch diese simple Tatsache verlängert das Clearing für `#col3_content` den umgebenden Container `#col3` immer bis unter die beiden gefloateten Außenspalten, auch wenn er wie in Abbildung 15.5 weniger Inhalt enthält:

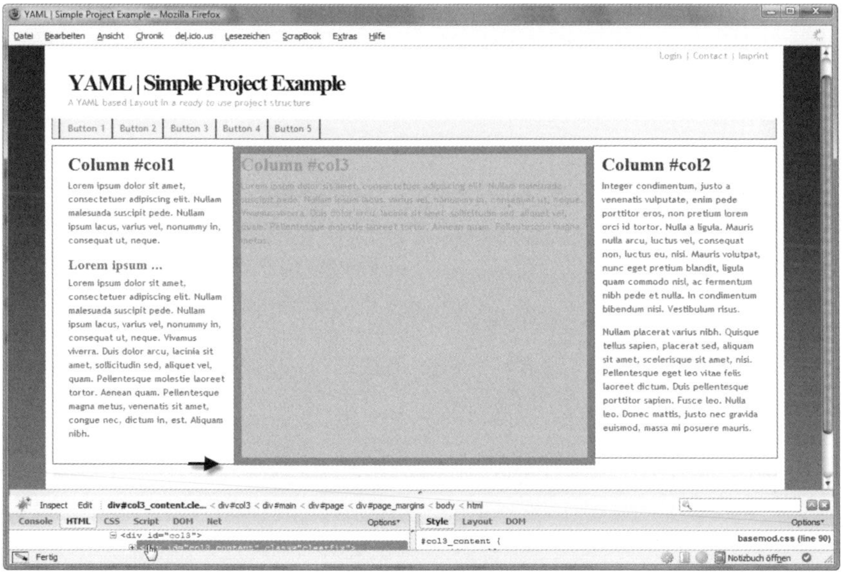

Abbildung 15.5: Die mittlere Spalte reicht immer bis unter #col1 und #col2

Da der Internet Explorer die in `.clearfix` benutzte Pseudoklasse `:after` nicht kennt, gibt es am Ende von `#col3` noch einen zusätzlichen Container namens `#ie_clearing`, der sich *innerhalb* von `#col3` und *unterhalb* von `#col3_content` befindet. Dieses `div` ist nur für die Internet Explorer und wird für alle anderen Browser im CSS einfach ausgeblendet.

Das Element `#ie_clearing` bekommt in der Datei `iehacks.css` ein spezielles Clearing zugewiesen, das auch die Internet Explorer verstehen, sodass der Trick mit der langen mittleren Spalte auch in Internet Explorern von Version 5 bis 7 funktioniert.

Tipp

Das IE-Clearing im Detail

In der Dokumentation wird das Clearing für die Internet Explorer in Abschnitt 2.7.2 »Eine spezielle Clearing-Lösung für den Internet Explorer« ausführlich erklärt. Vorsicht! Anschnallen! Know-how ahead.

15.3 Inhalt in die HTML-Container einfügen

Bevor Sie sich im nächsten Kapitel eingehender mit den CSS-Dateien von YAML beschäftigen, erstellen Sie in diesem Abschnitt eine Kopie der Beispielseite `my_layout.html` und füllen diese mit eigenem Inhalt.

Überblick: Inhalt einfügen in fünf Schritten

In diesem Abschnitt fügen Sie den Inhalt der »Little Boxes«-Startseite in die entsprechenden Bereiche von YAML ein:

1. Im HTML-Head werden `title`, `meta`-Elemente und FavIcon geändert.
2. In den Kopfbereich `#header` werden das Logo und der Slogan eingefügt.
3. Im Navibereich `#nav` wird die vorhandene Navigation durch eine eigene ersetzt.
4. Im Inhaltsbereich wird der Text in die mittlere Spalte eingefügt.
5. Im Fußbereich erscheint der eigene Inhalt.

Die äußeren Spalten `#col1` und `#col2` bleiben vorerst unverändert. Am Ende dieses Abschnitts sieht die Seite so aus:

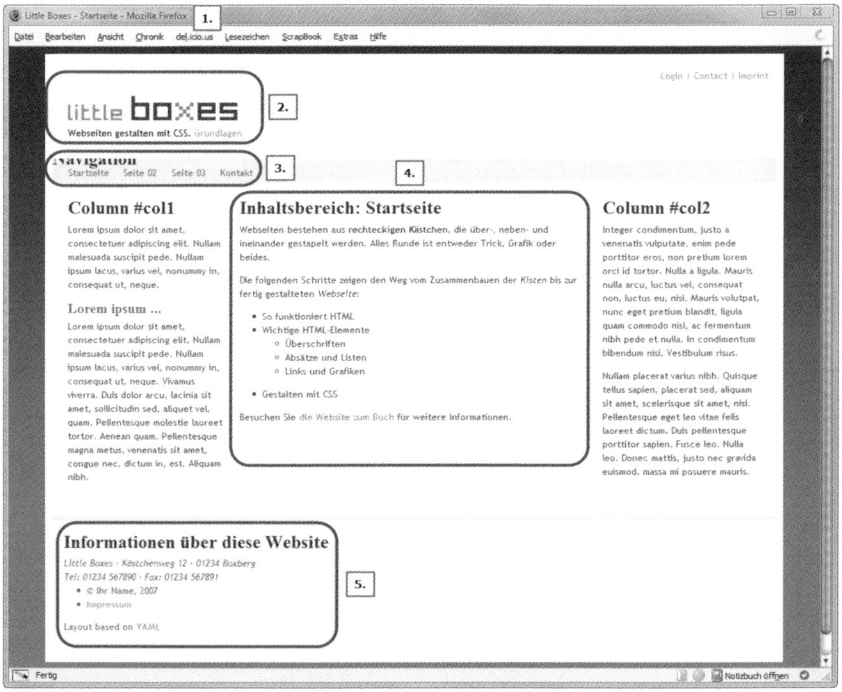

Abbildung 15.6: Eigener Inhalt in den Hauptbereichen

Schritt 01: Anpassung des HTML-Headers

Auf der Beispielseite `my_layout.html` finden Sie zwischen `<head>` und `</head>` einen Kommentar zum Einfügen der eigenen Metaanweisungen.

ToDo: Anpassung des HTML-Headers auf der Startseite *index.html*

1. Kopieren Sie – falls Sie das nicht schon getan haben – die Dateien aus dem Basisordner für dieses Kapitel in einen Übungsordner auf Ihrer Festplatte.
2. Erstellen Sie eine Kopie der Datei `my_layout.html` und nennen Sie diese `index.html`.
3. Kopieren Sie die beiden Grafiken `favicon.ico` und `logo.gif` aus dem Grafikordner der CD in den Übungsordner.
4. Öffnen Sie `index.html` im Editor und ändern Sie im Anfangs-Tag von `<html>` die Sprache von `en` auf `de` (wie deutsch):

```
<html xmlns="http://www.w3.org/1999/xhtml" xml:lang="de" lang="de">
```

5. Ändern Sie den `title` auf der Seite wie folgt:

```
<title>Little Boxes - Startseite</title>
```

6. Fügen Sie die `meta`-Elemente aus den »Little Boxes«-Beispielseiten ein:

```
<meta http-equiv="Content-Type" content="text/html; charset=utf-8"/>
<meta name="robots" content="index, follow" />
<meta name="description" content="Beschreibung dieser Seite ... " />
<meta name="author" content="Ihr Name" />
```

7. Fügen Sie das `link`-Element für das FavIcon ein:

```
<link rel="shortcut icon" href="favicon.ico" />
```

8. Speichern Sie die Webseite.

Da sich im Browser außer dem FavIcon nicht viel geändert hat, geht es ohne einen Blick zurück gleich weiter mit dem Kopfbereich.

Tipp

YAML benutzt UTF-8

Alle Dateien von YAML wurden mit dem Zeichensatz UTF-8 gespeichert und entsprechend deklariert. Ob Sie das so lassen oder den Zeichensatz in ISO-8859-1 ändern, hängt unter anderem von Ihrem Editor ab (siehe Seite 25).

Unabhängig davon können Sie das `meta`-Element für den Zeichensatz auch *vor* den `title` verschieben. Dann gilt der Zeichensatz schon für eventuelle Sonderzeichen im Titel der Seite.

Schritt 02: *body* und *#header* ändern

Im Kopfbereich der YAML-Beispielseite befinden sich außer der `h1`-Überschrift und einem Slogan noch der Container `#topnav`, der die Skiplinks und drei weitere Hyperlinks enthält.

Im folgenden ToDo tauschen Sie Überschrift und Slogan aus und ändern `#topnav`:

- Der Text für die Skiplinks wird eingedeutscht.
- Die drei in `#topnav` enthaltenen Links zu LOGIN, CONTACT und IMPRINT werden auf den Beispielseiten nicht benötigt und das entsprechende `span` mit den drei Links wird deshalb chirurgisch entfernt.

Und los.

ToDo: *body* und Kopfbereich auf der Startseite ändern

1. Öffnen Sie ggfs. die Datei `index.html` im Editor.
2. Ergänzen Sie den Anfangs-Tag für `body` um die ID `startseite`:

```
<body id="startseite">
```

3. Ändern Sie den Text für die beiden Skiplinks in `#topnav` wie folgt:

```
<a class="skip" href="#navigation" title="skip link">Zur
Navigation springen</a>

<a class="skip" href="#content" title="skip link">Zum Inhalt
springen</a>
```

ToDo: *body* und Kopfbereich auf der Startseite ändern (Forts.)

4. Löschen Sie das `span` mit den drei Links zu LOGIN, CONTACT und IMPRINT.
5. Ändern Sie im Kopfbereich `#header` die Überschrift und den Slogan unterhalb von `#topnav` wie folgt:

```
<h1><img src="logo.gif" id="logo" alt="Little Boxes" width="222"
height="32" /></h1>
<p>Webseiten gestalten mit CSS. <span>Grundlagen</span></p>
```

6. Speichern Sie die Webseite.

Im Browser sollte der Kopfbereich jetzt ungefähr so aussehen:

Abbildung 15.7: Der Kopfbereich mit eigenem Logo und Slogan

Beachten Sie, dass das Wort »Grundlagen« bereits formatiert ist. Da sind (unbeabsichtigt) bereits die Selektoren aus dem CSS von YAML aktiv.

Schritt 03: Der Navigationsbereich *#nav_main*

Die Beispielseite des einfachen YAML-Projektes hat bereits eine eingebaute Navigation. YAML stellt im Ordner `yaml/navigation` drei fertige Navigationsbausteine zur Verfügung, die aber streng genommen nicht wirklich Teil des Frameworks, sondern nur eine Zugabe sind.

In diesem Schritt tauschen Sie das HTML der Beispielnavigation gegen das der float-basierten Navigation aus Kapitel 5 aus. Die Gestaltung erfolgt später über das entsprechende Navigationsstylesheet.

Auf der Beispielseite gibt es im HTML zwei Navigationscontainer:

- `div#nav` ist der äußere Container und enthält einen Anker für den Skiplink.
- `div#nav_main` enthält die eigentliche Navigationsliste.

Im folgenden ToDo fügen Sie die Navigationsliste von »Little Boxes« in den inneren Container `#nav_main` ein, dem Sie auch gleich noch die von YAML zur Verfügung gestellte Klasse `.clearfix` zuweisen (siehe Tipp).

ToDo: Den Navigationsbereich *#nav_main* der Startseite ändern

1. Ändern Sie in `index.html` den Inhalt des Containers `#nav_main`:

```
<div id="nav_main" class="clearfix">
<h2 class="versteckmich">Navigation</h2>
   <ul>
      <li id="navi01"><strong>Startseite</strong></li>
      <li id="navi02" title="Infos zu Seite 02">
         <a href="seite02.html">Seite 02</a></li>
      <li id="navi03" title="Infos zu Seite 03">
         <a href="seite03.html">Seite 03</a></li>
      <li id="navi04" title="Schicken Sie uns eine Nachricht">
         <a href="kontakt.html">Kontakt</a></li>
   </ul>
</div> <!-- Ende #nav_main -->
```

2. Speichern Sie die Webseite und betrachten Sie sie im Browser.

Im Browser sieht die Navigation noch nicht so toll aus, aber sie wird ja auch noch »fremdformatiert«:

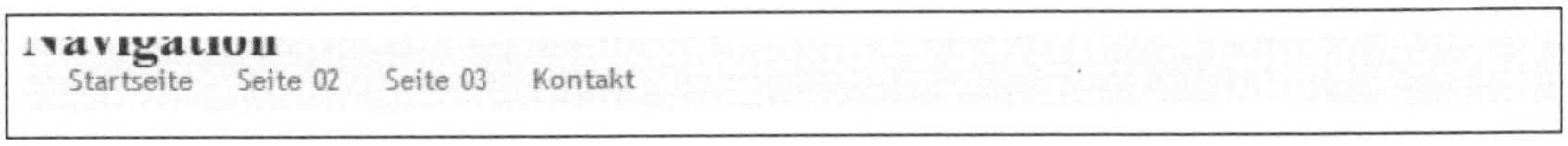

Abbildung 15.8: Die Navigation ist drin, sieht aber nicht besonders gut aus

Die Gestaltung der Navigation erfolgt später wie gesagt über das in Kapitel 5 erstellte Stylesheet `navi_float.css`.

Tipp

Clearfix statt *overflow:hidden*

Die Klasse `clearfix` wird bei der Einbindung des CSS im nächsten Kapitel das momentan benutzte `overflow:hidden` zum Einschließen von Floats ersetzen. Mehr dazu ab Seite 347.

Schritt 04: Der Inhaltsbereich *#col3_content*

Im Inhaltsbereich kümmern Sie sich in diesem Schritt erst einmal um die mittlere Spalte. Die beiden Randspalten bleiben vorerst unverändert.

Im folgenden ToDo wird der Inhalt der Startseite von »Little Boxes« in den inneren Container `#col3_content` eingefügt. Sie können stattdessen natürlich gerne einen eigenen Text einfügen.

ToDo: Den Inhaltsbereich *#col3_content* der Beispielseite ändern

1. Ersetzen Sie in der Datei `index.html` den Inhalt von `#col3_content` durch eigenen Inhalt:

```
<div id="col3_content" class="clearfix">
<a id="content" name="content"></a> <!-- skiplink anchor: Content -->

<h2><span class="versteckmich">Inhaltsbereich: </span>Startseite</h2>
<p>Webseiten bestehen aus ... </p>
<!-- ... Hier kommt Fließtext, Listen und anderer Inhalt hin -->

</div><!-- Ende #col3_content -->
```

2. Speichern Sie die Webseite und betrachten Sie sie im Browser.

Die beiden äußeren Spalten sind unverändert, in der mittleren steht der eigene Inhalt:

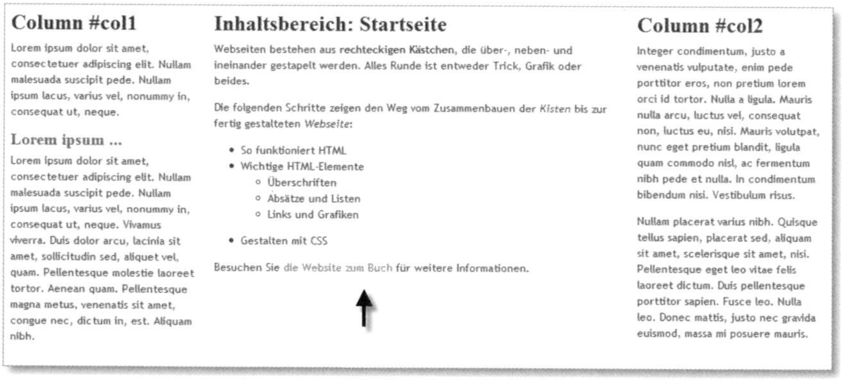

Abbildung 15.9: Die mittlere Spalte enthält jetzt eigenen Inhalt

Schritt 05: Der Fußbereich *#footer*

Zum Abschluss wird noch der Inhalt in `#footer` durch die eigenen Informationen ersetzt. Der Link zur Homepage von YAML bleibt dabei unverändert (siehe Tipp zur Lizenz von YAML auf der nächsten Seite).

ToDo: Den Fußbereich *#footer* der Beispielseite ändern

1. Ergänzen Sie in der Datei `index.html` den Inhalt des Fußbereichs `#footer` durch eigenen Inhalt:

```
<div id="footer">
<h2 class="versteckmich">Informationen über diese Website</h2>
<address>
Little Boxes &middot; Kästchenweg 12 &middot; 01234 Boxberg
<br />
Tel: 01234 567890 &middot; Fax: 01234 567891
</address>
<ul>
   <li>&copy; Ihr Name, 2007</li>
   <li><a href="impressum.html" title="Gesetzliche
      Angaben">Impressum</a></li>
</ul>
<p>Layout based on <a href="http://www.yaml.de/">YAML</a></p>
</div><!-- end: #footer -->
```

2. Speichern Sie die Webseite und betrachten Sie sie im Browser.

Im Browser sieht der Fußbereich jetzt ungefähr so aus:

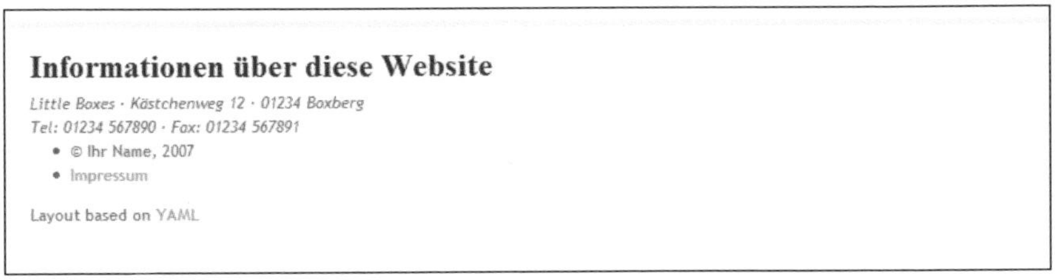

Abbildung 15.10: Der Fußbereich mit eigenen Informationen

Creative Commons Attribution 2.0 – die Lizenz zu YAML

Tipp

YAML wurde unter der Lizenz *Creative Commons Attribution 2.0* veröffentlicht:

- *http://creativecommons.org/licenses/by/2.0/de/*

Kurzfassung: Für die kostenfreie Nutzung von YAML ist die Rückverlinkung zur YAML-Homepage (*http://www.yaml.de*) in der Fußzeile der Website oder im Impressum Pflicht. Details, auch zur Benutzung ohne Rückverlinkung, finden Sie auf *yaml.de*:

- *http://yaml.de/de/lizenz/lizenzbedingungen.html*

15.4 Auf einen Blick

Hier noch einmal die wichtigsten Punkte dieses Kapitels im Überblick:

- Die fünf Grundregeln zur Arbeit mit YAML lauten:
  1. YAML ist kein Fertiglayout.
  2. YAML basiert auf dem TOP-DOWN-Prinzip.
  3. Der Kern von YAML sind drei CSS-Grundbausteine.
  4. Trennung von YAML-CSS und Ihrem CSS
  5. Viel Spaß mit YAML!
- Zum Kennenlernen von YAML gibt es ein fertiges »Simple Project«.
- Das Basislayout von YAML hat eine festgelegte *div*-Struktur:
  - `#page_margins` und `#page` fungieren als Wrapper.
  - `#header` und `#nav` umschließen Kopf- bzw. Navibereich.
  - `#main` enthält den Inhaltsbereich mit drei Spalten:
    - links `#col1` und `#col1_content`
    - in der Mitte `#col3` und `#col3_content`
    - rechts `#col2` und `#col2_content`
  - `#footer` ist der Fußbereich.

- Die Dopplung vieler div-Container erscheint zuerst übertrieben, ist aber wohlüberlegt und ermöglicht die Lösung vieler Layoutprobleme.
- Der Clou des Basislayouts ist das Clearing der mittleren Spalte #col3, das dafür sorgt, dass #col3 immer länger ist, als die beiden Außenspalten #col1 und #col2 reichen. Das gilt für Layouts mit der Spaltenreihenfolge 1-3-2 und 2-3-1 sowie alle 1-3 Zweispalter.

Kapitel 16

Die CSS-Struktur von YAML

Worin Sie die CSS-Struktur von YAML inklusive der drei Grundbausteine kennen und auf die Beispielseiten anwenden lernen.

Nach dem Kennenlernen der HTML-Struktur von YAML im letzten Kapitel geht es in diesem um die CSS-Struktur. Die wichtigsten Stationen der Reise sind:

- `base.css` – die Zentrale der Zentrale
- eigene Navigation einbauen mit `navi_float.css`
- `basemod.css` – Basislayout verändern
- Patches für den Internet Explorer
- Erstellung einer Druckversion

Los geht es aber zunächst mit einem kleinen Überblick.

16.1 CSS-Dateien von YAML im Überblick

YAML ist eine wohlstrukturierte Sammlung von CSS-Dateien, mit denen die im letzten Kapitel vorgestellte HTML-Struktur sehr flexibel gestaltet werden kann.

Zwei Ordner: Werkstatt und Lagerhalle

Alle CSS-Dateien werden in zwei Ordnern gespeichert:

- Der Ordner `yaml` ist wie gesagt die Lagerhalle, die die CSS-Bausteine von YAML zur Verfügung stellt. In diesem Ordner wird nicht gearbeitet, aber Sie können sich dort gerne einmal umschauen.
- Zusätzlich zur Lagerhalle gibt es eine Werkstatt, einen Arbeitsordner, in dem Sie Stylesheets erstellen, ändern und aufbewahren. Im Beispiel ist das der Ordner mit dem einfachen Namen `css`.

Die Projektvorlage »Simple Project« enthält mit dem Arbeitsordner *css* sowie einigen Unterordnern und Dateien bereits eine vorgegebene Struktur und erleichtert so den Einstieg, aber an sich schreibt YAML dem Autor keine feste Ordnerstruktur vor.

Wenn Sie später eigene Projekte mit YAML realisieren, muss der Arbeitsordner nicht `css` heißen. Sie können ihn auch `mein_css` oder `werkstatt` nennen. Und auch alle darin enthaltenen CSS-Dateien und Unterordner können beliebige Namen haben. Nicht jedes Framework lässt seinem Anwender so viele Freiheiten.

Tipp

Erstellen einer geeigneten Projektstruktur

Weitere Informationen zur Erstellung einer geeigneten Ordnerstruktur für spätere eigene Projekte finden Sie in Kapitel 4.2 der Dokumentation:

- *http://yaml.de/de/dokumentation/anwendung/allgemeines.html*

Das zentrale Stylesheet

Im Arbeitsordner css befindet sich neben einigen Unterordnern nur eine einzige Datei, das zentrale Stylesheet mit dem Namen my_layout.css. Diese Datei wird auf allen Webseiten eingebunden und lädt per @import alle anderen zur Gestaltung der Seiten benötigten Stylesheets.

Das folgende Listing 16.1 zeigt einen Ausschnitt aus my_layout.css:

Listing 16.1: Ausschnitt aus *my_layout.css*

```
/* import core styles | Basis-Stylesheets einbinden */
@import url(../yaml/core/base.css);

/* import screen layout | Screen-Layout einbinden */
@import url(../yaml/navigation/nav_shinybuttons.css);

@import url(screen/basemod.css);
@import url(screen/content.css);

/* import print layout | Drucklayout einbinden */
@import url(../yaml/print/print_003_draft.css);
```

Der Reihe nach werden hier fünf Stylesheets eingebunden:

- Das Fundament: base.css ist der Kern von YAML und stellt unter anderem das dreispaltige Basislayout zur Verfügung.
- Die Navigation: Nach dem Fundament folgt ein Stylesheet für die Navigation. Hier werden Sie ein eigenes Stylesheet einbinden.
- Das Layout: basemod.css enthält die Formatierung der für das Layout benötigten div-Container.
- Der Inhalt: content.css gestaltet den Inhalt der Webseiten.
- Der Ausdruck: Das Stylesheet für die Druckversion wird zuletzt eingebunden.

YAML schreibt Ihnen im Arbeitsordner keine Namen vor und da my_layout.css im Prinzip nur ein Platzhalter ist, bekommt das Stylesheet im folgenden ToDo den etwas sprechenderen Dateinamen zentrale.css. Das kennen Sie schon aus den ersten Kapiteln.

ToDo: Das zentrale Stylesheet in *zentrale.css* umbenennen

1. Benennen Sie die Datei `my_layout.css` um in `zentrale.css`.
2. Öffnen Sie `index.html` und ändern Sie den Link zum Stylesheet:

```
<link href="css/zentrale.css" rel="stylesheet" type="text/css" />
```

3. Speichern Sie Webseite und Stylesheet.

Ergänzt wird `zentrale.css` noch durch ein Stylesheet mit Patches für die Internet Explorer, das via Conditional Comment eingebunden wird und im Unterordner `css/patches` liegt:

Listing 16.2: Der Conditional Comment für die IE-Patches

```
<!--[if lte IE 7]>
  <link href="css/patches/patch_my_layout.css" rel="stylesheet"
  type="text/css" />
<![endif]-->
```

16.2 Das Basis-Stylesheet *base.css*

Das Stylesheet `base.css` ist einer der drei Grundbausteine von YAML und liegt im Ordner `yaml/core`. Vorsicht, Hochspannung! Bissiger Leopard! Diese Datei sollte überhaupt niemals und auf gar keinen Fall in irgendeiner Form geändert werden. Angucken erlaubt, anfassen nicht!

Diese Vorsichtsmaßnahme hat zwei Gründe:

- Eine Änderung direkt in der `base.css` wäre bildlich gesprochen eine Operation am offenen Herzen, und das birgt selbst für gelernte Chirurgen ein gewisses Risiko.
- Die `base.css` bietet ungeändert ein sehr schönes Fallback, eine Absicherung, denn das eigene CSS überschreibt nur im Rahmen der Kaskade das hier erstellte Basislayout.

Übersicht: das Basis-Stylesheet base.css

Das Basis-Stylesheet heißt mit vollem Namen `yaml/core/base.css`, hat über 200 Zeilen und besteht aus fünf großen Abschnitten:

1. Reset, grundlegende Kalibrierung und wichtige Bugfixes
2. Festlegung des Basislayouts und Definition von drei Klassen zum leichten Ändern der Spaltenanzahl im Layout
3. einige Klassen und eine ID zum Clearen
4. Definition der Subtemplates für komplexe Layouts
5. Klassen zum Verstecken bestimmter Elemente

Von diesen Abschnitten möchte ich Ihnen das Basislayout, die drei Klassen zum Ändern der Spaltenanzahl und die Klassen zum Verstecken von Elementen im Folgenden ausführlicher vorstellen.

Das Basislayout: Header – 3 Spalten – Footer

In `base.css` wird ein Basislayout definiert, das nach dem Motto »Ein Bild sagt mehr als tausend Worte« in einem CSS-Kommentar in der Datei mit folgender Skizze beschrieben wird:

```
|-------------------------------|
| #header                       |
|-------------------------------|
| #col1    | #col3     | #col2  |
| 200px    | flexible  | 200px  |
|-------------------------------|
| #footer                       |
|-------------------------------|
```

Listing 16.3: Skizze zum Basislayout in *base.css*

Ein durchgehender Kopfbereich, zwei gefloatete Randspalten mit 200 px Breite, eine flexible, nicht positionierte Mittelspalte und ein durchgehender Fußbereich.

Die im vorigen Kapitel erstellte `index.html` sieht nur mit dem Basis-Stylesheet momentan so aus:

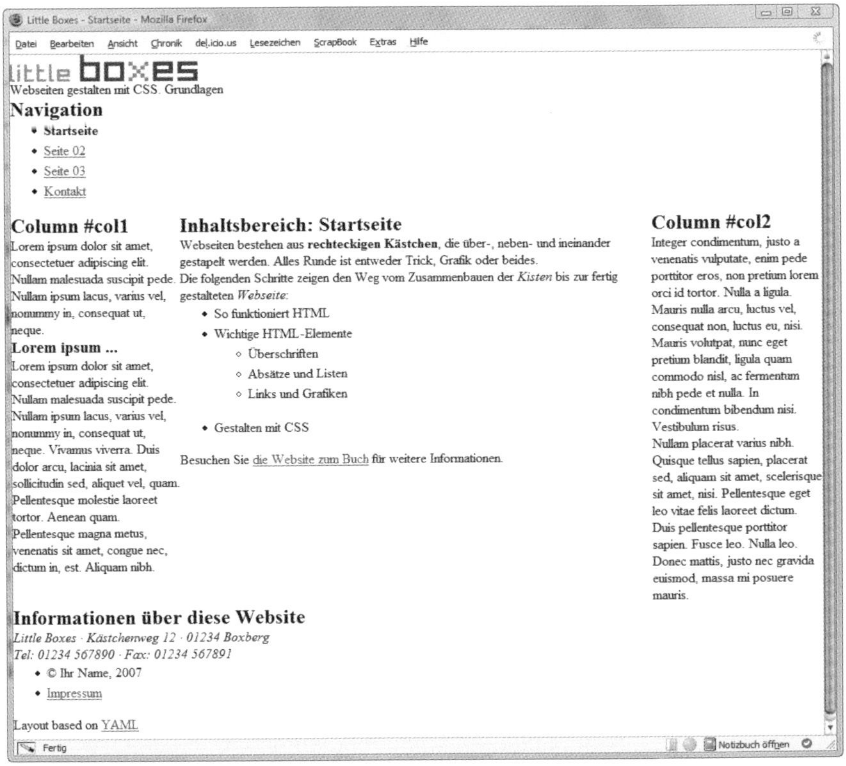

Abbildung 16.1: Das Basislayout – *index.html* nur mit *base.css*

Tipp

Das Basislayout ist immer aktiv

Wissenswert ist die Tatsache, dass dieses Basislayout bei YAML im Prinzip *immer* aktiv ist, es aber im Rahmen der Kaskade in nachfolgenden Stylesheets überschrieben wird.

Drei Klassen zum Ausblenden von Spalten

Nach diesem Basislayout werden in `base.css` drei Klassen definiert, mit denen Sie die drei Spalten im Inhaltsbereich auf einfachste Art und Weise ein- und ausblenden können.

Diese Klassen ermöglichen es, das Layout für einzelne Seiten in Sekundenschnelle auf zwei- oder gar einspaltig zu ändern:

- `.hideboth` versteckt beide Randspalten und zeigt nur `#col3`. Einspaltig.
- `.hidecol1` versteckt die linke Spalte `#col1`. Zweispaltig.
- `.hidecol2` versteckt die rechte Spalte `#col2`. Zweispaltig.

Um den Spaltensatz auf einer Webseite zu verändern, hängen Sie die gewünschte Klasse an `body`, `#page_margins` oder `#main`, und schon sind im Browser nur noch die gewünschten Spalten zu sehen.

Probieren Sie es aus. Für Abbildung 16.2 wurde auf der Startseite `index.html` dem Element `body` die Klasse `hidecol1` zugefügt:

```
<body id="startseite" class="hidecol1">
```

Einmal speichern, einmal neu laden, und die Startseite ist zweispaltig:

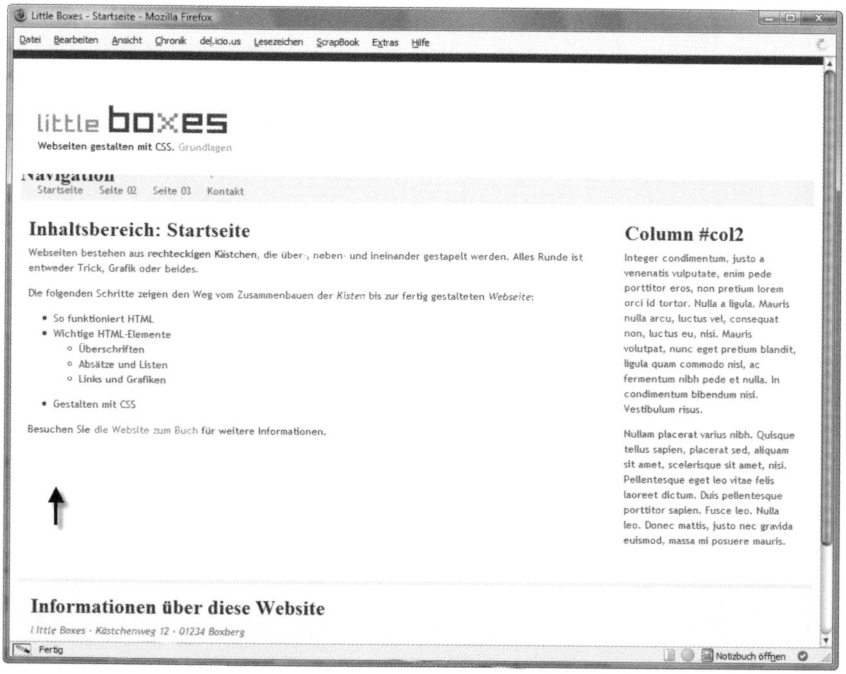

Abbildung 16.2: Da waren's nur noch zwei ... Spalte versteckt mit *.hidecol1*

Die Klassen `.hidecol2` und `.hideboth` funktionieren analog dazu. Vergessen Sie nach dem Probieren nicht, die Klassen wieder zu entfernen.

Elemente verstecken mit *.hideme*

Im Quelltext stehen drei strukturelle Überschriften für die Navigation, den Inhalts- und den Fußbereich, die mit der Klasse `.versteckmich` ausgeblendet werden sollen.

In der `base.css` von YAML gibt es eine Klasse namens `.hideme`, die nicht nur vom Namen, sondern auch von der Funktion her eine gewisse Ähnlichkeit hat. Diese Klasse benutzen Sie im folgenden ToDo zum Ausblenden der drei Überschriften.

ToDo: Strukturelle Überschriften mit *.hideme* verstecken

1. Öffnen Sie die Datei `index.html`.
2. Ändern Sie für die drei strukturellen `h2`-Überschriften die Klassen zum Ausblenden der Elemente von `.versteckmich` in `.hideme`.

   ```
   <h2 class="hideme">Navigation</h2>

   <h2><span class="hideme">Inhaltsbereich: </span>Startseite</h2>

   <h2 class="hideme">Informationen über diese Website</h2>
   ```
3. Speichern Sie die Webseite und betrachten Sie sie im Browser.

Im Browser sieht die Startseite jetzt so aus wie Abbildung 16.3.

Abbildung 16.3: Startseite mit ausgeblendeten strukturellen Überschriften

Tipp

Details zum Basis-Stylesheet

In der Dokumentation von YAML finden Sie bei Bedarf in Abschnitt 3.4 »Das Basis-Stylesheet *base.css*« weitere Details:

- *http://yaml.de/de/documentation/css-components/base-stylesheet.html*

16.3 Die eigene Navigation: *navi_float.css*

Zum Lieferumfang von YAML gehören drei vorgefertigte Navigationsbausteine, die im Unterordner `yaml/navigation` aufbewahrt und in Abschnitt 3.7 der Dokumentation kurz erläutert werden.

Diese Navigationen gehören genau genommen nicht zum eigentlichen Framework, sondern sollen dem Anwender nur den Einstieg erleichtern. Es spricht nichts dagegen, eigene Navigationsbausteine einzubauen, und genau das werden Sie in diesem Abschnitt tun.

Das Stylesheet *navi_float.css* einbinden

In Kapitel 5 haben Sie eine floatbasierte Navigation erstellt, die in diesem Abschnitt in das YAML-Layout eingebaut wird.

Weil das Stylesheet für die Gestaltung am Bildschirm zuständig ist, wird es im Ordner `screen` gespeichert. Die darin aufgerufene Grafik `border-bottom.gif` kommt in den Unterordner `images`.

ToDo: Das Stylesheet *navi_float.css* einbinden

1. Kopieren Sie das Stylesheet `navi_float.css` aus dem Basisordner für dieses Kapitel in den Ordner `screen` in Ihrem Übungsordner.
2. Kopieren Sie die Grafik `border-bottom.gif` aus dem Grafikordner in den Unterordner `screen/images`.
3. Öffnen Sie das Stylesheet `zentrale.css` und ändern Sie den Pfad zum Stylesheet für die Navigation:

```
/* import screen layout | Screen-Layout einbinden */
@import url(screen/navi_float.css);
```

4. Speichern und schließen Sie `zentrale.css`.

Im Browser hat sich nichts geändert, weil die Selektoren in `navi_float.css` noch nicht an die HTML-Struktur angepasst sind, aber das wird sich im nächsten Abschnitt ändern.

Tipp

Wegbeschreibungen in Stylesheets

Nur zur Erinnerung: Pfadangaben zu anderen Dateien sind in CSS immer relativ zum Speicherort des Stylesheets.

Die Selektoren in *navi_float.css* anpassen

Ab Seite 331 haben Sie in der `index.html` dem Container `#nav_main` die Klasse `clearfix` zugewiesen. Diese Klasse schlägt gleich mehrere Fliegen mit einer Klappe und funktioniert wie folgt:

- Firefox & Co. verstehen die in `base.css` definierte normale Variante, die auf der Verwendung der Pseudoklasse `:after` beruht.
- Weil die Internet Explorer `:after` nicht kennen, wird für die Klasse `.clearfix` in der Patch-Zentrale `iehacks.css` ein für alle Internet-Explorer-Versionen funktionierender Ersatz definiert.

Im Klartext:

- Durch die Zuweisung von `class="clearfix"` im HTML sparen Sie sowohl `overflow:hidden` als auch den Sternchen-Hack.

Manchmal ist so ein Framework ganz schön praktisch.

ToDo: Das Stylesheet *navi_float.css* an YAML anpassen

1. Öffnen Sie das Stylesheet `navi_float.css` im Editor.
2. Ersetzen Sie in allen Styles `#navibereich` durch `#nav_main`.
3. Korrigieren Sie im Style für `#nav_main` den Pfad zur Grafik:

```
background: #f3c600 url(images/border-bottom.gif) repeat-x left
bottom;
```

4. Löschen Sie im Style für `#nav_main` die Deklaration `overflow: hidden`.
5. Löschen Sie den Sternchen-Hack für `#nav_main`.
6. Speichern Sie das Stylesheet.

Im Browser ist die Navigation schon besser als vorher, aber noch nicht wirklich in alter Form:

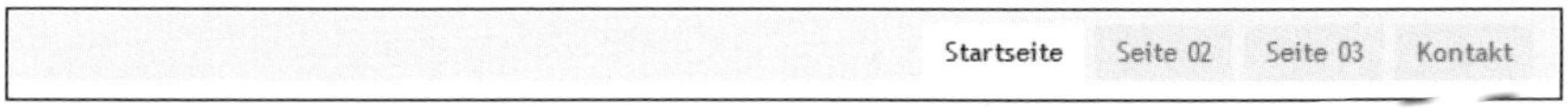

Abbildung 16.4: Die Navigation – auf dem Weg zu alter Form

Der Hintergrund von `#nav_main` ist definitiv noch nicht in der Farbe `#f3c600` und die untere graue Rahmenlinie ist genauso wenig zu sehen wie die Linien um die Tabs.

Ein kurzer Blick in den Firebug verrät, dass die Hintergrundformatierung aus `navi_float.css` in einem Stylesheet mit dem Namen `basemod.css` überschrieben wird:

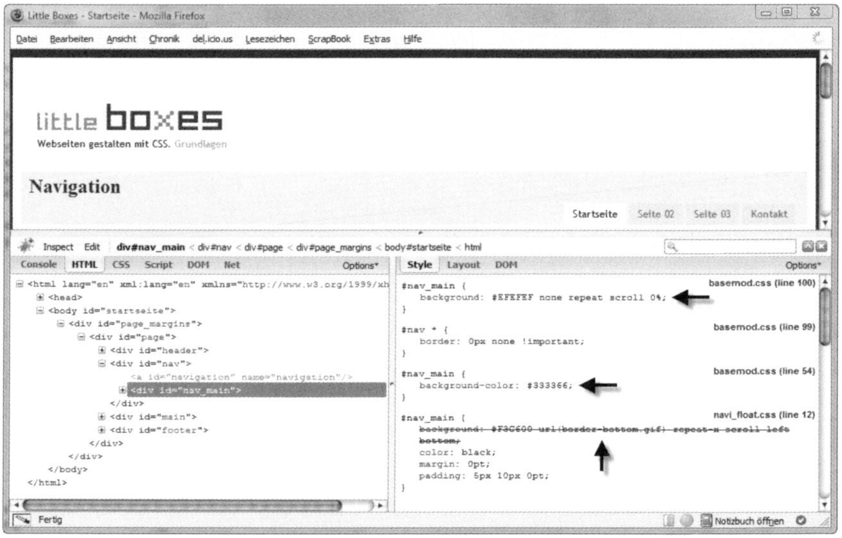

Abbildung 16.5: Die Hintergrundfarbe von *nav_main* wird überschrieben

Wie es der Zufall will, steht `basemod.css` als Nächstes auf der Liste.

16.4 Basislayout formatieren: *basemod.css*

Im Ordner `screen` liegen neben `navi_float.css` noch zwei Stylesheets: `basemod.css` und `content.css`, und diese beiden werden in den nächsten Abschnitten näher untersucht werden. Sie beginnen mit `basemod.css`.

Das Stylesheet trägt den schönen Namen `basemod.css`, weil darin das Basislayout aus `base.css` modifiziert wird. Welche Styles in `basemod.css` und welche in `content.css` gespeichert werden, ist nicht immer einfach zu entscheiden, lässt sich aber wie folgt umschreiben:

- Screen-Layout in `basemod.css`

  In `basemod.css` stehen ausschließlich Selektoren für die Layout-Container aus Abbildung 15.3 auf Seite 323.

- Content-Formatierung in `content.css`

  Elemente *innerhalb* dieser Container werden in *content.css* gestaltet.

Keine Regel ohne Ausnahmen, aber trotzdem ist diese Umschreibung hilfreich.

Anpassung von *body* und *#page*

Am Anfang von `basemod.css` steht die Gestaltung des Basislayouts. Hier werden `body` und die wichtigsten `div`-Container formatiert.

Im folgenden ToDo passen Sie die Eigenschaft von `body` und `#page` an das »Little Boxes«-Layout an. Ob Schriftformatierungen in `basemod.css` oder in `content.css` besser aufgehoben sind, ist letztendlich Geschmackssache. Ich tendiere dazu, *alle* Formatierungen für die strukturellen Container in `basemod.css` zu speichern, weil so eine genau definierte Trennung leichter fällt.

ToDo: Die Container *body* und *#page* anpassen

1. Öffnen Sie das Stylesheet `basemod.css` im Editor.
2. Ändern Sie den Style für `body` wie folgt:

```
body {
   background: #353535;
   color: white;
   padding: 2em 0;
   font-family: Verdana, Arial, Helvetica, sans-serif;
   font-size: small;
}
```

3. Die Regel für `#page` ändern Sie wie folgt:

```
#page {
   background: white;
   color: black;
   border: none;
}
```

4. Speichern Sie das Stylesheet und betrachten Sie die Webseite im Browser.

Den Kopfbereich anpassen

In diesem Abschnitt wird der Kopfbereich an das Layout von »Little Boxes« angepasst. Er bekommt wieder die gelborange Hintergrundfarbe und ein leicht anderes `padding`.

ToDo: Den Kopfbereich in *basemod.css* anpassen

1. Ändern Sie in `basemod.css` den Style für `#header` wie folgt:

```
#header {
   position: relative; /* auch in base.css, aber gut zur
Erinnerung */
   background: #f3c600;
   color: black;
   padding: 10px 20px 0 20px;
}
```

2. Mit der folgenden Regel verschieben Sie den (unsichtbaren) Container `#topnav`, sodass er bei Navigation per ⇥-Taste rechts oberhalb des Kopfbereichs erscheint:

```
#topnav {
   color: black;
   background: white;
   top: -1.5em;
}
```

3. Speichern Sie das Stylesheet und betrachten Sie die Webseite im Browser.

Im Browser ist der Kopfbereich wieder gelb und die Skiplinks erscheinen rechts oberhalb davon:

Abbildung 16.6: Der Header mit alter Farbe und neuen Skiplinks

Die Navigation anpassen

Jetzt kommt der entscheidende Grund, warum die Navigation trotz Einbindung des Stylesheets noch nicht wirklich so aussieht wie früher:

- Weil das Originallayout der »Shiny Buttons«-Navigation aus dem Ordner `yaml/navigation` nicht zum Screenlayout des »Simple Project« passt, wird es in `basemod.css` angepasst.
- Diese Anpassung überschreibt die Angaben aus `navi_float.css`.

Diese Anpassungen werden im folgenden ToDo entfernt, da das Navigationsmodul sowieso nicht mehr benutzt wird.

ToDo: Löschen der Styles für die »Shiny Buttons«-Navigation

1. Löschen Sie in `basemod.css` die beiden Styles zur Anpassung der Hauptnavigation. Auskommentieren geht auch:

```
/* (de) Anpassung der Hauptnavigation */
/* #nav ul { margin-left: 20px; } */
/* #nav_main {background-color: #336} */
```

2. Löschen Sie *alle* Styles unterhalb des Kommentars »*Anpassung der »Shiny Buttons«-Navigation*« etwas weiter unten im Stylesheet. Achten Sie dabei darauf, dass die letzte geschweifte Klammer stehen bleibt. Das ist die schließende Klammer von `@media all`. Ergänzen Sie zur Erinnerung einen entsprechenden Kommentar:

```
} /* Ende @media all - nicht löschen! */
```

3. Speichern Sie das Stylesheet und betrachten Sie die Webseite im Browser.

So langsam ist die Ähnlichkeit wieder da:

Abbildung 16.7: Die Navigation gestaltet mit *float_navi.css*

Gestaltung von Inhalts- und Fußbereich

In diesem Schritt ändern Sie die Gestaltung des Inhaltsbereichs `#main` und des Fußbereichs `#footer`. Die Gestaltung der Elemente *innerhalb* des Fußbereichs erfolgt erst später.

ToDo: Gestaltung der Container für den Inhalts- und Fußbereich

1. Passen Sie im Style für `#main` die Werte für das `padding` an:

```
#main {
   background: white;
   padding: 20px 10px;
}
```

2. Ändern Sie den Style für den Fußbereich `#footer` wie folgt:

```
#footer {
   background: #f9f9f9;
   color:#666;
   text-align: center;
   font-size: 80%;
   font-style: normal;
   letter-spacing: 2px;
   border-top: 5px #efefef solid;
   padding: 10px 20px;
}
```

3. Speichern Sie das Stylesheet und betrachten Sie die Webseite im Browser.

Im Browser sieht der Footer jetzt so aus:

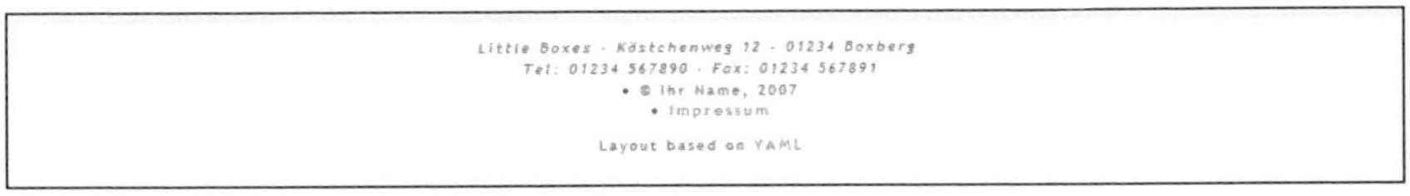

Abbildung 16.8: Der zentrierte Fußbereich

16.5 Inhalts-Container: die Spalten gestalten

Auf Seite 342 haben Sie gesehen, dass in `base.css` drei Klassen zum Ein- und Ausblenden von `#col1` und `#col2` existieren. Hier in `basemod.css` können Sie die Spalten nicht nur ein- und ausblenden, sondern fast beliebig skalieren.

Das Herz der Spaltengestaltung

Am Ende von `basemod.css` stehen die folgenden unscheinbaren Zeilen:

Listing 16.4: Gestalten der Spalten in *basemod.css*

```
 * (de) Formatierung der Inhalts-Container
 *
 * |-------------------------------|
 * | #header                       |
 * |-------------------------------|
 * | #col1     | #col3      | #col2   |
 * | 25%       | flexible   | 25%     |
 * |-------------------------------|
 * | #footer                       |
 * |-------------------------------|
 */

#col1 { width: 25% }
#col1_content { padding: 10px 10px 10px 20px; }

#col2 { width: 25% }
#col2_content { padding: 10px 20px 10px 10px; }

#col3 { margin: 0 25% }
#col3_content { padding: 10px }
```

Mit diesen Zeilen CSS können Sie das Layout fast beliebig verändern.

Breite der Randspalten ändern

Sie müssen beim Ändern der Spaltenbreiten nur darauf achten, dass der Wert für den linken bzw. rechten `margin` von `#col3` mit dem für die Breite von `#col1` bzw. `#col2` übereinstimmt.

Was Werte und Einheiten angeht, haben Sie ansonsten weitgehend freie Hand. Die Randspalten können sogar gemischte Einheiten haben:

Listing 16.5: Außenspalten mit gemischten Einheiten

```
#col1 { width: 20%; }
#col1_content { padding: 10px 10px 10px 20px; }

#col2 { width: 140px; }
#col2_content { padding: 10px 20px 10px 10px; }

#col3 { margin: 0 140px 0 20%; }
#col3_content { padding: 10px; }
```

Und hier die gemischten Spaltenbreiten im Browser:

Abbildung 16.9: Gemischtwaren – linke Spalte 20 %, rechte Spalte 140 px

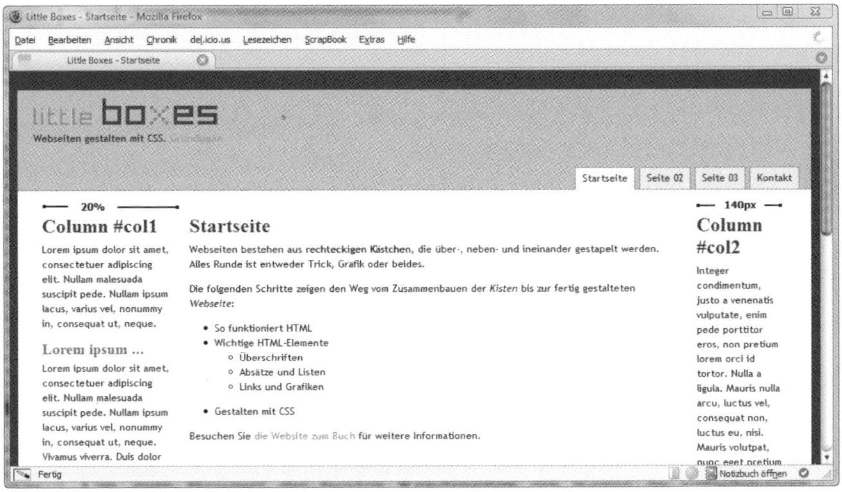

Falls Sie im CSS die Breite der Spalten ändern, sollten Sie auch das ASCII-Kunstwerk im Kommentar anpassen, damit beide übereinstimmen.

Tipp

Änderungen der Spaltenbreite auch in patch_my_layout.css

Wenn Sie die Spaltenbreite in `basemod.css` ändern, müssen Sie in `patch_my_layout.css` den `margin` von `#col3` anpassen, und zwar im Abschnitt »Bugfix for IE 3-Pixel-Jog Bug«:

```
* html #col3 { margin-left: … ; margin-right: …; }
```

Mehr zur Patch-Datei erfahren Sie ab Seite 356.

Grafikfreie Spaltentrenner

Die mittlere Spalte reicht wegen des ab Seite 326 beschriebenen Clearing-Tricks immer bis unter die anderen beiden Spalten. Deshalb können Sie die linke bzw. rechte Rahmenlinie von `#col3` als grafikfreien optischen Spaltentrenner benutzen:

```
#col1 { width: 25% }
#col1_content { padding: 10px 10px 10px 20px; }

#col2 { width: 25% }
#col2_content { padding: 10px 20px 10px 10px; }

#col3 {
   border-right: 1px dotted #ccc;
   border-left: 1px dotted #ccc;
   margin: 0 25% 0 25%;
}
#col3_content { padding: 10px }
```

Listing 16.6: Rahmenlinien als Spaltentrenner

Im Browser sieht das so aus:

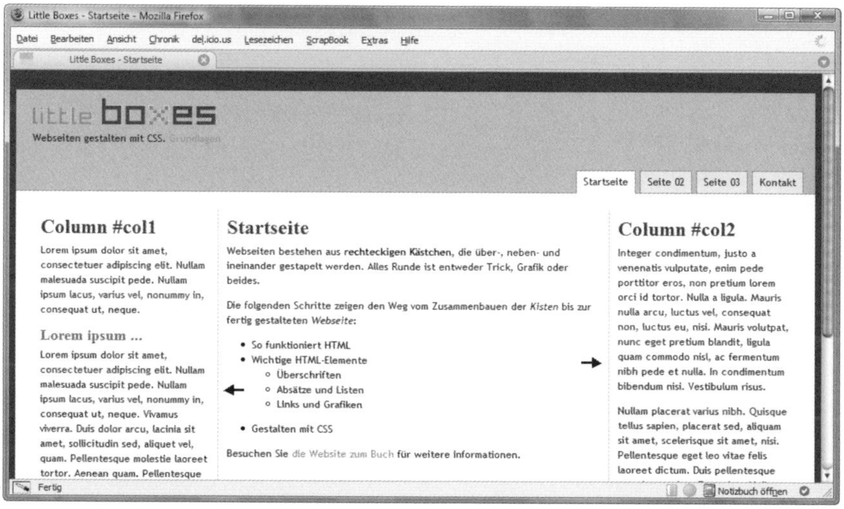

Abbildung 16.10: Basislayout mit grafikfreiem Spaltentrenner

Durch die Dopplung der Inhalts-Container kann das `padding` der Randspalten getrennt von der Breite geregelt werden und trotzdem kommt es nicht mehr zum berüchtigten »Float-Drop«, bei dem eine Spalte plötzlich unterhalb der anderen zu finden ist.

Tipp

Achten Sie auf das letzte Semikolon

Laut CSS-Syntax benötigt die letzte Deklaration vor der schließenden geschweiften Klammer nicht unbedingt ein Semikolon und in den Stylesheets von YAML wird dieses letzte Semikolon oft nicht gesetzt. Das ist nicht weiter schlimm, man muss nur bei Änderungen darauf achten, dass alle Semikola an den richtigen Stellen stehen.

16.6 Patchen und Drucken

Der Kern von YAML sind drei CSS-Grundbausteine im Ordner `yaml/core/`, auf denen jedes Layout beruht: `base.css`, `iehacks.css` und `print_base.css`.

Die `base.css` haben Sie in diesem Kapitel bereits kennen gelernt, bleiben noch die Patch-Datei `iehacks.css` und das Druckstylesheet `print_base.css`.

Patches für den Internet Explorer

Im Verlauf des Buches gab es in vielen Kapiteln einen Extraabschnitt zum Patchen von Fehlern in den verschiedenen Versionen des Internet Explorers. Auch bei YAML sind die IE-Fehlerkorrekturen ein wichtiger Bestandteil, die in Abschnitt 3.5 der Dokumentation näher erläutert werden.

Die IE-Patches bestehen aus zwei Teilen:

- layoutunabhängige Patches in `yaml/core/iehacks.css`

  Diese Datei ist einer der drei Grundbausteine von YAML und sollte nicht geändert werden. Sie enthält IE-Patches, die für jedes Layout wichtig sind. Eine detaillierte Auflistung der Bugfixes finden Sie in Abschnitt 3.5.1 »Struktur- und layoutunabhängige Bugfixes« der Dokumentation.

- layoutabhängige Patches in `css/patches/patch_my_layout.css`

  Hier werden Patches gespeichert, die nur für bestimmte Layouts relevant sind. Weitere Informationen gibt es in der Dokumentation, Abschnitt 3.5.2 »Struktur- und layoutabhängige Bugfixes«.

Im Ordner `css/patches` wird das Stylesheet mit dem sprechenden Dateinamen `patch_my_layout.css` aufbewahrt. Dieses Stylesheet wird auf jeder Webseite per Conditional Comment für alle Internet Explorer inklusive Version 7 eingebunden:

```
<!--[if lte IE 7]>
<link href="css/patches/patch_my_layout.css" rel="stylesheet" type="text/
css" />
<![endif]-->
```

Listing 16.7: Aufruf von *patch_my_layout.css* im Head der Startseite

Eine wichtige Aufgabe von `patch_my_layout.css` ist es, den Grundbaustein `iehacks.css` zu importieren:

```
/* Layout-unabhängige Anpassungen */
@import url(../../yaml/core/iehacks.css);
```

Listing 16.8: Aufruf von *iehacks.css* in *patch_my_layout.css*

Im Klartext: Auch wenn für Ihr spezielles Layout kein einziger IE-Patch erforderlich ist, sollten Sie `patch_my_layout.css` trotzdem nicht löschen.

Tipp

iehacks.css nicht verändern!

Weil es so wichtig ist, hier noch einmal der Hinweis im Tipp-Kasten:

> »Das Stylesheet `iehacks.css` aus dem Verzeichnis `yaml/core/` ist einer der Grundbausteine des YAML-Frameworks. Es liefert alle struktur- und layoutunabhängigen Bugfixes für den Internet Explorer (Versionen 5.x/Win – 7.0/Win). Diese Korrekturen sind essentiell für die Robustheit und fehlerfreie Darstellung YAML-basierter Layouts im Internet Explorer. Dieses Stylesheet ist in jedem YAML-basierten Layout erforderlich und sollte generell unverändert bleiben!« (YAML-Dokumentation, Kapitel 3.5.1)
>
> Oder anders ausgedrückt: `iehacks.css` nicht ändern, sonst fällt Ihrem Layout der Himmel auf den Kopf.

Die Druckversion

Auch die Druckversion besteht aus einem Grundbaustein und einem layoutabhängigen Teil:

- Der Grundbaustein ist `yaml/core/print_base.css` und dieses Stylesheet sollte nicht verändert werden.

- Die layoutabhängigen Druckstylesheets liegen im Ordner `yaml/print/` und tragen die Namen der auszudruckenden Spalten im Dateinamen.

Das Druckstylesheet für das Layout wird in `zentrale.css` importiert:

Listing 16.9: Druckstylesheet importieren in *zentrale.css*

```
/* Drucklayout einbinden */
@import url(../yaml/print/print_003_draft.css);
```

Wie bei den IE-Patches wird auch hier der Grundbaustein wieder über das layoutabhängige Stylesheet aufgerufen. In der momentan eingebundenen Datei `print_003_draft.css` sieht das so aus:

Listing 16.10: Aufruf des Grundbausteins

```
/* Basisformatierung für Drucklayout einbinden */
@import url(../core/print_base.css);
```

Im Ordner `yaml/print` sind insgesamt sieben layoutabhängige Druckstylesheets gespeichert. Je nachdem, welche Layoutspalten ausgedruckt werden sollen, können Sie eines der sieben einbinden. Tabelle 16.1 ist Kapitel 3.9 der Dokumentation entnommen und zeigt eine Übersicht:

Tabelle 16.1: Übersicht der Druckstylesheets im Ordner *yaml/print*

Druckstylesheet	#col1	#col2	#col3
print_100_draft.css	Ja	-	-
print_020_draft.css	-	Ja	-
print_003_draft.css	-	-	Ja
print_120_draft.css	Ja	Ja	-
print_023_draft.css	-	Ja	Ja
print_103_draft.css	Ja	-	Ja
print_123_draft.css	Ja	Ja	Ja

Beim momentan in `zentrale.css` eingebundenen `print_003_draft.css` wird also neben dem Kopfbereich nur die mittlere Spalte ausgedruckt:

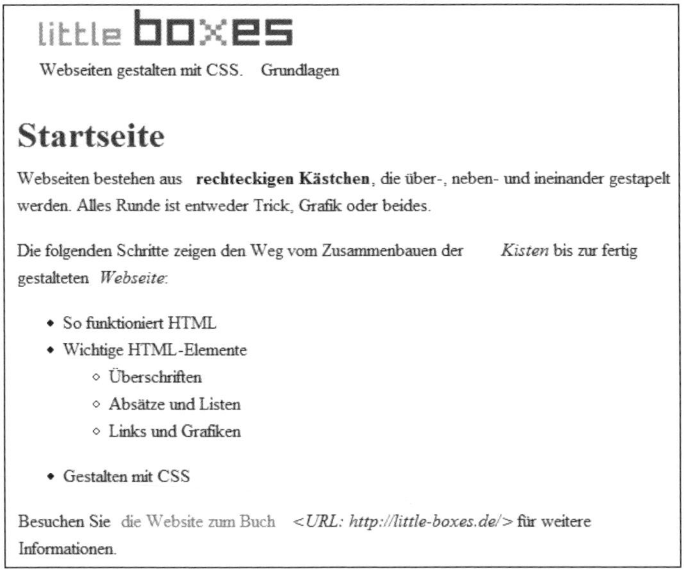
little boxes

Webseiten gestalten mit CSS. Grundlagen

Startseite

Webseiten bestehen aus **rechteckigen Kästchen**, die über-, neben- und ineinander gestapelt werden. Alles Runde ist entweder Trick, Grafik oder beides.

Die folgenden Schritte zeigen den Weg vom Zusammenbauen der *Kisten* bis zur fertig gestalteten *Webseite*:

- So funktioniert HTML
- Wichtige HTML-Elemente
  - Überschriften
  - Absätze und Listen
  - Links und Grafiken
- Gestalten mit CSS

Besuchen Sie die Website zum Buch *<URL: http://little-boxes.de/>* für weitere Informationen.

Abbildung 16.11: Druckversion mit *print_003_draft.css*

Falls Sie die Textformatierungen für die Druckversion ändern möchten, kommt der Namenszusatz `draft` ins Spiel, was auf Deutsch so viel wie »Entwurf« heißt.

Gesetzt den Fall, Sie möchten nur die mittlere Spalte ausdrucken, dabei aber die Formatierungen ändern:

- Kopieren Sie `print_003_draft.css` aus `yaml/print` in einen Ordner in Ihrer Werkstatt, zum Beispiel `css/print`.
- Geben Sie der Datei einen beliebigen Namen, zum Beispiel `print_003.css` (ohne den Zusatz `draft`).
- Ändern Sie das `@import` für das Druckstylesheet in `zentrale.css`.
- Speichern Sie alle gewünschten Formatierungen in der kopierten Datei `print_003.css`.

Das war der dritte und letzte Grundbaustein von YAML. Weiter geht es im nächsten Kapitel mit der Gestaltung der Inhalte.

16.7 Auf einen Blick

Hier noch einmal die wichtigsten Punkte dieses Kapitels im Überblick:

- YAML bewahrt die CSS-Dateien in zwei verschiedenen Ordnern auf:
  - Der Ordner `yaml` ist die Lagerhalle, die Dateien zur Verfügung stellt.
  - Der Ordner `css` ist die Werkstatt, in der Sie arbeiten.
- Auf den Webseiten werden zwei CSS-Dateien aufgerufen:
  - ein zentrales Stylesheet, das alle anderen importiert
  - ein IE-Patch-Stylesheet per Conditional Comment
- Das Basis-Stylesheet `base.css` ist Grundbaustein Nr. 1 und stellt das Basislayout sowie einige praktische Klassen zur Verfügung.
- Statt der mitgelieferten Navigationsbausteine können Sie eine eigene Navigation einbauen.
- Das Basislayout wird in `basemod.css` geändert.
- Die Patch- und Druckstylesheets aus dem Ordner `yaml/core` sind Grundbausteine Nummer 2 und 3.

Kapitel 17

Webseiten gestalten mit YAML

Worin Sie das Layout der Beispielseiten gestalten und viele der bisher kennengelernten Bausteine einsetzen.

In diesem Kapitel wird gezeigt, wie die weitere Gestaltung der Beispielseiten aussehen könnte. Wobei die Kapitelüberschrift fast ein bisschen paradox ist, denn im Grunde genommen ist YAMLs Arbeit getan:

> *»YAML ist ein Layout-Framework und damit in erster Linie für die Bereitstellung einer spaltenbasierten Layoutstruktur verantwortlich, die unabhängig von den später eingefügten Inhalten korrekt dargestellt wird.*
>
> *Die strukturelle, semantische und optische Aufbereitung der Inhalte obliegt in erster Linie Ihnen als Seitenersteller.« (YAML-Dokumentation, Kapitel 3.8)*

Anders ausgedrückt: Das war die Pflicht, jetzt kommt die Kür.

17.1 Ein neues Stylesheet: *inhalt.css*

Zur Formatierung der Inhalte stünden als Ausgangsbasis momentan zwei Stylesheets zur Auswahl:

- Die Inhalte der Seiten des »Simple Project« werden mit dem Stylesheet `content.css` gestaltet, in dem Überschriften, Hyperlinks und viele andere Elemente definiert werden.
- Die Formatierung für den Inhalt der Beispielseiten werden in einem Stylesheet namens `bildschirm.css` gespeichert.

Die Formatierung der auf YAML basierenden, dreispaltigen Startseite in diesem Kapitel wird eine Mischung aus den Ideen in Kapitel 10 bis 13 und der bisher in `bildschirm.css` gespeicherten Styles.

Um Verwechslungen mit der von YAML bereitgestellten `content.css` und der `bildschirm.css` aus den bisherigen Beispieldateien zu vermeiden, speichern Sie die Formatierungen für den Inhalt der dreispaltigen Beispielseite in einem neuen Stylesheet mit dem Namen `inhalt.css`.

Sie beginnen im folgenden ToDo mit der Anpassung von `zentrale.css` und ändern dort den Pfad von `content.css` in `inhalt.css`, auch wenn es das Stylesheet momentan noch nicht gibt.

ToDo: Die YAML-Zentrale anpassen

1. Kopieren Sie die Dateien aus dem Basisordner für dieses Kapitel in einen Übungsordner auf Ihrer Festplatte.
2. Öffnen Sie das Stylesheet `css/zentrale.css` im Editor.
3. Ändern Sie den Pfad zur Gestaltung der Inhalte von `content.css` in `inhalt.css`:

```
/* import screen layout | Screen-Layout einbinden */
@import url(screen/navi_float.css);

@import url(screen/basemod.css);

@import url(screen/inhalt.css);
```

4. Speichern Sie `zentrale.css` und betrachten Sie `index.html` im Browser.

Da das Stylesheet `inhalt.css` noch nicht existiert, wird die Startseite im Browser nur vom YAML-Kern, `navi_float.css` und `basemod.css` gestaltet:

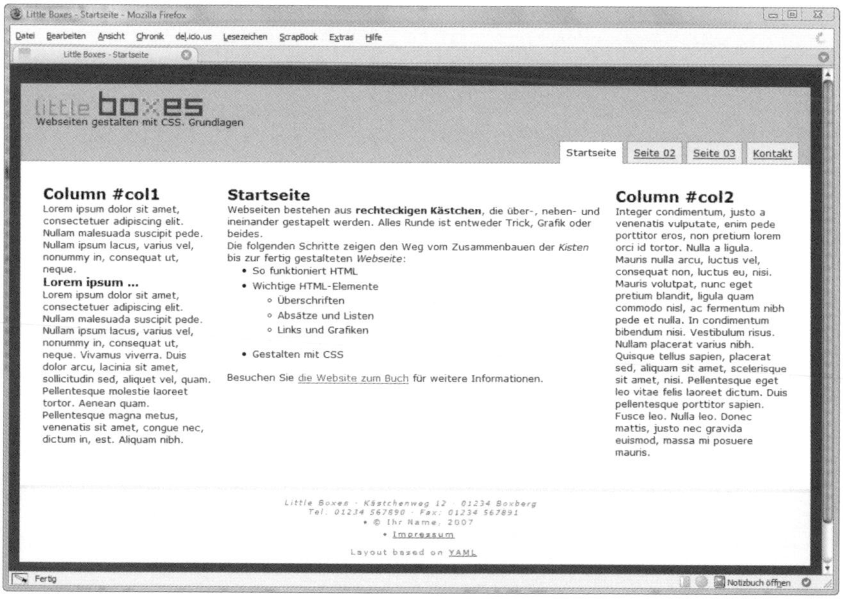

Abbildung 17.1: Die Startseite ohne Gestaltung des Inhalts

Das ist die Ausgangsposition für dieses Kapitel. In den folgenden Abschnitten erstellen Sie Schritt für Schritt eine an die YAML-Umgebung angepasste `inhalt.css`:

- Im nächsten Abschnitt wird die grundlegende Gestaltung gespeichert.
- Danach kommen nacheinander die Layoutbereiche dran: Kopfbereich, Inhaltsbereich (eine Spalte nach der anderen) und Fußbereich.

Die ToDo-Kästchen in diesem Kapitel sind mehr Aufgabenstellung als Schritt-für-Schritt-Anleitungen, denn das Buch ist bald aus und es wird Zeit, dass Sie flügge werden:

- Lesen Sie, probieren Sie und lassen Sie Ihrer Kreativität freien Lauf.
- Schreiben Sie alle Styles selbst oder kopieren Sie sie aus anderen Übungsdateien zusammen.

Egal wie, versuchen Sie die gestellten Aufgaben zu lösen. Am Ende des Kapitels finden Sie eine mögliche Lösung für die `inhalt.css`, aber betrachten Sie dieses Beispiel mehr als Anregung und nicht als einzige Möglichkeit.

Tipp

Der Name des Stylesheets ist frei wählbar

In diesem Kapitel gestaltet das Stylesheet `inhalt.css` den Inhalt der Beispielseite. Der Name dieses Stylesheets ist aber wie gesagt frei wählbar. Er muss nur in `zentrale.css` korrekt eingetragen werden.

17.2 Schritt 01: Grundlegende Formatierung

Im folgenden ToDo geht es los mit der grundlegenden Gestaltung der wichtigsten Elemente.

ToDo: Die grundlegende Gestaltung in *inhalt.css*

1. Erstellen Sie ein neues Stylesheet namens `inhalt.css` und speichern Sie die Datei im Ordner `css/screen`.
2. Erstellen Sie Styles zur Gestaltung der folgenden Elemente:
   - `body`, Überschriften und `address` (nicht kursiv)
   - Abstände und Aufzählungszeichen für (verschachtelte) Listen
   - Hyperlinks (mit Grafiken für externe Links)
3. Speichern Sie `inhalt.css` und betrachten Sie `index.html` im Browser.

Die Startseite könnte im Browser danach ungefähr so aussehen:

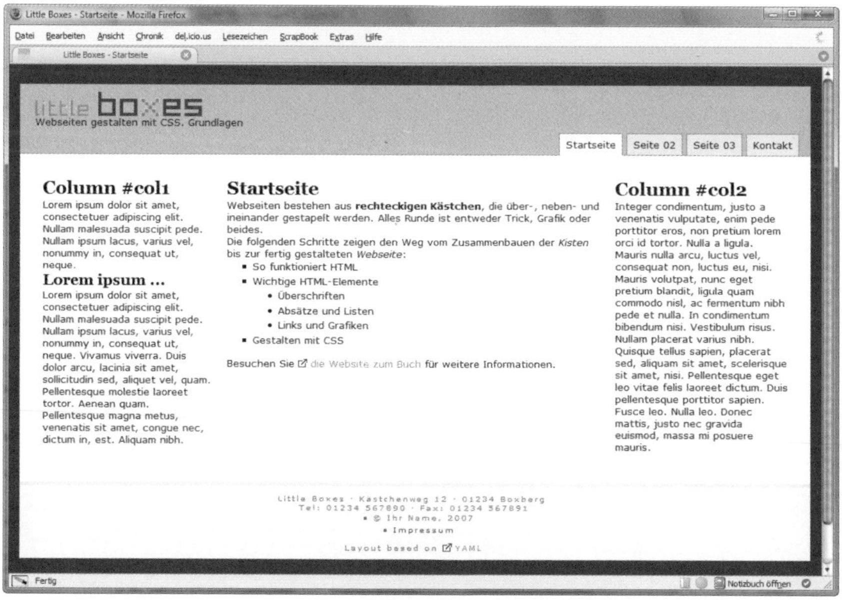

Abbildung 17.2: Die Startseite nach der grundlegenden Gestaltung

17.3 Schritt 02: Die Layoutbereiche

In diesem Schritt gestalten Sie die Layoutbereiche des alten Layouts, sprich den Kopfbereich, Textbereich und den Fußbereich.

Denken Sie dabei daran, dass in einem YAML-basierten Layout die strukturellen Elemente anders heißen als früher. Tabelle 17.1 gibt einen kompletten Überblick:

Little Boxes	YAML
#wrapper	#page_margins
#kopfbereich	#header
#navibereich	#nav_main
#textbereich	#col3_content
#fussbereich	#footer

Tabelle 17.1: Übersicht der Namen für strukturelle div-Elemente

Im folgenden ToDo werden die Elemente im Kopf-, Text- und Fußbereich gestaltet.

ToDo: Elemente im Kopf-, Text- und Fußbereich gestalten

1. Erstellen Sie Styles zur Gestaltung der folgenden Elemente:
   - Logo (mit weißem Hintergrund)
   - Slogan im Kopfbereich
   - Links und Schriftgestaltung im Textbereich (mittlere Spalte)
   - Copyright und Impressum im Fußbereich
2. Speichern Sie `inhalt.css` und betrachten Sie `index.html` im Browser.

Langsam nähert sich das Layout auf neuem Fundament wieder dem alten Aussehen:

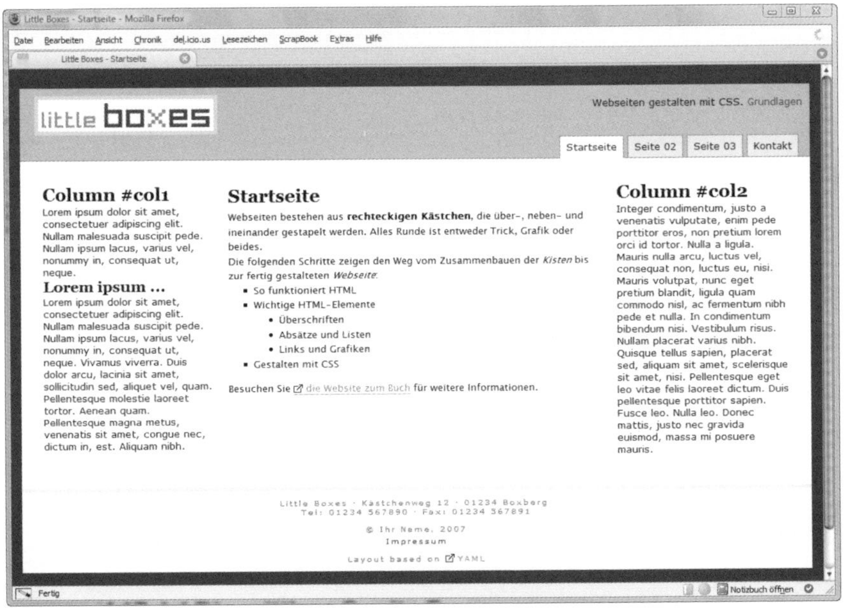

Abbildung 17.3: Startseite mit gestaltetem Kopf-, Text- und Fußbereich

Bleiben nur noch die beiden Randspalten und ein paar Extras.

Tipp

Floaten und Clearen in *#col3*

Die mittlere Spalte `#col3` ist statisch und ein `clear` würde deshalb global wirken, was für das Layout unter Umständen unvorteilhaft wäre. Zum Umschließen von Floats sollten Sie in `#col3` deshalb die Klasse `.floatbox` benutzen, die auf `overflow:hidden` beruht. Details dazu finden Sie in der YAML-Dokumentation in Kapitel 2.3 und besonders in Kapitel 2.6 »Aufbereitung der Inhalte«.

17.4 Schritt 03: Die Randspalten

Zum Abschluss gestalten Sie noch die beiden Randspalten mit einigen in Teil 3 »Inhalt« gelernten Techniken.

Die erste Spalte: *#col1* mit Autoreninfos

In die Spalte ganz links sollen ein Foto und eine kurze Beschreibung des Autors dieser Website. Sein Name ist Waldemar Weber und ein Autorenfoto finden Sie im Grafikordner auf der CD.

Natürlich soll dieses Foto mit einer Definitionsliste beschriftet werden und, falls nötig, kann die Spaltenbreite in `basemod.css` auch angepasst werden.

ToDo: Autoreninfos in *#col1*

1. Kopieren Sie ein Autorenfoto mit ca. 100 px Breite und Höhe in den Übungsordner.
2. Fügen Sie dieses Foto inklusive einer Bildbeschriftung oben in die erste Spalte ein.
3. Reduzieren Sie den Blindtext in Spalte 1 oder ersetzen Sie ihn durch richtigen Text.

Nach diesem Schritt könnte die erste Spalte ungefähr so aussehen:

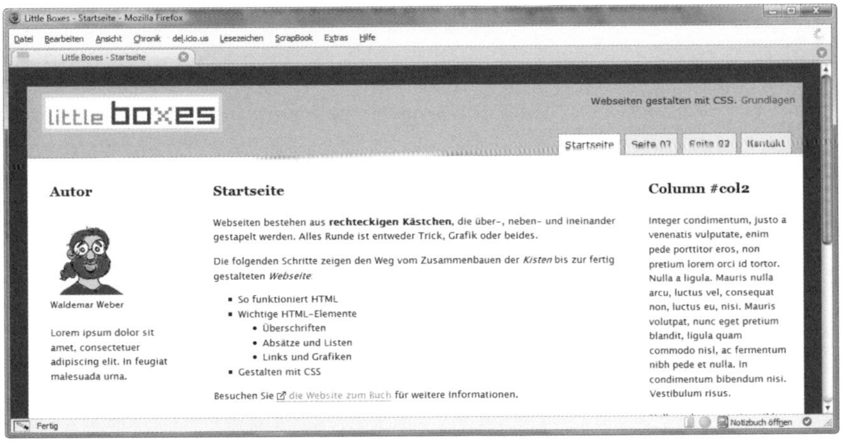

Abbildung 17.4: Autoreninfos in der ersten Spalte

Tipp

Schriftgestaltung in allen drei Spalten gleich

Falls die Schriftgestaltung (`font` und `line-height`) in allen drei Inhaltsspalten gleich sein soll, können Sie die entsprechenden Anweisungen auch für `#main` definieren, der alle drei Spalten umfasst.

Die zweite Spalte: *#col2* als Sidebar

In diesem Schritt wird die rechte Spalte zur richtigen Sidebar und daher ersetzen Sie den Blindtext durch ein paar Linklisten mit abgerundeten Ecken, wie Sie sie ab Seite 270 erstellt haben.

ToDo: Linklisten in *#col2* einbauen

1. Entfernen Sie den Blindtext aus der Spalte `#col2`.
2. Erstellen Sie in der Spalte einige Linklisten mit abgerundeten Ecken.
3. Kopieren Sie die Grafiken in den Ordner `screen/images`.
4. Ergänzen Sie in `inhalt.css` die nötigen Styles.
5. Speichern Sie die Startseite und betrachten Sie sie im Browser.

Und so könnte die fertige Seite nach diesem Schritt aussehen:

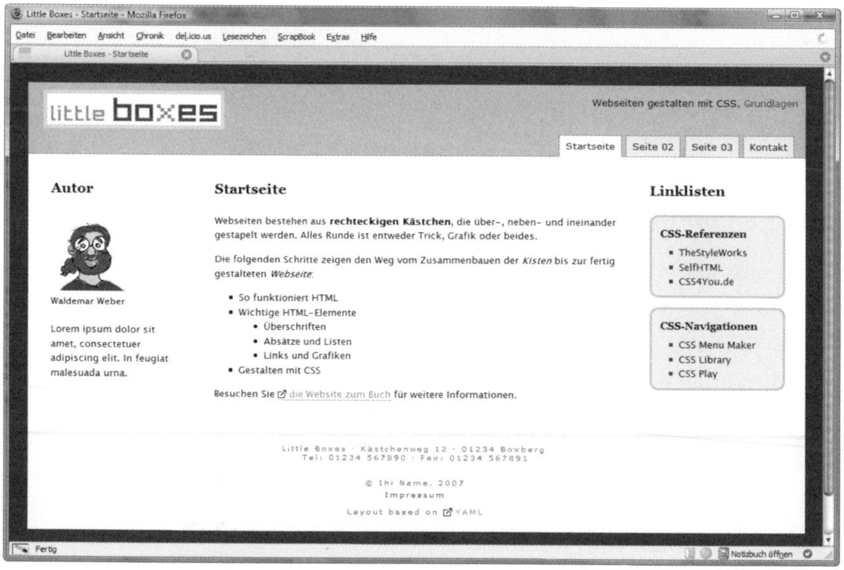

Abbildung 17.5: Die fertige Seite mit dreispaltigem Layout

17.5 IE-Bugfixing: *patch_my_layout.css*

In `inhalt.css` haben Sie für den `body` der Seiten die Schriftgröße mit dem Schlüsselwort `small` definiert. Weil der Internet Explorer 5.x die Schlüsselwörter für die Schriftgrößen immer eine Nummer größer interpretiert, bekam er in der Datei `ie5x.css` folgenden Patch:

Listing 17.1: Patch für IE5.x

```
/* ==============================
   1. Schriftgröße definieren  */
   body { font-size: x-small; }
```

In YAML wird das Patch-Stylesheet nicht nur an die 5er-IEs ausgeliefert, sondern an alle, sodass die Versionsunterscheidung *innerhalb* der Patch-Datei erfolgen muss.

Um nun einen Patch *nur* an die 5er-IE-Versionen zu schicken, empfiehlt sich folgende Vorgehensweise:

- Zuerst wird `font-size:x-small` für alle IE-Versionen definiert.
- Direkt danach wird dieser Wert für IE6 und IE7 wieder korrigiert.

Patch the patch. Bleibt die Frage, wie man IE6 und IE7 eine Anweisung gibt, die die 5er ignorieren. Nicht lachen. Die Lösung ist ein Backslash:

- Setzen Sie an eine beliebige Stelle innerhalb der zu patchenden Eigenschaft einen Backslash, aber nicht vor einen der Buchstaben a bis f.

Unglaublich, aber wahr: `font-\size` funktioniert, `font-siz\e` nicht. That's entertainment.

Außerdem fügen Sie im folgenden ToDo noch den Patch für die Listenelemente mit runden Ecken in die Sidebar ein, die `hasLayout` benötigen.

ToDo: Patch für Schriftgröße für IE5.x

1. Öffnen Sie die Datei `patch_my_layout.css` im Editor.
2. Ergänzen Sie den folgenden Patch

```
/* Für alle IE bis V7 */
body { font-size: x-small; }

/* Patch the patch für IE6 und 7 */
body { font-\size: small; }
```

3. Fügen Sie direkt darunter folgenden Patch ein:

```
/* Sidebar: Listenelemente brauchen hasLayout */
* html #col2 li.rundebox { height: 1%; }
```

4. Speichern Sie das Stylesheet und prüfen Sie die Seite in allen zur Verfügung stehenden Internet Explorern.

Tipp

Spaltenbreite auch in patch_my_layout.css ändern

Falls Sie die Spaltenbreite für `#col1` und `#col2` geändert haben und im Internet Explorer alles gleich bleibt, denken Sie daran, dass Sie `margin-left` und `margin-right` für `#col3` auch in `patch_my_layout.css` anpassen müssen

17.6 Das CSS im Überblick

Als Anregung für eine mögliche Lösung hier die relevanten Teile aus dem Stylesheet `inhalt.css`.

Der erste Teil mit den allgemeinen Styles enthält eine Sammlung von Styles aus den Kapiteln 2 und 3 und die Gestaltung der Definitionsliste zur Bildbeschriftung:

Listing 17.2: Der erste Teil von inhalt.css – »Allgemeine Styles«

```
/*  ==========================================================
Stylesheet zur Formatierung am Bildschirm (YAML)
Datei: inhalt.css
Datum: ...
Autor: ...
========================================================== */
@media screen {
/* ====================================
   1. Allgemeine Styles
   ==================================== */
body {
   background-color: #353535;
   color: white;
   font-family: Verdana, Arial, Helvetica, sans-serif;
   font-size: small;
}
h1, h2, h3, h4, h5, h6 {
   font-family: Georgia, "Times New Roman", serif;
   font-weight: bold;
}
h2 { font-size: 150%; }
h3 { font-size: 110%; }
h2, h3, p, blockquote, address, pre, ul, ol, dl, table {
   margin-bottom: 1em;
}
address { font-style: normal; }

/* Verschachtelte Listen ohne Außenabstand oben/unten */
ul ul, ul ol, ul dl,
ol ul, ol ol, ol dl,
dl ul, dl ol, dl dl {
   margin-top: 0;
   margin-bottom: 0;
}

/* Ebene 1 - ul: square (ausgefülltes Rechteck); ol: Dezimalzahlen  */
ul { list-style-type: square; }
ol { list-style-type: decimal; }

```

```
/* Ebene 2 - ul: disc (ausgefüllter Kreis); ol: kleine Buchstaben */
ul ul { list-style-type: disc; }
ol ol { list-style-type: lower-alpha; }
ul ol { list-style-type: decimal; }
ol ul { list-style-type: square; }

/* Hyperlinks */
a { text-decoration: none; outline: none;}
a:link { color: #d90000; }
a:visited { color: #cc6666; }
a:focus, a:hover { border-bottom: 1px solid #d90000 }
a:active {
   color: white;
   background-color: #d90000;
}
a[href^="http:"]{
   background: url(images/linkinsweb.gif) no-repeat left center;
   padding-left: 16px;
}
a[href^="http:"]:visited {
   background-image: url(images/linkinsweb_visited.gif);
}
/* Allgemeine Klassen  */
dl.bildbox {
   background-color: white;
   padding: 0;
   margin: 1em 0 ; }
dl.bildbox dd {
   font-size: 90%;
   margin: 0;
}

```

Die Layoutbereiche wurden wie folgt gestaltet:

Listing 17.3: Der zweite Teil von inhalt.css – »Layoutbereiche«

```
/* ===================================
   2. Layoutbereiche
   =================================== */
#header #logo {
   background-color: white;
   color: black;
   padding: 5px;
   border: 5px solid #d9d9d9;
}
#header p {
   position:absolute;
   top: 10px ;
   right: 10px;
   padding: 5px 0 5px 0;
   margin-bottom: 0;
```

```
}
#header p span {
   color: #d90000;
}
#main {
   font-family: "Lucida Grande", "Lucida Sans Unicode", Verdana,
      Arial, Helvetica, sans-serif;
}
/* Sidebar mit Linkliste */
#col2 ul {
   width: 14em; /* an Layout bzw. Inhalt anpassen */
   list-style-type: none;
   padding: 0;
   margin: 0;
}
/* li.rundebox => bekommt hasLayout in patch_my_layout.css */
#col2 li.rundebox {
   padding: 0;
   margin-top: 1em;
   margin-left: 0;
}
#col2 a {
   text-decoration: none;
   color: black;
   background-image: none;
   padding-left: 0;
}
#col2 ul ul {
   width: auto;
   padding-bottom: 1em;
   margin-top: 0.5em;
}
#col2 li li {
   list-style-type: square;
   color: #d90000; /* Farbige Aufzählungszeichen */
   margin-left: 3em; /* Einrückung der Linkliste, ggfs. anpassen */
}
#col2 li.rundebox {
   background: url(images/links_unten.gif) no-repeat left bottom;
}
#col2 li.rundebox div.mittlerebox {
   background: url(images/rechts_unten.gif) no-repeat right bottom;
}
#col2 li.rundebox div.innerebox {
   background: url(images/links_oben.gif) no-repeat left top;
```

```
}
#col2 li.rundebox h3 {
   background: url(images/rechts_oben.gif) no-repeat right top;
   font-size: 110%;
   padding: 1em 0 0 1em;
   margin: 0;
}
/* Mittlere Spalte  */
#col3_content { line-height: 1.5; }
#col3_content a {
   border-bottom: 1px dotted #cc0000;
}
#col3_content a:focus,
#col3_content a:hover {
   border-bottom: 1px solid #d90000;
}
/* Fussbereich */
#footer ul {
   text-align: center;
   font-style: normal;
   letter-spacing: 2px;
   padding: 10px;
   margin: 0;
}
#footer ul li {
   list-style-type: none;
   padding: 0;
   margin: 0;
}
} /* Ende @media - nicht löschen! */
/* ========================================
   E N D E  inhalt.css
   ======================================== */
```

17.7 Fortgeschrittene Layouts mit YAML

Wenn Ihnen YAML nach dieser Einführung gefällt, sollten Sie sich mal ganz in Ruhe bei *yaml.de* umschauen, denn bisher haben Sie nur die Spitze des Eisbergs gesehen.

Bevor Sie eigene Projekte mit YAML erstellen, sollten Sie die Dokumentation durcharbeiten, das aktuelle YAML-Paket downloaden und sich die Layoutbeispiele in Ruhe anschauen:

- *http://yaml.de/fileadmin/examples/*

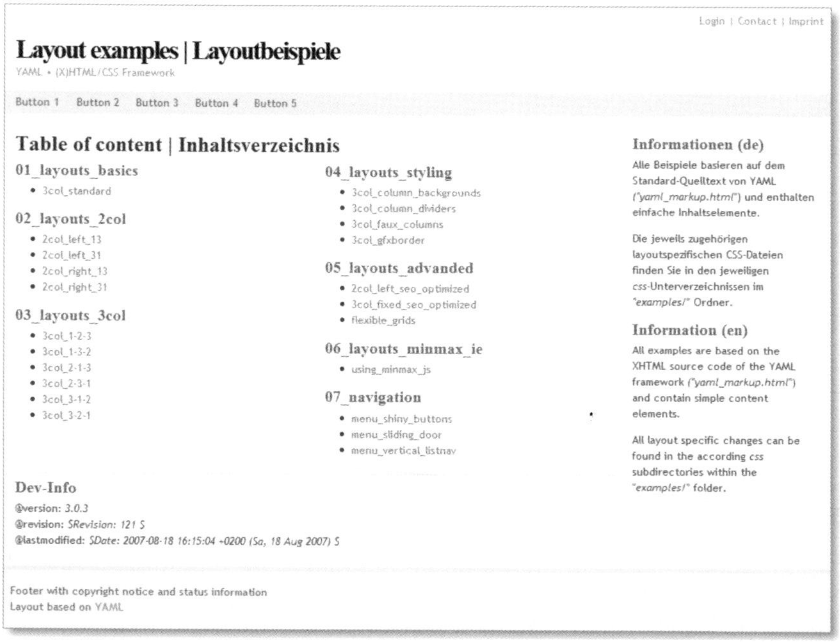

Abbildung 17.6: Übersicht der Layoutbeispiele

Insbesondere die Möglichkeiten der Subtemplates, die in dem Beispiel »Flexible Grids« gezeigt werden, sind ein intensives Studium wert.

Noch in der Entwicklung, aber für die Zukunft ein vielversprechendes Werkzeug ist der YAML Builder. Er lässt Sie ein Layout per Maus erstellen und generiert anschließend die HTML- und CSS-Grundstruktur, die – wenn man die Funktionsweise von YAML begriffen hat – nur noch angepasst und erweitert werden muss:

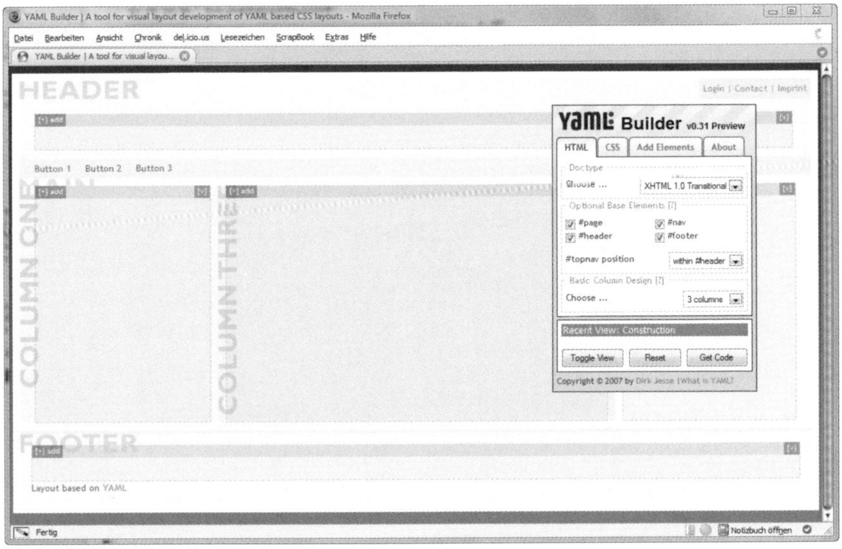

Abbildung 17.7: Der YAML Builder – Layouts zum Zusammenklicken

17.8 Auf einen Blick

Hier noch einmal die wichtigsten Punkte dieses Kapitels im Überblick:

- YAML stellt die spaltenbasierte Layoutstruktur zur Verfügung, die Inhalte gestalten Sie selbst.
- Beachten Sie beim Floaten und Clearen im Inhaltsbereich:
  - In den gefloateten Randspalten `#col1` und `#col2` wirkt `clear` lokal.
  - In der statischen Mittelspalte (`#col3`) wirkt `clear` global. Nutzen Sie stattdessen die Klasse `floatbox` (Dokumentation, Kapitel 2.6) zum Einschließen von Floats, die auf `overflow:hidden` beruht.
- IE-Patches sollten in `patch_my_layout.css` gesammelt werden.
- Zum weiteren Kennenlernen von YAML:
  - Lesen Sie die Dokumentation.
  - Studieren Sie die Beispiele.

Teil V

Werkzeug

Kapitel 18

Quelltextanalyse und Testen

Worin Sie das Analysetool Firebug näher kennen lernen und erfahren, wie man seine Seiten in mehreren Versionen des Internet Explorers testen kann.

Im Firebug-Tutorial lernen Sie die wichtigsten Funktionen dieses für Webentwickler unverzichtbaren Tools kennen.

Im zweiten Teil dieses Kapitels gibt es einen Überblick über die verschiedenen Möglichkeiten, seine Webseiten in verschiedenen Versionen des Internet Explorers testen zu können.

18.1 Quelltext analysieren mit Firebug

Im ersten Band von »Little Boxes« habe ich auf Seite 316 »Firebug – das Analysetool« kurz vorgestellt.

Im Folgenden möchte ich Ihnen etwas ausführlicher zeigen, wie man mit Firebug Quelltext analysiert. Zur Installation surfen Sie am besten zur Homepage von Firebug:

- *http://getfirebug.com/*

Nach der Installation finden Sie Firebug im Firefox an drei Stellen:

- im Menü EXTRAS im Untermenü FIREBUG
- im Kontextmenü einer Webseite mit dem Befehl INSPECT ELEMENT
- in der Statusleiste ganz rechts als kleines, rundes Symbol

Und los geht es mit dem Kennenlernen.

Tipp

Firebug vs. Web Developer Toolbar

Die beiden wichtigsten Add-Ons haben natürlich einige funktionelle Überschneidungen, ergänzen sich insgesamt aber sehr gut. Während *Firebug* eher zur Analyse geeignet ist, lassen sich mit der *Web Developer Toolbar* leicht verschiedene Situationen simulieren.

Eine kurze Einführung zur Web Developer Toolbar finden Sie im Artikel »Quickcheck zur Barrierefreiheit«:

- *http://infotekten.de/index.php?itemid=458*

Firebug starten

Firebug lässt sich auf verschiedene Arten starten, aber am einfachsten sind zwei Tastenkürzel:

- [F12] schaltet Firebug unten im Browserfenster ein bzw. aus.
- [Strg]+[F12] öffnet Firebug in einem eigenen Fenster, was besonders bei der Arbeit mit zwei Monitoren sehr praktisch ist.

Da die Aktivitäten von Firebug den Browser manchmal etwas ausbremsen, ist das Programm nach der Installation ausgeschaltet und muss beim ersten Aufruf mit einem Klick auf ENABLE FIREBUG aktiviert werden.

Sie können Firebug auch für einzelne Websites blocken oder erlauben (EXTRAS/FIREBUG/ALLOWED SITES ...) und Sites mit intensivem JavaScript-Gebrauch (Google Mail & Co.) sollte man so nach und nach wahrscheinlich besser auf die schwarze Liste setzen.

Register *HTML*: die Übersicht

Das Firebug-Fenster sieht nach dem Start mit F12 so aus:

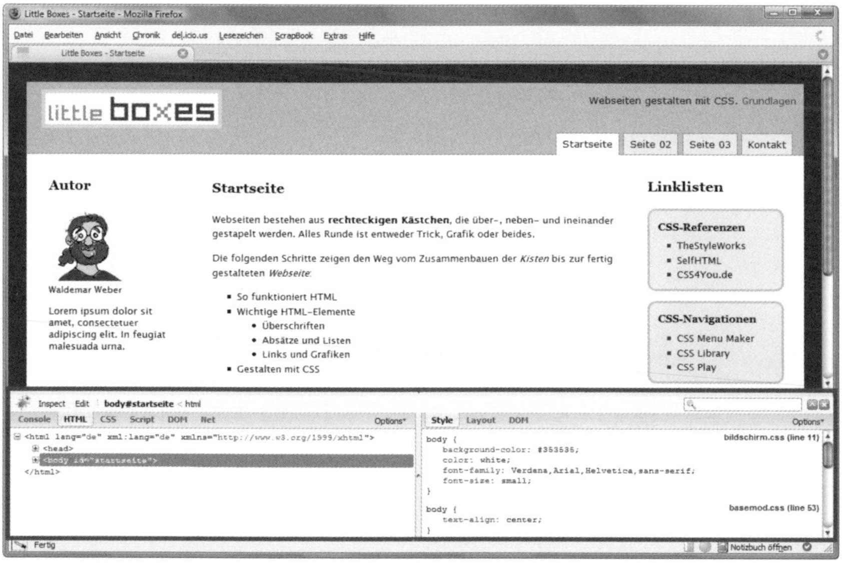

Abbildung 18.1: Firebug nach dem Start mit F12

Angezeigt wird zunächst das Register *HTML* mit einem zweigeteilten Fenster darunter:

- Links finden Sie eine hierarchische Darstellung des Quelltextes mit markiertem body. Per Mausklick oder Pfeiltasten können Sie sich durch den HTML-Baum bewegen und die Hierarchie ein- und ausklappen.
- Für das markierte HTML-Element werden in der rechten Fensterhälfte alle deklarierten Styles angezeigt und neben dem Style gibt es einen Direktlink zum Stylesheet mit Angabe der Zeilennummer.
- Neben dem Register Style sehen Sie in der rechten Fensterhälfte noch die Register Layout und DOM sowie ganz außen den Befehl Options.

Oberhalb des HTML-Tabs sehen Sie ganz links das Firebug-Symbol. Ein Klick darauf öffnet das Systemmenü zur Änderung der Textgröße und zahlreicher anderer Einstellungen.

Neben dem Firebug-Symbol folgen die Befehle INSPECT und EDIT sowie eine Auflistung der Vorfahren-Eelemente für das im Quelltext markierte Element, die von rechts nach links gelesen werden muss und wie fast alles in Firebug hover- und anklickbar ist.

Am rechten oberen Rand des Firebug-Fensters befinden sich noch ein Suchfeld und zwei rote Symbole zum Loslösen und Schließen des Fensters. Im Suchfeld können Sie nach beliebigem Text suchen, der, falls vorhanden, im Quelltext hervorgehoben wird.

Tipp

Tastaturbedienung für Firebug

Auf der Firebug-Site gibt es eine Übersicht der wichtigsten Tastenkürzel:

- *http://getfirebug.com/keyboard.html*

Inspect: Elemente auswählen

Nach der Aktivierung mit F12 ist zunächst immer das Element *body* markiert. Ein Klick auf INSPECT versetzt Firebug in den Inspektionsmodus, in dem Sie mit Maus auf der Webseite beliebige Elemente inspizieren können. Fahren Sie mit der Maus über die Seite und das Element unter dem Mauszeiger wird blau umrandet. Firebug zeigt im HTML-Baum sofort links das Element selbst und rechts dessen CSS-Eigenschaften an.

Um eine beliebige Webseite zu analysieren, surfen Sie einfach hin, drücken F12 und klicken auf INSPECT (Abbildung 18.2).

Ein einfacher Klick beendet den Inspektionsmodus und zeigt das angeklickte Element im unteren Fenster an, wo Sie es in Ruhe analysieren können.

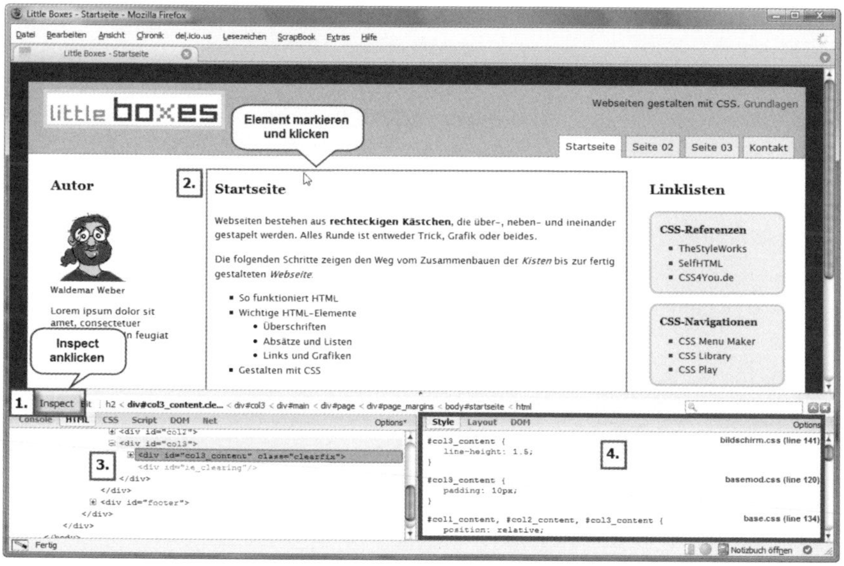

Abbildung 18.2: Firebug im Inspektionsmodus

Fahren Sie mit dem Mauszeiger über ein Element im HTML-Baum, wird dieses auf der Webseite hervorgehoben, wobei die Box-Modell-Eigenschaften in verschiedenen Farben dargestellt werden (*Inhalt* in Hellblau, `padding` in Lila, `margin` in Hellgelb):

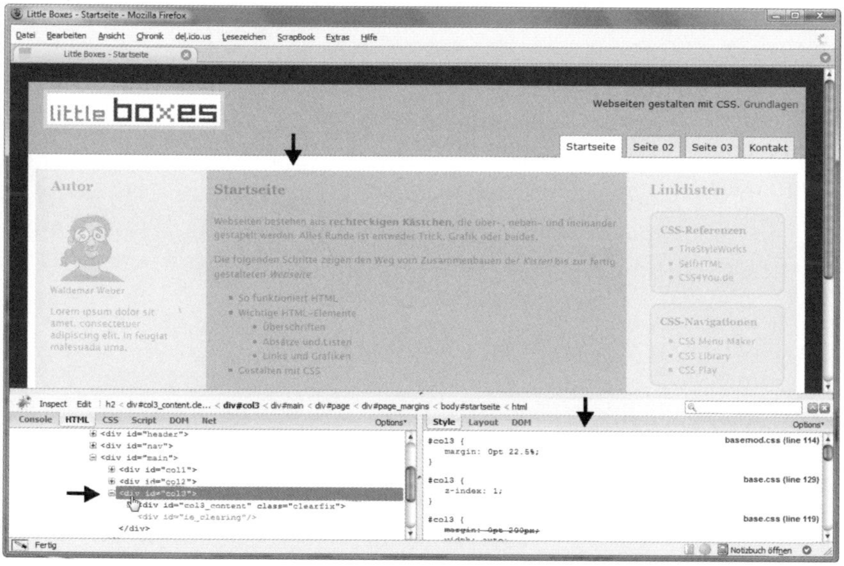

Abbildung 18.3: *#col3* mit farblich dargestellten Abständen

Firebug zeigt *alle* für das selektierte Element relevanten Styles an, und zwar in umgekehrter Reihenfolge von unten nach oben. Im Rahmen der Kaskade überschriebene Eigenschaften werden durchgestrichen, ideal, um Spezifitätsprobleme zu entdecken, bei denen man unbeabsichtigt seine eigenen Styles überschreibt.

Wenn Sie im Stylefenster mit dem Mauszeiger über eine Farbdefinition wie `#f3c600` fahren, zeigt Firebug die Farbe an. Farbwerte und URLs zu Grafiken können per Kontextmenü in die Zwischenablage kopiert werden.

CSS-Regeln im Stylefenster editieren

Sie können sich die Styles aber nicht nur anzeigen lassen, sondern auch damit spielen. In Firebug ist fast alles anklickbar, und sehr vieles davon lässt sich nach einem Klick editieren, wobei alle Änderungen live im Browserfenster angezeigt werden.

Um einen Wert zu verändern, klicken Sie einfach darauf. Im erscheinenden Minieditor können Sie Werte einfach mit den Pfeiltasten nach oben bzw. unten ändern:

- Bei einer Zahlangabe wie `4px` wird der Zahlwert verändert.
- Bei Wortangaben wie `solid` werden alle Alternativen durchgesteppt.

Falls Sie einen Wert manuell ändern, gibt es sogar ein *AutoComplete*.

Um eine Deklaration vorübergehend zu deaktivieren, fahren Sie mit der Maus davor und klicken auf das graue Verbotszeichen. Das Verbotsschild wird rot, die Deklaration erblasst und auf der Webseite wird die entsprechende Änderung live angezeigt. Im Kontextmenü einer Deklaration finden Sie noch weitere Befehle zum Ändern oder (vorübergehenden) Löschen der Eigenschaft.

Normalerweise zeigt Firebug die für das markierte Element in den Stylesheets deklarierten CSS-Regeln an. Ein Klick auf *Options* unterhalb des kleinen Suchfensters zeigt den Befehl SHOW COMPUTED VALUES, der die von Firefox errechneten Werte anzeigt. So kommt man Rundungsfehlern leichter auf die Spur.

Tipp

Element direkt auswählen mit *Inspect Element*

Um nicht lange im HTML-Baum nach einem Element zu suchen, klicken Sie auf der Webseite mit der rechten Maustaste auf die gewünschte Stelle und wählen im Kontextmenü den Befehl INSPECT ELEMENT.

Das visualisierte Box-Modell

Wenn Sie im Stylefenster auf das Register LAYOUT klicken, sehen Sie die Box, die das im HTML-Baum markierte Element im Firefox generiert, mit genauen Pixelangaben zu Inhalt, `padding`, `border` und `margin` und `offset`, der übrigens relativ zum Eltern-Element berechnet wird. Auch hier können natürlich alle Werte angeklickt und verändert werden.

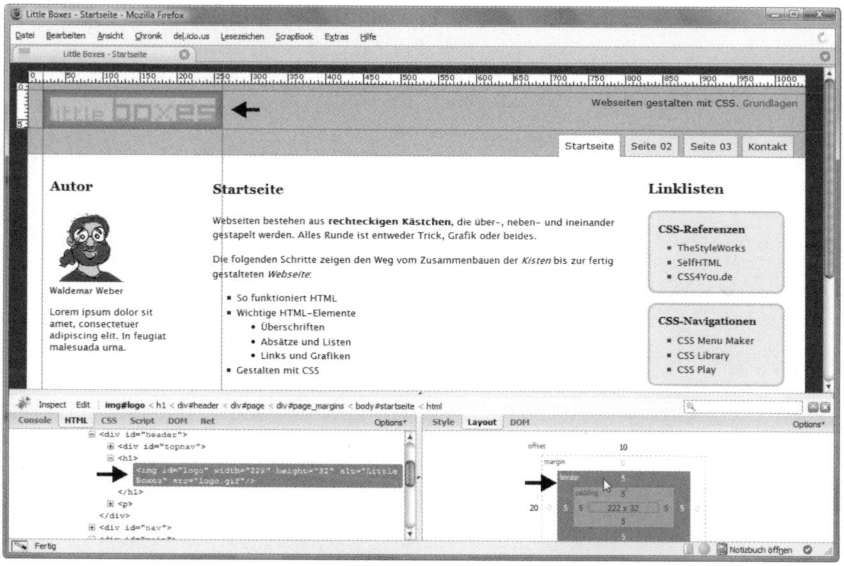

Abbildung 18.4: Firebug visualisiert das Box-Modell des Logos

Sobald der Mauszeiger im Box-Modell über einer Eigenschaft schwebt, werden auf der Webseite ein Fadenkreuz und ein Lineal sichtbar, das die genauen Dimensionen angibt.

Register *CSS*: alle Styles im Überblick

Bis jetzt haben Sie ein Element ausgewählt, sich dann das CSS angeschaut und dabei ausschließlich in den beiden Fenstern des Registers HTML gearbeitet.

Das Register CSS direkt daneben lässt den HTML-Baum weg und zeigt nur die CSS-Regeln an.

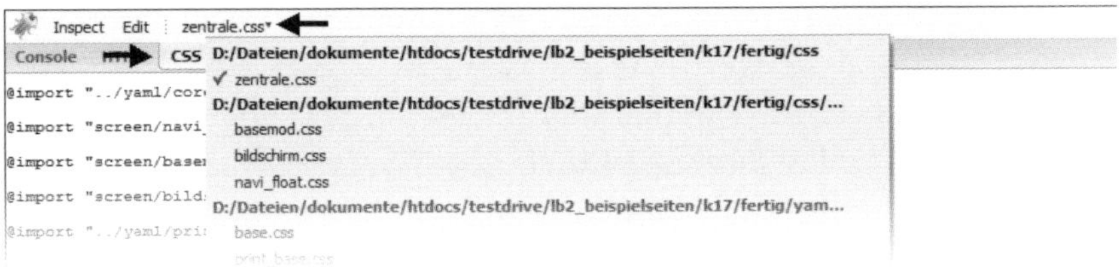

Abbildung 18.5: Das Register *CSS* zeigt nur die Styles an

Oberhalb des Registers sehen Sie den Namen des angezeigten Stylesheets. Dort können Sie ggfs. auch das Stylesheet wechseln.

Im Fenster darunter haben Sie die gleichen Editiermöglichkeiten wie vorher im Stylefenster. Für kleinere Änderungen ist das ideal, für größere Änderungen hingegen klicken Sie auf EDIT. Daraufhin verwandelt sich das Fenster in einen Texteditor, in dem Sie die Styles auch mit [Strg]+[A] markieren und in die Zwischenablage kopieren können.

Das Register *Net*

Zum Abschluss dieses kurzen Tutorials möchte ich Ihnen noch das Register NET vorstellen, in dem Sie die Ladezeiten der einzelnen Komponenten der angezeigten Webseiten analysieren können (Abbildung 18.6).

Oberhalb der Registerleiste können Sie per Klick die Auswahl der Komponenten einschränken und nach einem Klick auf das kleine Pluszeichen am Anfang einer Zeile wird der komplette HTTP-Header angezeigt.

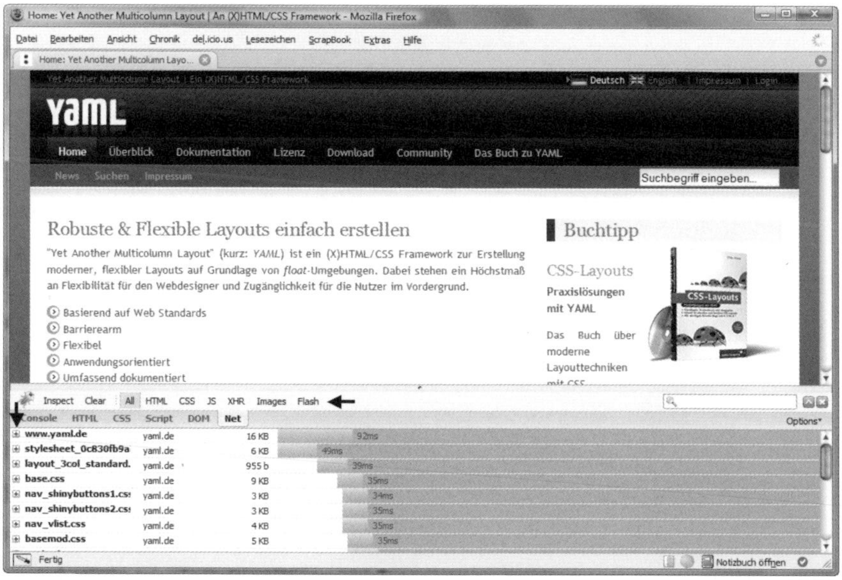

Abbildung 18.6: Das Register *Net* zeigt die Ladezeiten der Komponenten

Tipp

Weitere Links zu Firebug

Auf den folgenden Webseiten gibt es weitere Informationen zu Firebug:

- Artikel »Introduction to Firebug«
  http://www.evotech.net/blog/2007/06/introduction-to-firebug/
- Tutorial von Michael Sync – deutschsprachige Übersicht
  http://takealook.kilu.de/index.php?p=105

18.2 Testen in verschiedenen IEs

Während der Erstellung der Webseiten sollten diese in möglichst vielen Browsern getestet werden, aber manchmal ist das einfacher gesagt als getan.

Microsoft hat den Internet Explorer sehr eng mit seinem Betriebssystem verbandelt und eine Konsequenz daraus ist, dass es gar nicht so einfach ist, mehrere Versionen des IE auf einem Rechner zu betreiben. Im Folgenden dazu ein paar Hinweise.

Screenshots online erstellen lassen

Ein kostenloser Onlineservice, der Screenshots der Testseite in mehreren Browsern erzeugt, ist *Browsershots*:

- Browsershots: Teste dein Webdesign in verschiedenen Browsern

  http://browsershots.org/

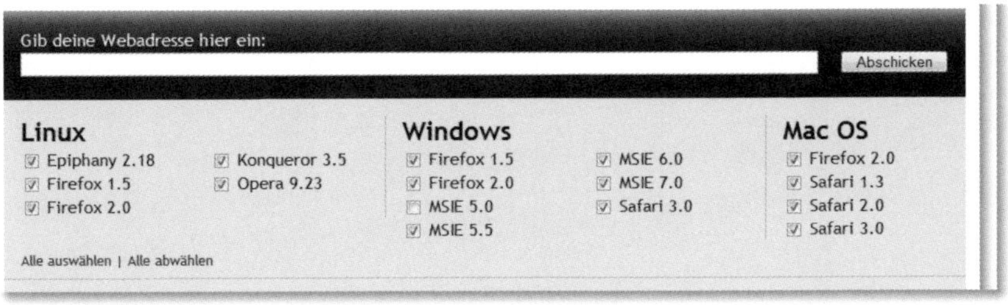

Abbildung 18.7: Screenshots einer URL in verschiedenen Browsern

Nach dem Eintragen der URL kommt die Seite in eine Warteschlange. Früher oder später werden von ihr dann Screenshots in verschiedenen Browsern erzeugt und zum zentralen Server hochgeladen.

Meist etwas schneller und auf Internet Explorer spezialisiert ist der von Geotek Datentechnik betriebene *NetRenderer*:

- NetRenderer – Browser Compatibility Check

  http://meineipadresse.de/netrenderer/

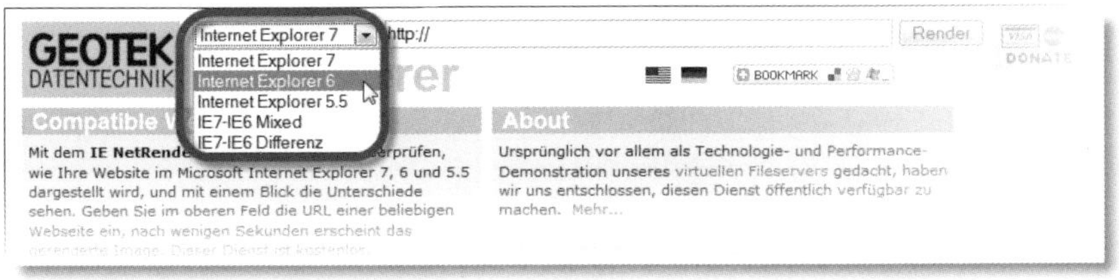

Abbildung 18.8: Screenshot einer URL im Internet Explorer

Einfach hinsurfen, URL eingeben und der NetRenderer erzeugt Screenshots, wie die Seite im IE5.5, IE6 oder Kombinationen aussieht.

Mehrere Internet Explorer unter Windows XP

Unter Windows XP gibt es mit *Multiple IEs* von Tredosoft eine einfache und effektive Lösung:

- Install multiple versions of IE on your PC

  http://tredosoft.com/Multiple_IE

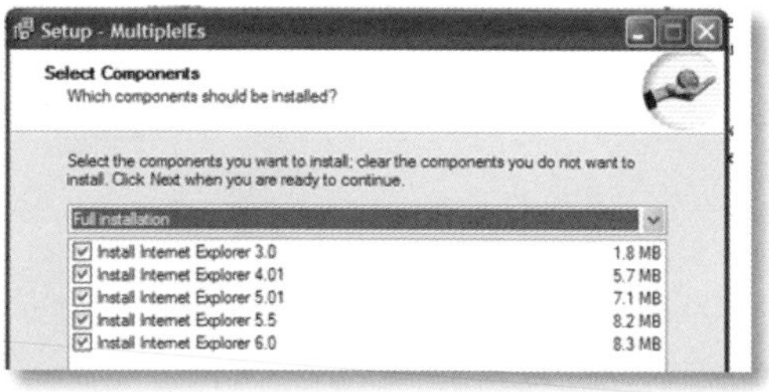

Abbildung 18.9: Installation von MultipleIEs (nur unter XP)

Einfach downloaden und installieren. Einziger Nachteil ist, dass intern immer die Browserversion des eigentlich unter Windows installierten Internet Explorers angegeben wird. Im Klartext: Die Versionsnummernauswahl bei den Conditional Comments funktioniert mit MultipleIEs leider nicht.

Für fortgeschrittene Windows-Anwender gibt es eine Anleitung, wie auch mit MultipleIEs Cookies und Conditional Comments genutzt werden können:

- Taming Your Multiple IE Standalones

  http://positioniseverything.net/articles/multiIE.html

Aber Vorsicht! Die Installationsanleitung ist nicht ganz ohne und erfolgt auf eigene Gefahr ...

Mehrere Internet Explorer unter Windows Vista

Unter Vista wird die Sache schon etwas komplizierter, denn dort lassen sich ältere Versionen des Internet Explorers nicht mehr installieren. Dazu müssen Sie erst einen virtuellen Computer mit Windows XP simulieren. Um das zu tun, benötigen Sie drei Dinge:

- das Programm *Microsoft Virtual PC 2007*
- ein Festplatten-Image mit aktiviertem Windows XP (und IE6)
- viel Arbeitsspeicher

Die ersten beiden Dinge gibt es (kostenlos) bei Microsoft:

Abbildung 18.10: Microsofts virtueller Computer

- *http://microsoft.com/windows/products/winfamily/virtualpc/*

Das Festplatten-Image mit XP und IE6 ist zeitlich begrenzt, aber zumindest bis jetzt war kurz vor Ablauf der Frist immer ein neues Image verfügbar.

Um ein aktuelles XP-Image mit IE6 zu finden, suchen Sie im Download Center von Microsoft zum Beispiel mit den Suchbegriffen »testing websites on IE«:

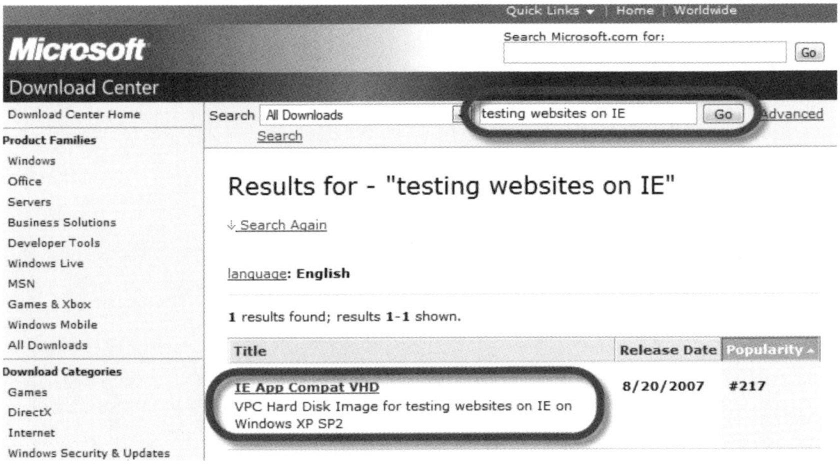

Abbildung 18.11: Die Suche nach einem aktuellen XP-Image bei Microsoft

Was Sie suchen, heißt offiziell »VPC Hard Disk Image for testing websites on IE on Windows XP SP2«. Das aktuelle Image schlägt bei einem Download übrigens mit 643,4 Mbyte zu Buche ...

Stichwortverzeichnis

F

G

H

I

T

U

V

W

Y

Z